世界舰船大百科

珍藏版

《深度文化》编委会 ◎ 编著

清华大学出版社
北京

内 容 简 介

本书是介绍军用舰船的军事科普图书，书中全面收录了19世纪末以来海外各国设计并制造的620余款军用舰船，涵盖战列舰、巡洋舰、战列巡洋舰、航空母舰、驱逐舰、护卫舰、潜艇、水雷战舰艇、小型作战舰艇、勤务舰船等类型，完整呈现了近现代海军舰船的面貌。每款舰船都配有精美的三维图，以帮助读者了解舰船构造。

本书内容结构严谨，分析讲解透彻，图片精美丰富，适合广大军事爱好者阅读和收藏，也可以作为青少年的科普读物。

本书封面贴有清华大学出版社防伪标签，无标签者不得销售。
版权所有，侵权必究。举报：010-62782989，beiqinquan@tup.tsinghua.edu.cn。

图书在版编目 (CIP) 数据

世界舰船大百科：珍藏版 /《深度文化》编委会编著 . —北京：清华大学出版社，2021.12（2024.9重印）
（现代兵器百科图鉴系列）
ISBN 978-7-302-59632-5

Ⅰ.①世… Ⅱ.①深… Ⅲ.①军用船—世界—图集 Ⅳ.① E925.6-64

中国版本图书馆 CIP 数据核字（2021）第 250058 号

责任编辑：李玉萍
封面设计：王晓武
责任校对：张彦彬
责任印制：宋　林

出版发行：清华大学出版社
网　　址：https://www.tup.com.cn，https://www.wqxuetang.com
地　　址：北京清华大学学研大厦 A 座　　邮　编：100084
社 总 机：010-83470000　　邮　购：010-62786544
投稿与读者服务：010-62776969，c-service@tup.tsinghua.edu.cn
质 量 反 馈：010-62772015，zhiliang@tup.tsinghua.edu.cn

印 装 者：小森印刷（北京）有限公司
经　　销：全国新华书店
开　　本：210mm×285mm　　印　张：24　　字　数：384 千字
版　　次：2022 年 1 月第 1 版　　印　次：2024 年 9 月第 4 次印刷
定　　价：146.00 元

产品编号：088646-01

前 言

军用舰船是指有武器装备,能在海上执行作战任务的海军船只,是海军的主要装备。军用舰船被视为国家领土的一部分,只遵守本国的法律和公认的国际法。军用舰船主要用于海上机动作战,进行战略突袭,保护己方或破坏敌方的海上交通线,进行封锁或反封锁,参加登陆或抗登陆作战,以及担负海上补给、运输、修理、救生、医疗、侦察、调查、测量、工程和试验等保障勤务。

现代舰船的技术复杂、知识密集,集中反映了一个国家的工业水平和科学技术最新成就。军用舰船通常具有坚固的船体结构、良好的航海性能、较强的生命力,以及与其使命相适应的作战能力或勤务保障能力。军用舰船一般由船体结构,武器系统,动力装置,探测、通信和导航系统,船体设备,舰艇管路系统,防护设施,以及工作和生活舱室,油、水、弹药舱和器材舱等构成。

本书是介绍军用舰船的军事科普图书,全书共分为4章,分别详细阐述了一战前后、二战前后、冷战前后、新的世纪四个时期各类军用舰船的发展情况,包括技术革新历程、战场使用效果等,并以时间为序全面介绍了海外各国在各时期研制和装备的军用舰船型号。每款军用舰船都有简明扼要的文字介绍,并配有精致美观的三维图。与此同时,还重点介绍了一些影响力较大的传奇性军用舰船。通过阅读本书,读者可以深入了解各类军用舰船的发展历程,并全面认识各个时期的军用舰船级别,迅速熟悉它们的构造和性能。

本书是真正面向军事爱好者的基础图书,编写团队拥有丰富的军事图书写作经验,并已出版了数十本畅销全国的图书作品。与同类图书相比,本书不仅图文并茂,在资料来源上也更具权威性和准确性。同时,本书还拥有非常完善的售后服务,读者朋友可以通过电话、邮件、官方网站和微信公众号等多种途径提出宝贵的意见和建议。

　　本书由《深度文化》编委会创作，参与编写的人员有丁念阳、阳晓瑜、陈利华、高丽秋、龚川、何海涛、贺强、胡姝婷、黄启华、黎安芝、黎琪、黎绍文、卢刚、罗于华等。对于广大资深军事爱好者，以及有意了解国防军事知识的青少年来说，本书不失为极有价值的科普读物。希望读者朋友们能够通过阅读本书循序渐进地提高自己的军事素养。

目录

Chapter 01 一战前后 /1

1.1 如日中天的战列舰 /2
"印第安纳"级战列舰 /3
"艾奥瓦"号战列舰 /3
"伊利诺斯"级战列舰 /4
"缅因"级战列舰 /4
"奇尔沙治"级战列舰 /5
"弗吉尼亚"级战列舰 /5
"康涅狄格"级战列舰 /6
"南卡罗来纳"级战列舰 /6
"德国"级战列舰 /7
"特拉华"级战列舰 /7
"佛罗里达"级战列舰 /8
"怀俄明"级战列舰 /8
"丹东"级战列舰 /9
"俄里翁"级战列舰 /9
"英王乔治五世"级战列舰 /10
"库尔贝"级战列舰 /10
"金刚"级战列舰 /11
"纽约"级战列舰 /11
"铁公爵"级战列舰 /12
"甘古特"级战列舰 /12
"伊丽莎白女王"级战列舰 /13
"国王"级战列舰 /13
"扶桑"级战列舰 /14
"内华达"级战列舰 /14
"宾夕法尼亚"级战列舰 /15
"复仇"级战列舰 /15
"布列塔尼"级战列舰 /16
"田纳西"级战列舰 /16
"新墨西哥"级战列舰 /17
"伊势"级战列舰 /17
"长门"级战列舰 /18
"科罗拉多"级战列舰 /18
"纳尔逊"级战列舰 /19
传奇舰船鉴赏:"无畏"号战列舰 /19

1.2 远程威慑的巡洋舰 /22
"辛辛那提"级巡洋舰 /23
"哥伦比亚"级巡洋舰 /23
"新奥尔良"级巡洋舰 /24
"浅间"级巡洋舰 /24
"维多利亚·路易斯"级巡洋舰 /25
"出云"级巡洋舰 /25
"圣路易斯"级巡洋舰 /26
"八云"号巡洋舰 /26
"瞪羚"级巡洋舰 /27
"吾妻"号巡洋舰 /27
"丹佛"级巡洋舰 /28
"宾夕法尼亚"级巡洋舰 /28
"切斯特"级巡洋舰 /29
"田纳西"级巡洋舰 /29
"筑摩"级巡洋舰 /30
"沙恩霍斯特"级巡洋舰 /30
"天龙"级巡洋舰 /30
"霍金斯"级巡洋舰 /31
"达娜厄"级巡洋舰 /31
"球磨"级巡洋舰 /32
"长良"级巡洋舰 /32
"奥马哈"级巡洋舰 /33
"夕张"号巡洋舰 /33
"川内"级巡洋舰 /34
"古鹰"级巡洋舰 /34
"埃姆登"号巡洋舰 /35
"绿宝石"级巡洋舰 /35
"迪盖·特鲁安"级巡洋舰 /36
"青叶"级巡洋舰 /36
"郡"级巡洋舰 /37
"迪凯纳"级巡洋舰 /37
"妙高"级巡洋舰 /38
"彭萨科拉"级巡洋舰 /38
"柯尼斯堡"级巡洋舰 /38

1.3 昙花一现的战列巡洋舰 /39
"无敌"级战列巡洋舰 /40
"毛奇"级战列巡洋舰 /40
"冯·德·坦恩"号战列巡洋舰 /41
"不倦"级战列巡洋舰 /41
"狮"级战列巡洋舰 /42
"玛丽皇后"号战列巡洋舰 /42
"塞德利茨"号战列巡洋舰 /42
"虎"号战列巡洋舰 /43
"德夫林格"级战列巡洋舰 /44
"声望"级战列巡洋舰 /44
"勇敢"级战列巡洋舰 /45
"胡德"号战列巡洋舰 /45
"列克星敦"级战列巡洋舰 /46

1.4 应运而生的驱逐舰 /46
"班布里奇"级驱逐舰 /47
"特鲁斯顿"级驱逐舰 /48
"卡森"级驱逐舰 /48
"史密斯"级驱逐舰 /49
"保尔丁"级驱逐舰 /49
"艾尔文"级驱逐舰 /50
"奥拜恩"级驱逐舰 /50
"塔克"级驱逐舰 /51
"桑普森"级驱逐舰 /51
"桃"级驱逐舰 /52
"考德威尔"级驱逐舰 /52
"莎士比亚"级驱逐领舰 /53
"威克斯"级驱逐舰 /53
"斯科特"级驱逐领舰 /54
"峯风"级驱逐舰 /54
"克莱姆森"级驱逐舰 /55
"枞"级驱逐舰 /55
"若竹"级驱逐舰 /56
"神风"级驱逐舰 /56
"睦月"级驱逐舰 /57
"狂风"级驱逐舰 /57
"胡狼"级驱逐舰 /58
"吹雪"级驱逐舰 /58
"猎豹"级驱逐舰 /59
"灵巧"级驱逐舰 /59

1.5 从近岸到远洋的潜艇 /60
UBII 级潜艇 /61
H 级潜艇 /61
L 级潜艇 /62
O 级潜艇 /62
S 级潜艇 /62
UBIII 级潜艇 /63
R 级潜艇 /63
"亚利安"级潜艇 /64
"食人鲨"级潜艇 /64
"奥丁"级潜艇 /64
"女妖"级潜艇 /65
"十二月党人"级潜艇 /65
"帕提亚"级潜艇 /65

1.6 以改装为主的航空母舰 /66
"暴怒"号航空母舰 /67
"百眼巨人"号航空母舰 /68
"兰利"号航空母舰 /68
"报复"号航空母舰 /69
"凤翔"号航空母舰 /69
"鹰"号航空母舰 /70
"勇敢"级航空母舰 /70
"列克星敦"号航空母舰 /71
"贝阿恩"号航空母舰 /72
"加贺"号航空母舰 /72
"萨拉托加"号航空母舰 /73
"赤城"号航空母舰 /73
传奇舰船鉴赏:"竞技神"号
航空母舰 /74

Chapter2　二战前后

2.1　大放异彩的舰队航空母舰　/78
- "龙骧"号航空母舰　/79
- "游骑兵"号航空母舰　/79
- "约克城"号航空母舰　/80
- "企业"号航空母舰　/80
- "大黄蜂"号航空母舰　/81
- "苍龙"号航空母舰　/81
- "皇家方舟"号航空母舰　/82
- "祥凤"号航空母舰　/82
- "飞龙"号航空母舰　/83
- "瑞凤"号航空母舰　/83
- "光辉"级航空母舰　/84
- "胡蜂"号航空母舰　/84
- "翔鹤"号航空母舰　/85
- "瑞鹤"号航空母舰　/86
- "龙凤"号航空母舰　/86
- "飞鹰"号航空母舰　/87
- "隼鹰"号航空母舰　/87
- "独角兽"号航空母舰　/88
- "千岁"级航空母舰　/88
- "独立"级航空母舰　/89
- "大凤"号航空母舰　/89
- "云龙"号航空母舰　/90
- "天城"号航空母舰　/90
- "葛城"号航空母舰　/91
- "信浓"号航空母舰　/92
- "怨仇"级航空母舰　/92
- "巨人"级航空母舰　/93
- "齐柏林伯爵"号航空母舰　/93
- "伊吹"号航空母舰　/94
- "塞班岛"级航空母舰　/94
- 传奇舰船鉴赏："埃塞克斯"级航空母舰　/95

2.2　特殊时期的护航航空母舰　/97
- "大胆"号航空母舰　/98
- "活跃"号航空母舰　/98
- "长岛"级航空母舰　/99
- "大鹰"级航空母舰　/99
- "军马"级航空母舰　/100
- "博格"级航空母舰　/100
- "桑加蒙"级航空母舰　/101
- "比勒陀利亚城堡"号航空母舰　/101
- "奈拉纳"级航空母舰　/102
- "卡萨布兰卡"级航空母舰　/102
- "海鹰"号航空母舰　/103
- "神鹰"号航空母舰　/103
- "科芒斯曼特湾"级航空母舰　/104
- "速吸"号航空母舰　/105
- "岛根丸"级航空母舰　/105

2.3　由盛转衰的战列舰　/106
- "敦刻尔克"级战列舰　/107
- "沙恩霍斯特"级战列舰　/107
- "黎塞留"级战列舰　/108
- "俾斯麦"级战列舰　/108
- "英王乔治五世"级战列舰　/109
- "北卡罗来纳"级战列舰　/109
- "南达科他"级战列舰　/110
- "前卫"号战列舰　/110
- "蒙大拿"级战列舰　/111
- 传奇舰船鉴赏："大和"级战列舰　/111
- 传奇舰船鉴赏："艾奥瓦"级战列舰　/114

2.4　转投新主的巡洋舰　/116
- "北安普敦"级巡洋舰　/116
- "约克"级巡洋舰　/117
- "絮弗伦"级巡洋舰　/117
- "圣女贞德"号巡洋舰　/118
- "莱比锡"级巡洋舰　/118
- "波特兰"级巡洋舰　/119
- "红色高加索"号巡洋舰　/119
- "高雄"级巡洋舰　/120
- "利安德"级巡洋舰　/120
- "德国"级巡洋舰　/121
- "新奥尔良"级巡洋舰　/121
- "阿尔及利亚"号巡洋舰　/122
- "林仙"级巡洋舰　/122
- "埃米尔·贝尔坦"号巡洋舰　/123
- "最上"级巡洋舰　/123
- "城"级巡洋舰　/124
- "基洛夫"级巡洋舰　/124
- "布鲁克林"级巡洋舰　/125
- "拉加利索尼埃"级巡洋舰　/125
- "利根"级巡洋舰　/126
- "威奇塔"号巡洋舰　/126
- "希佩尔将军"级巡洋舰　/127
- "狄多"级巡洋舰　/127
- "斐济"级巡洋舰　/128
- "香取"级巡洋舰　/128
- "亚特兰大"级巡洋舰　/129
- "克利夫兰"级巡洋舰　/129
- "阿贺野"级巡洋舰　/130
- "巴尔的摩"级巡洋舰　/130
- "大淀"号巡洋舰　/131
- "阿拉斯加"级巡洋舰　/131
- "弥诺陶洛斯"级巡洋舰　/132
- "法戈"级巡洋舰　/132
- "朱诺"级巡洋舰　/133
- "俄勒冈城"级巡洋舰　/133
- "德梅因"级巡洋舰　/134
- "伍斯特"级巡洋舰　/134

2.5　更大更强的驱逐舰　/135
- "鹰"级驱逐舰　/135
- "沃克兰"级驱逐舰　/136
- "初春"级驱逐舰　/136
- "白露"级驱逐舰　/137
- "法拉格特"级驱逐舰　/137
- "拉墨尔波墨涅"级驱逐舰　/138
- "马汉"级驱逐舰　/138
- "空想"级驱逐舰　/139
- "波特"级驱逐舰　/139
- "格里德利"级驱逐舰　/140
- 1934年型驱逐舰　/140
- "巴格利"级驱逐舰　/141
- "萨默斯"级驱逐舰　/141
- 1936年型驱逐舰　/142
- "愤怒"级驱逐舰　/142
- "贝纳姆"级驱逐舰　/143
- "西姆斯"级驱逐舰　/143
- "朝潮"级驱逐舰　/144
- "阳炎"级驱逐舰　/144
- "本森"级驱逐舰　/145
- "格里维斯"级驱逐舰　/145
- "勇敢"级驱逐舰　/146
- "弗莱彻"级驱逐舰　/146
- "夕云"级驱逐舰　/147
- "秋月"级驱逐舰　/147
- "岛风"级驱逐舰　/148
- "艾伦·M.萨姆纳"级驱逐舰　/148
- "战斗"级驱逐舰　/149
- "松"级驱逐舰　/149
- "基林"级驱逐舰　/150
- "兵器"级驱逐舰　/150
- 传奇舰船鉴赏："部族"级驱逐舰　/151

2.6　默默发展的护卫舰　/153
- "狩猎"级航驱逐舰　/154
- "花"级护卫舰　/154
- "江河"级护卫舰　/155
- "城堡"级护卫舰　/155
- "埃瓦茨"级航驱逐舰　/156
- "巴克利"级航驱逐舰　/156
- "坎农"级航驱逐舰　/157
- "艾德索"级航驱逐舰　/157
- "塔科马"级护卫舰　/158
- "湖泊"级护卫舰　/158
- "约翰·C.巴特勒"级航驱逐舰　/158
- "拉德罗"级航驱逐舰　/159
- "海湾"级护卫舰　/160

2.7　纵横大洋的潜艇　/160
- "彩虹"级潜艇　/161
- "蓝宝石"级潜艇　/162
- "可畏"级潜艇　/162
- "列宁主义者"级潜艇　/162
- "斯古卡"级潜艇　/163
- S级潜艇　/163
- "河流"级潜艇　/164
- "抹香鲸"级潜艇　/164
- "阿尔戈英雄"级潜艇　/164
- "虎鲸"级潜艇　/165
- "玛留卡"级潜艇　/165
- "叙尔库夫"号潜艇　/166
- "真理"级潜艇　/166
- "鼠海豚"级潜艇　/167
- "密涅瓦"级潜艇　/167
- "鲑鱼"级潜艇　/168
- U级潜艇　/168
- T级潜艇　/169
- IX型潜艇　/169
- "斯列德尼亚亚"级潜艇　/170
- "重牙鲷"级潜艇　/170
- "极光"级潜艇　/171
- "鼓鱼"级潜艇　/171
- K级潜艇　/172
- "鲭鱼"级潜艇　/172
- "猫鲨"级潜艇　/172
- X型潜艇　/173
- XIV型潜艇　/173
- "巴劳鱵"级潜艇　/174
- V级潜艇　/174
- X级潜艇　/174
- "丁鲷"级潜艇　/175
- XVII型潜艇　/175
- XXI型潜艇　/176
- XXIII型潜艇　/176
- "安菲翁"级潜艇　/176
- 传奇舰船鉴赏：VII型潜艇　/177

2.8　不容忽视的水雷战舰艇　/179
- "狩猎"级扫雷舰　/180
- "田凫"级扫雷舰　/180
- "哈尔西恩"级扫雷舰　/181
- "班戈"级扫雷舰　/181
- "乌鸦"级扫雷舰　/182
- "阿布迪尔"级布雷舰　/182
- "海雀"级布雷舰　/183
- "阿尔及利亚"级布雷舰　/183
- "可佩"级布雷舰　/184
- "罗伯特·H.史密斯"级布雷舰　/184

Chapter3　冷战前后 /185

3.1 强者恒强的航空母舰 /186
- "中途岛"级航空母舰 /188
- "宏伟"号航空母舰 /188
- "悉尼"号航空母舰 /189
- "大胆"级航空母舰 /189
- "墨尔本"号航空母舰 /190
- "博纳旺蒂尔"号航空母舰 /190
- "半人马"级航空母舰 /191
- "福莱斯特"级航空母舰 /191
- "克莱蒙梭"级航空母舰 /192
- "小鹰"级航空母舰 /192
- "维克兰特"号航空母舰 /193
- "企业"号航空母舰 /193
- "圣女贞德"号直升机航空母舰 /194
- "莫斯科"级直升机航空母舰 /194
- "基辅"级航空母舰 /195
- "无敌"级航空母舰 /195
- "朱塞佩·加里波第"号航空母舰 /196
- "维拉特"号航空母舰 /196
- "阿斯图里亚斯亲王"号航空母舰 /197
- "库兹涅佐夫"号航空母舰 /197
- "乌里扬诺夫斯克"号航空母舰 /198
- "差克里·纳吕贝特"号航空母舰 /198
- 传奇舰船鉴赏："尼米兹"级航空母舰 /199

3.2 日薄西山的巡洋舰 /201
- "北安普敦"号巡洋舰 /201
- "德格拉斯"号巡洋舰 /202
- "老虎"号巡洋舰 /202
- "长滩"号巡洋舰 /203
- "班布里奇"号巡洋舰 /203
- "莱希"级巡洋舰 /204
- "金达"级巡洋舰 /204
- "贝尔纳普"级巡洋舰 /205
- "安德烈娅·多里亚"级巡洋舰 /205
- "特拉克斯顿"号巡洋舰 /206
- "克里斯塔I"级巡洋舰 /206
- "克里斯塔II"级巡洋舰 /207
- "卡拉"级巡洋舰 /207
- "加利福尼亚"级巡洋舰 /208
- "光荣"级巡洋舰 /208
- "基洛夫"级巡洋舰 /209
- "弗吉尼亚"级巡洋舰 /209

3.3 用途广泛的驱逐舰 /210
- "勇敢"级驱逐舰 /211
- "米切尔"级驱逐舰 /211
- "科特林"级驱逐舰 /212
- "福雷斯特·谢尔曼"级驱逐舰 /212
- "基尔丁"级驱逐舰 /213
- "孔茨"级驱逐舰 /213
- "查尔斯·F.亚当斯"级驱逐舰 /214
- "克鲁普尼"级驱逐舰 /214
- "卡辛"级驱逐舰 /215
- "郡"级驱逐舰 /215
- "斯普鲁恩斯"级驱逐舰 /216
- "乔治·莱格"级驱逐舰 /216
- "谢菲尔德"级驱逐舰 /217
- "无畏"级驱逐舰 /217
- "现代"级驱逐舰 /218
- "基德"级驱逐舰 /218
- "拉杰普特"级驱逐舰 /219
- "初雪"级驱逐舰 /219
- "旗风"级驱逐舰 /220
- "朝雾"级驱逐舰 /220
- "卡萨尔"级驱逐舰 /221
- "村雨"级驱逐舰 /221
- "德里"级驱逐舰 /222
- "广开土大王"级驱逐舰 /222
- "无畏II"级驱逐舰 /223
- 传奇舰船鉴赏："勇敢"级驱逐舰 /224

3.4 侧重反潜的护卫舰 /226
- "里加"级护卫舰 /226
- "迪利"级护卫舰 /227
- "克劳德·琼斯"级护卫舰 /227
- "别佳"级护卫舰 /228
- "利安德"级护卫舰 /228
- "河"级护卫舰 /229
- "布朗斯坦"级护卫舰 /229
- "米尔卡"级护卫舰 /230
- "加西亚"级护卫舰 /230
- "布鲁克"级护卫舰 /231
- "诺克斯"级护卫舰 /231
- "克里瓦克"级护卫舰 /232
- "筑后"级护卫舰 /232
- "格里莎"级护卫舰 /233
- "女将"级护卫舰 /233
- "科尼"级护卫舰 /234
- "佩里"级护卫舰 /234
- "大刀"级护卫舰 /235
- "西北风"级护卫舰 /235
- "石狩"级护卫舰 /236
- "不来梅"级护卫舰 /236
- "夕张"级护卫舰 /237
- "浦项"级护卫舰 /237
- "艾斯波拉"级护卫舰 /238
- "斯德哥尔摩"级护卫舰 /238
- "阿武隈"级护卫舰 /239
- "卡雷尔·多尔曼"级护卫舰 /239
- "花月"级护卫舰 /240
- "不惧"级护卫舰 /240
- "勃兰登堡"级护卫舰 /241
- "拉斐特"级护卫舰 /241
- "安扎克"级护卫舰 /242
- 传奇舰船鉴赏："公爵"级护卫舰 /242

3.5 攻防俱佳的"宙斯盾"军舰 /244
- "提康德罗加"级巡洋舰 /245
- "阿利·伯克"级驱逐舰 /246
- "金刚"级驱逐舰 /246
- "阿尔瓦罗·巴赞"级护卫舰 /247
- "南森"级护卫舰 /247
- "爱宕"级驱逐舰 /248
- "世宗大王"级驱逐舰 /248
- "霍巴特"级驱逐舰 /249

3.6 毁灭性的弹道导弹核潜艇 /250
- "乔治·华盛顿"级潜艇 /251
- "旅馆"级潜艇 /251
- "伊桑·艾伦"级潜艇 /252
- "拉斐特"级潜艇 /252
- "扬基"级潜艇 /253
- "决心"级潜艇 /253
- "德尔塔I"级潜艇 /254
- "可畏"级潜艇 /254
- "德尔塔II"级潜艇 /254
- "德尔塔III"级潜艇 /255
- "德尔塔IV"级潜艇 /255
- "台风"级潜艇 /256
- "前卫"级潜艇 /256
- "凯旋"级潜艇 /256
- 传奇舰船鉴赏："俄亥俄"级潜艇 /257

3.7 强大的攻击型核潜艇 /259
- "鹦鹉螺"号潜艇 /260
- "鲣鱼"级潜艇 /260
- "长尾鲨"级潜艇 /260
- "鲣鱼"级潜艇 /261
- "十一月"级潜艇 /261
- "勇士"级潜艇 /262
- "鲟鱼"级潜艇 /262
- "维克托"级潜艇 /263
- "阿尔法"级潜艇 /263
- "敏捷"级潜艇 /264
- "特拉法尔加"级潜艇 /264
- "洛杉矶"级潜艇 /265
- "麦克"级潜艇 /265
- "红宝石"级潜艇 /266
- "塞拉"级潜艇 /266
- "阿库拉"级潜艇 /266
- 传奇舰船鉴赏："海狼"级潜艇 /267

3.8 稀少的巡航导弹核潜艇 /269
- "回声"级潜艇 /270
- "查理"级潜艇 /270
- "帕帕"级潜艇 /271
- "奥斯卡"级潜艇 /271

3.9 独辟蹊径的常规潜艇 /272
- "威士忌"级潜艇 /273
- "魁北克"级潜艇 /273
- "祖鲁"级潜艇 /274
- "高尔夫"级潜艇 /274
- "罗密欧"级潜艇 /275
- "狐步"级潜艇 /275
- "奥伯龙"级常规潜艇 /276
- "朱丽叶"级潜艇 /276
- "桂树神"级潜艇 /277
- 205级潜艇 /277
- 206级潜艇 /278
- "旗鱼"级潜艇 /278
- 209级潜艇 /279
- "探戈"级潜艇 /279
- "阿格斯塔"级潜艇 /280
- "汐潮"级潜艇 /280
- "萨乌罗"级潜艇 /281
- "基洛"级潜艇 /281
- TR-1700级潜艇 /282
- "尤纳"级潜艇 /282
- "西约特兰"级潜艇 /283
- "乌拉"级潜艇 /283
- "海象"级潜艇 /284
- "拥护者"级潜艇 /284
- "春潮"级潜艇 /285
- "柯林斯"级潜艇 /285
- "哥特兰"级潜艇 /286
- "亲潮"级潜艇 /286
- "海豚I"级潜艇 /287

3.10 蓬勃发展的两栖舰艇 /287
- "硫磺岛"级两栖攻击舰 /288
- "奥斯汀"级船坞登陆舰 /289
- "暴风"级船坞登陆舰 /289
- "新港"级坦克登陆舰 /290
- "蟾蜍"级登陆舰 /290
- "短吻鳄"级坦克登陆舰 /291
- "蓝岭"级两栖指挥舰 /291
- "塔拉瓦"级两栖攻击舰 /292
- LCAC气垫登陆舰 /292
- "惠德贝岛"级船坞登陆舰 /293
- "海鳝"级气垫登陆舰 /293
- "野牛"级气垫登陆舰 /294
- "闪电"级船坞登陆舰 /294
- "圣·乔治奥"级两栖攻击舰 /295

"黄蜂"级两栖攻击舰	/295	3.12 以小博大的小型作战舰艇	/307	3.13 劳苦功高的勤务舰船	/318
2000TD 气垫登陆艇	/296	"奥萨"级导弹艇	/308	"观察岛"号导弹观测船	/319
Mk5 车辆人员登陆艇	/296	"斗士"级快速攻击艇	/308	"萨克拉门托"级快速战斗支援舰	/319
"高峻峰"级坦克登陆舰	/297	"斯登卡"级巡逻艇	/309	"基拉韦厄"级弹药补给舰	/320
"哈珀斯·费里"级船坞登陆舰	/297	"汉密尔顿"级巡逻舰	/309	"保护者"级综合补给舰	/320
"杰森"级坦克登陆舰	/298	"旗杆"级护卫艇	/310	"威奇塔"级综合补给舰	/321
"鹿特丹"级船坞登陆舰	/298	TNC-45 级快速攻击艇	/310	"鲍里斯·奇利金"级补给油船	/321
"海洋"号两栖攻击舰	/299	"信天翁"级快速攻击艇	/311	"斯特隆博利"级综合补给舰	/322
"大隅"级坦克登陆舰	/299	"飞马座"级水翼艇	/311	"迪朗斯"级综合补给舰	/322
"加里西亚"级船坞登陆舰	/300	"阿尔·希蒂克"级巡逻艇	/312	"相模"号综合补给舰	/323
Mk10 通用登陆艇	/300	"萨尔 4.5"级导弹艇	/312	"锡马隆"级补给油船	/323
3.11 毫不过时的水雷战舰艇	/301	"拉马丹"级导弹艇	/313	"保卫"级打捞救生舰	/324
"娜佳"级扫雷舰	/301	"猎豹"级快速攻击艇	/313	"亨利·J.凯撒"级补给油船	/324
"亨特"级扫雷舰	/302	"海豹"运输载具	/314	"十和田"级快速战斗支援舰	/325
"三伙伴"级猎雷舰	/302	"东海"级巡逻舰	/314	"百眼巨人"号直升机训练舰/	
"勒里希"级猎雷舰	/303	"弗莱维费斯肯"级巡逻艇	/315	医院船	/325
"复仇者"级扫雷舰	/304	CB90 快速突击艇	/315	"维多利亚堡"级综合补给舰	/326
"桑当"级猎雷艇	/304	"飓风"级巡逻艇	/316	"供应"级快速战斗支援舰	/326
"库尔姆贝克"级猎雷舰	/305	MkV 特种作战艇	/316	"沃森"级车辆运输舰	/327
"恩斯多夫"级扫雷舰	/305	"金斯顿"级巡逻艇	/317	传奇舰船鉴赏:"仁慈"级	
"弗兰肯索"级猎雷舰	/306	"哈米纳"级导弹艇	/317	医院船	/328
"鱼鹰"级猎雷舰	/306	"盾牌"级导弹艇	/318		

Chapter4　新的世纪　/331

4.1 继续称雄的航空母舰	/332	"格里戈洛维奇"级护卫舰	/347	"西北风"级两栖攻击舰	/363
"圣保罗"号航空母舰	/333	"戈尔什科夫"级护卫舰	/348	"圣安东尼奥"级船坞登陆舰	/364
"夏尔·戴高乐"号航空母舰	/333	传奇舰船鉴赏:欧洲多用途护卫舰	/348	"胡安·卡洛斯一世"号战略投送舰	/364
"加富尔"号航空母舰	/334	4.4 专注近海的濒海战斗舰	/351	"独岛"级两栖攻击舰	/365
"维克兰特"号航空母舰	/334	"自由"级濒海战斗舰	/351	"儒艮"级登陆舰	/365
"维兰玛迪雅"号航空母舰	/335	"独立"级濒海战斗舰	/352	"天王峰"级坦克登陆舰	/366
"伊丽莎白女王"级航空母舰	/335	4.5 缓慢推进的核潜艇	/352	"堪培拉"级两栖攻击舰	/366
传奇舰船鉴赏:"福特"级		"弗吉尼亚"级潜艇	/353	"伊万·格林"级登陆舰	/367
航空母舰	/336	"亚森"级潜艇	/353	传奇舰船鉴赏:"美利坚"级	
4.2 更加舒适的驱逐舰	/338	"北风之神"级潜艇	/354	两栖攻击舰	/367
"高波"级驱逐舰	/338	"歼敌者"级潜艇	/354	4.8 逐级增大的日本直升机护卫舰	/369
"忠武公李舜臣"级驱逐舰	/339	"梭鱼"级潜艇	/355	"榛名"级直升机护卫舰	/370
"地平线"级驱逐舰	/339	"哥伦比亚"级潜艇	/355	"白根"级直升机护卫舰	/370
"秋月"级驱逐舰	/340	传奇舰船鉴赏:"机敏"级潜艇	/356	"日向"级直升机护卫舰	/371
"加尔各答"级驱逐舰	/340	4.6 青睐 AIP 的常规潜艇	/358	"出云"级直升机护卫舰	/371
"勇敢"级驱逐舰	/341	"鲉鱼"级潜艇	/358	4.9 灵活的小型作战舰艇	/372
传奇舰船鉴赏:"朱姆沃尔特"级		212 级潜艇	/359	"河流"级巡逻舰	/372
驱逐舰	/342	214 级潜艇	/359	"阿米代尔"级巡逻艇	/373
4.3 趋于大型化的护卫舰	/344	"苍龙"级潜艇	/360	M80 "短剑"快艇	/373
"伟士比"级护卫舰	/344	"拉达"级潜艇	/360	河岸特战艇	/374
"萨克森"级护卫舰	/345	"海豚 II"级潜艇	/361	"荷兰"级巡逻舰	/374
"塔尔瓦"级护卫舰	/345	"伊萨克·培拉尔"级潜艇	/361	4.10 更新换代的勤务舰船	/375
"猎豹"级护卫舰	/346	4.7 迎来变革的两栖舰艇	/362	"柏林"级综合补给舰	/375
"守护"级护卫舰	/346	"坚韧"级船坞登陆舰	/362	"摩周"级快速战斗支援舰	/376
"什瓦里克"级护卫舰	/347	"海神之子"级船坞登陆舰	/363	"先锋"级远征快速运输舰	/376

Chapter 1 一战前后

1906年，英国建造的"无畏"号战列舰进入英国海军服役，这标志了无畏舰时代的到来。"无畏"号战列舰诞生使得英国再次成为海军技术的领跑者，这艘超级战舰的出现让世界上所有正在服役或是正在建造的战列舰在一夜之间就成了"过时货"。随着无畏舰时代的到来，德国面临着两难选择，如果不迎头赶上就等于是在列强纷争中认输，如果开始建造无畏舰，那就等于开始与英国公开对抗。最终，德国选择了加入无畏舰时代，正式与英国展开竞争，无畏舰时代的英德海军军备竞赛也由此拉开了序幕。

1914年一战爆发，虽然海上战场遍布全球，但大规模的海战主要集中于英吉利海峡、北海和地中海区域。大的战事主要发生在英、德两国海军之间，对整个战局起着决定性作用。海战总体上可划分为两个阶段。第一阶段为战争爆发后至1917年2月1日德国实行"无限制"潜艇战之前，之后到大战结束为第二阶段。第一阶段海战的主要战舰类型是以水面舰艇为主的交战线作战和伏击战、反伏击战，以及发生在加利波利半岛的两栖作战；而在第二阶段，交战双方几乎集中全部力量进行潜艇战和反潜战，水面舰队没有交战。

1890—1929年

- 1892年 英国建成世界首艘全金属战列舰"君权"号，成为世界上第一艘前无畏舰
- 1893年 英国建成"哈沃克"号鱼雷艇驱逐舰，成为驱逐舰的雏形
- 1900年 美国购买英裔美国人霍兰研制的潜艇并编入海军，潜艇正式成为一种海军舰艇
- 1906年 英国"无畏"号战列舰下水，开启无畏舰建造热潮
- 1908年 英国建造的"无敌"级战列巡洋舰下水
- 1910年 美国飞行员尤金·埃利驾驶飞机从"伯明翰"号轻型巡洋舰的木质甲板上起飞
- 1911年 尤金·埃利驾驶飞机成功降落到"宾夕法尼亚"号巡洋舰上
- 1914年 英、德两国在赫尔戈兰湾发生海战，驱逐舰首次在大规模战斗中发挥主要作用
- 1916年 英、德两国发生日德兰海战，主要海权国家吸取其中教训，改进无畏舰的设计
- 1917年 德国发动无限制潜艇战
- 1918年 英国实施了人类历史上首次航空母舰空袭行动
- 1922年 美国、英国、日本、法国和意大利在华盛顿签订《限制海军军备条约》

1.1 如日中天的战列舰

战列舰（Battleship），是装有厚重装甲和大口径主炮的大型军舰，是人类创造的最庞大和复杂的武器系统之一，也是"大舰巨炮主义"时代的极致产物。19世纪末到二战期间，战列舰作为海军中最大的武装舰艇，是一个国家海军力量的标志，故常作为"主力舰"或旗舰使用。

"战列舰"这一称呼，源自大航海时期的风帆舰——自17世纪中叶至19世纪中叶，主要排成战列线进行侧舷炮战的大型风帆军舰。随着蒸汽机、爆破弹和钢铁装甲的发展，19世纪后期出现了称为铁甲舰（Ironclads）的蒸汽装甲舰，即是后来铁甲战列舰和装甲巡洋舰的前身。1906年服役的英国"无畏"号战列舰标志着战列舰"全装重型火炮"的革命，后来所有按这个概念设计的战列舰均称为无畏舰。与之相对，之前的战列舰称为前无畏舰。不久，出现了比"无畏"号战列舰更强大的战列舰，称为超无畏舰。

为了占据海权优势，各国争相建造更大的战列舰，引起了长期的全球性军备竞赛。一战中，英国和德国爆发了战列舰对决的日德兰海战。1918年，一战以同盟国的失败告终。此时，各国的大型战列舰已经不合时宜，而且其建造和维护费用极为高昂。1922年，五大海军强国举行华盛顿会议。美国、英国、日本、法国和意大利签订《限制海军军备条约》（即华盛顿海军条约），限制主力舰（战列舰与战列巡洋舰）的吨位（35000吨以下）、主炮口径（16英寸以下）和主力舰的吨位比例（10∶10∶6∶3.5∶3.5）。1930年再以《限制和削减海军军备条约》（即伦敦海军条约）补充规定。《限制海军军备条约》到1936年期满，在这十余年里，各国都停止新建大型战列舰，转而改进已有的战列舰，因此被称为"海军假日"时代。

"印第安纳"级战列舰

原产国：美国

入役时间：1895 年

满载排水量：11688 吨

"印第安纳"级战列舰是美国于 19 世纪末建造的战列舰，共建造了 3 艘。该级舰是美国海军首批仿照欧洲海军建造的前无畏舰，并装设有重型装甲及舰炮。不过"印第安纳"级战列舰设计上有诸多缺陷。由于该级舰以海岸防卫为主要目标，使得舰体欠缺干舷，难以应付公海大浪环境。装设的侧甲又因干舷问题容易沉入水线以下，无法提供有效防御。舰体更无法平衡 330 毫米主炮的重量，使其无法以最高射击角度开火，射程受损。以上种种问题，使"印第安纳"级战列舰多数留在美国近海作战。

"艾奥瓦"号战列舰是美国在 19 世纪末建造的战列舰，原本是以"印第安纳"级战列舰四号舰的身份起造，但因其设计更加先进，因此最后被视为是一个独立的级别，没有其他同级舰。该舰是美国海军第一艘以美国第二十九个联邦州——艾奥瓦州为名的军舰。舰上装有 4 门 305 毫米主炮、8 门 203 毫米副炮、6 门 100 毫米舰炮、20 门 57 毫米舰炮、4 门 37 毫米舰炮、4 挺 M1895 机枪和 2 座 356 毫米鱼雷发射管。

"艾奥瓦"号战列舰

原产国：美国

入役时间：1897 年

满载排水量：12850 吨

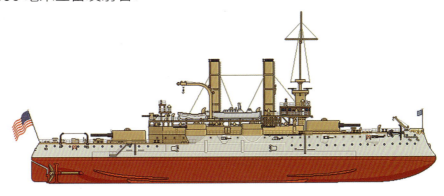

"伊利诺斯"级战列舰

原产国：美国

入役时间：1900 年

满载排水量：12450 吨

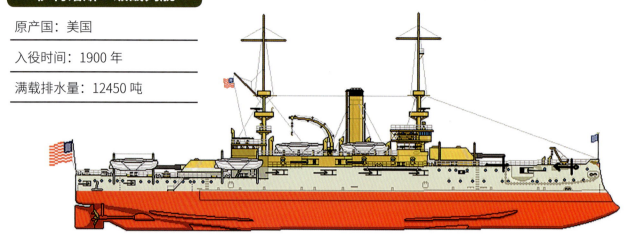

　　"伊利诺斯"级战列舰是美国于 20 世纪初建造的战列舰，属于前无畏舰，共建造了 3 艘。该级舰的舰体长度为 114.4 米，宽度为 22.02 米，吃水深度为 7.16 米，最大航行速度为 16 节。舰上有 536 名舰员，主要舰载武器为 4 门 330 毫米舰炮、14 门 152 毫米舰炮、16 门 57 毫米舰炮、6 门 37 毫米舰炮和 4 座 457 毫米鱼雷发射管等。

"缅因"级战列舰

原产国：美国

入役时间：1902 年

满载排水量：13900 吨

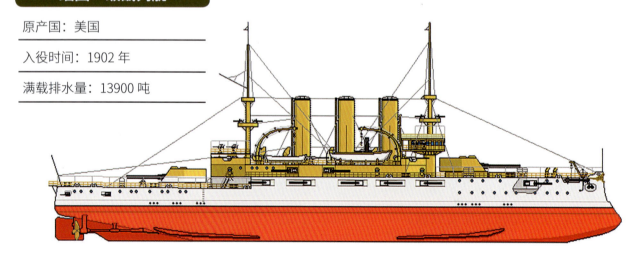

　　"缅因"级战列舰是美国于 20 世纪初建造的战列舰，属于前无畏舰，共建造了 3 艘。该级舰的舰体长度为 120 米，宽度为 22 米，吃水深度为 7.42 米，最大航行速度为 18 节。舰上有 561 名舰员，主要舰载武器为 4 门 305 毫米舰炮、16 门 152 毫米舰炮、8 门 47 毫米舰炮、6 门 37 毫米舰炮和 4 座 457 毫米鱼雷发射管等。

"弗吉尼亚"级战列舰

原产国：美国

入役时间：1906 年

满载排水量：16352 吨

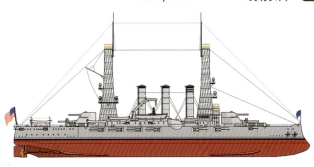

"弗吉尼亚"级战列舰是美国于 20 世纪初建造的战列舰，属于前无畏舰，共建造了 5 艘。该级舰的舰体长度为 134 米，宽度为 23 米，吃水深度为 7 米，最大航行速度为 19 节。舰上有 812 名舰员，主要舰载武器为 4 门 305 毫米舰炮、8 门 203 毫米舰炮、12 门 152 毫米舰炮、12 门 76 毫米舰炮、12 门 47 毫米舰炮和 4 座 533 毫米鱼雷发射管等。

"奇尔沙治"级战列舰

原产国：美国

入役时间：1900 年

满载排水量：13060 吨

"奇尔沙治"级战列舰是美国在 19 世纪末建造的战列舰，属于前无畏舰，共建造了 2 艘。在美国海军军备局及美国军事家马汉的"混合炮"思想影响下，"奇尔沙治"级战列舰虽然只有 2 座主炮炮座，但每个炮座均有两层火炮：底部为双联装 330 毫米舰炮，其上则是双联装 203 毫米舰炮。除此之外，舰上还装有 14 门 127 毫米舰炮、20 门 57 毫米舰炮、8 门 37 毫米舰炮和 4 座 450 毫米鱼雷发射管。

"康涅狄格"级战列舰

原产国：美国

入役时间：1906 年

满载排水量：17949 吨

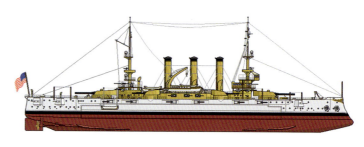

"康涅狄格"级战列舰是美国于 20 世纪初建造的战列舰，共建造了 6 艘。该级舰是美国历史上最强的前无畏舰，其吨位甚至超过了一开始的美国无畏舰。其舰体长度为 139.09 米，宽度为 23.42 米，吃水深度为 7.47 米，最大航行速度为 18 节。舰上有 827 名舰员，主要舰载武器为 4 门 305 毫米舰炮、8 门 203 毫米舰炮、12 门 178 毫米舰炮、20 门 76 毫米舰炮、12 门 47 毫米舰炮、4 门 37 毫米舰炮和 4 座 533 毫米鱼雷发射管等。

"南卡罗来纳"级战列舰

原产国：美国

入役时间：1910 年

满载排水量：17900 吨

"南卡罗来纳"级战列舰是美国于 20 世纪初建造的战列舰，共建造了 2 艘。该级舰是美国首批设计的无畏舰，标志着美国海军新时代的开始。舰上有 4 座双联装主炮炮塔，全部沿舰体纵向中轴线布置，在舰体前后各布置两座，呈背负式布局，这种布局能够发挥舷侧齐射火力，保证主炮向前后方向拥有良好的射界。其笼式主桅杆是当时美国战列舰的典型特征。由于限制排水量、锅炉舱空间以及采用旧式往复式蒸汽机等原因，"南卡罗来纳"级战列舰的航速较低。

Chapter 1 一战前后

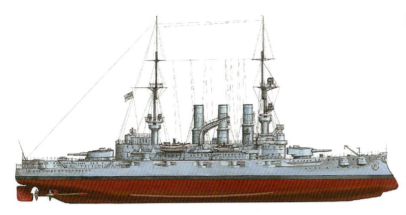

"德国"级战列舰

原产国：德国

入役时间：1906年

满载排水量：14218吨

"德国"级战列舰是德国于20世纪初建造的战列舰，共建造了5艘。该级舰是德国海军建造的最后5艘前无畏舰，其舰体长度为127.6米，宽度为22.2米，吃水深度为8.21米。最大航行速度为18.5节，续航距离为4800海里（10节航速）。舰上有743名舰员，主要舰载武器为4门280毫米舰炮、14门170毫米舰炮、22门88毫米舰炮和6座450毫米鱼雷发射管等。

"特拉华"级战列舰

原产国：美国

入役时间：1910年

满载排水量：22759吨

"特拉华"级战列舰是美国于20世纪初建造的战列舰，共建造了2艘。与"南卡罗来纳"级战列舰相比，"特拉华"级战列舰加强了火力，增加了1座主炮塔，305毫米主炮的数量达10门，并且削减上层建筑的结构以降低重心，14门127毫米副炮安装在舰体内。此外，还装有6门76毫米高射炮。值得一提的是，二号舰"北达科他"号试验性地搭载了蒸汽轮机，但美国海军研究试航结果后，认为续航能力不足，因而对装备蒸汽轮机比较犹豫，在后续建造的舰艇上没有继续采用。

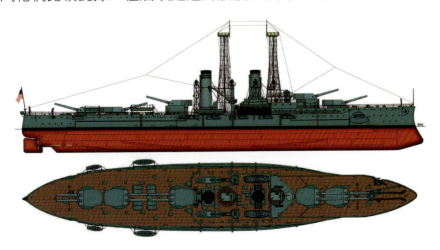

"佛罗里达"级战列舰

原产国：美国

入役时间：1911 年

满载排水量：23403 吨

"佛罗里达"级战列舰是美国于20世纪初建造的战列舰，共建造了2艘。该级舰是"特拉华"级战列舰的改进型，两级舰外形相似，仅将后部主桅杆变换到后烟囱之后。"佛罗里达"级战列舰装有5座双联装305毫米主炮、16门单装127毫米副炮，以及6门单装76毫米高射炮。

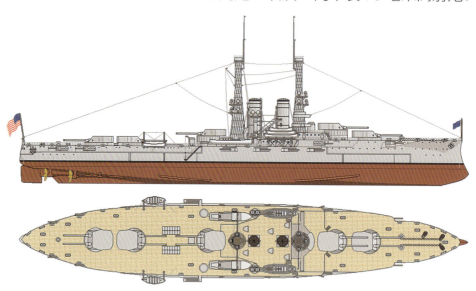

"怀俄明"级战列舰

原产国：美国

入役时间：1912 年

满载排水量：27680 吨

"怀俄明"级战列舰是美国于20世纪初建造的战列舰，共建造了2艘。该级舰装有6座双联装305毫米主炮，6座炮塔采用成对背负式的方式布置，对舰体上层建筑影响较小。当时英国已经开始建造超无畏舰，美国海军曾考虑是否安装356毫米主炮，但由于356毫米火炮需要重新设计、试验，最后经过慎重考虑，还是按照原计划安装305毫米主炮，并加强了防御装甲。在20世纪20年代的现代化改装过程中，"怀俄明"级战列舰拆除了部分副炮，改建舰桥、后部主桅杆等上层建筑。

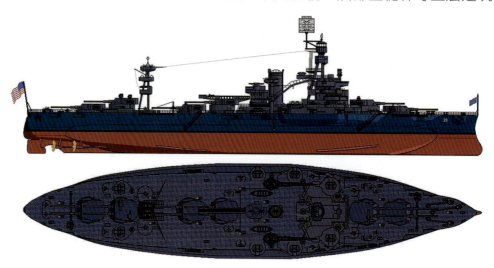

"丹东"级战列舰

原产国：法国

入役时间：1911 年

满载排水量：19400 吨

"丹东"级战列舰是法国于 20 世纪初建造的战列舰，属于前无畏舰，共建造了 6 艘。该级舰的主要武器为 4 门 305 毫米主炮，配置在 2 座双联装炮塔内，分别安装在前甲板与后甲板的船楼建筑上方。主炮最大仰角为 12 度，射程距离最远可达 14500 米。使用的炮弹为 440 千克的穿甲弹，其炮口初速度 780 米/秒。每座炮塔的后方可存放 8 发炮弹，炮弹的推进剂则存放在炮塔底部或炮塔顶部与燃烧室之间的空间。舰上平时存放 75 发炮弹，但若有多余空间则会再增加 10 发炮弹。副炮为 12 门 240 毫米舰炮，配置在 6 座双联装炮塔内。

"俄里翁"级战列舰

原产国：英国

入役时间：1912 年

满载排水量：25870 吨

"俄里翁"级战列舰是英国于 20 世纪初建造的战列舰，共建造了 4 艘。该级舰大幅提升了火力，与以往英国建造的战列舰完全不同，在英国被称为"超无畏舰"，并成为后续英国超无畏舰"英王乔治五世"级、"铁公爵"级的设计蓝本。

为保持英国海军在火力方面的优势地位，该级舰安装 10 门新的 343 毫米主炮以取代以往战列舰的 305 毫米主炮，并使用更重的炮弹。5 座双联装炮塔全部沿舰体纵向中轴线布置。

"英王乔治五世"级战列舰

原产国：英国

入役时间：1912 年

满载排水量：25700 吨

"英王乔治五世"级战列舰是英国于 20 世纪初建造的战列舰，共建造了 4 艘。该级舰是"俄里翁"级战列舰的改进型，在防护设计方面做了一些修改，舰艏炮塔和舰艉炮塔之间的上部装甲构成连续防护区域，加强副炮防护装甲，并改变主桅杆位置，三脚主桅杆移到前部烟囱之前。

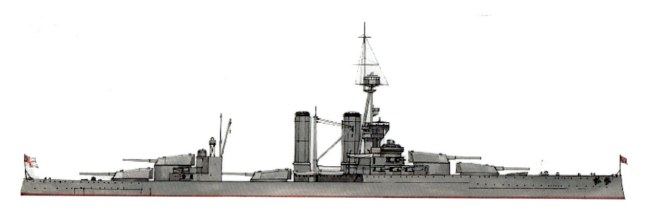

"库尔贝"级战列舰

原产国：法国

入役时间：1913 年

满载排水量：25579 吨

"库尔贝"级战列舰是法国于 20 世纪初建造的战列舰，共建造了 4 艘。该级舰是法国最早建造的无畏舰，各舰均在一战爆发前建造完工。在设计上，"库尔贝"级战列舰配备 12 门 305 毫米 1910 年型舰炮，安装在 6 座双联装炮塔内。与其他国家相比，法国在军舰设计理念上更关注于水下防护，因此"库尔贝"级战列舰将装甲带延展至水线以下的区域。尽管"库尔贝"级战列舰的主装甲带比同时期德国、英国的战列舰要薄，但覆盖范围更广。

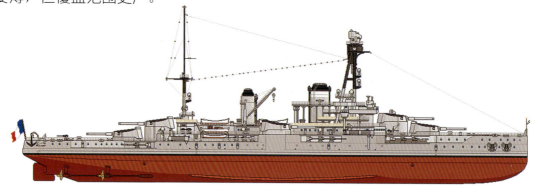

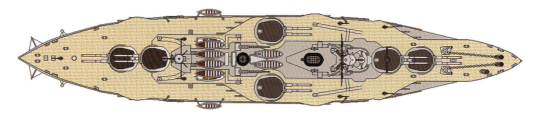

"金刚"级战列舰

原产国：日本

入役时间：1913 年

满载排水量：36600 吨

"金刚"级战列舰是日本于 20 世纪初建造的战列舰，共建造了 4 艘。该级舰具备英国式风格的长艏楼船型和高大的三脚桅杆，动力系统采用油煤混烧锅炉和蒸汽轮机。舰载武器有 8 门 356 毫米主炮、14 门 152 毫米副炮、8 门 127 毫米高射炮和 100 门 25 毫米高射机炮。在服役过程中，"金刚"级战列舰经过两次大规模改装，作战性能进一步提升。不过到了二战时期，"金刚"级战列舰已经明显落后，各舰均在太平洋战争中战沉。

"纽约"级战列舰

原产国：美国

入役时间：1914 年

满载排水量：28822 吨

"纽约"级战列舰是美国于 20 世纪初建造的战列舰，共建造了 2 艘。该级舰是"怀俄明"级战列舰的改进型，主要强化了火力。"纽约"级战列舰是美国第一级配备 356 毫米主炮的战列舰，也是最后几级使用煤炭燃料和 5 座双联装主炮炮塔布局的战列舰。"纽约"级战列舰也有一些不足之处，例如缺乏防空武器。因为存在缺陷，"纽约"级战列舰在服役期间进行了多次改装。

"甘古特"级战列舰

原产国：苏联

入役时间：1914 年

满载排水量：26692 吨

"甘古特"级战列舰是苏联海军从俄国海军继承的唯一一级战列舰，在相当长时间里也是苏联海军唯一的战列舰。该级舰火力强大，4 座三联装主炮全部布置在舰体纵向中心线上，305 毫米主炮舷侧齐射的火力超过同时期任何一艘英国或者德国战列舰。"甘古特"级战列舰采用破冰舰艏，以便冬季封冻时也能自如地在波罗的海活动。由于使用较轻的"亚罗"式锅炉代替此前常用的"贝尔维尔"式锅炉，"甘古特"级战列舰的速度同样突出，最高航速达 24 节。

"铁公爵"级战列舰

原产国：英国

入役时间：1914 年

满载排水量：29500 吨

"铁公爵"级战列舰是英国于 20 世纪初建造的战列舰，共建造了 4 艘。该级舰是"英王乔治五世"级战列舰的改进型，排水量更大，加强了副炮火力。为了应对吨位日益增大的驱逐舰的威胁，"铁公爵"级战列舰加大了副炮口径，采用 152 毫米口径副炮。主炮为 5 门 343 毫米舰炮，防空武器为 2 门 76 毫米高射炮。此外，舰上还有 4 座 533 毫米鱼雷发射管。

"伊丽莎白女王"级战列舰

原产国：英国

入役时间：1914 年

满载排水量：33790 吨

"伊丽莎白女王"级战列舰是英国于 20 世纪初建造的战列舰，共建造了 5 艘。由于主炮重量较大以及威力提升，所以"伊丽莎白女王"级战列舰比英国之前建造的战列舰减少了 1 座主炮炮塔，在舰体前后分别布置 2 座双联装 381 毫米主炮炮塔，采用背负式布局。该级舰是英国首批全部以燃油锅炉为动力的战列舰，不仅有助于航速提高，而且燃料补给十分简便，其最高航速已经接近英国海军早期建造的战列巡洋舰。防护方面，重点加强要害部位的装甲。

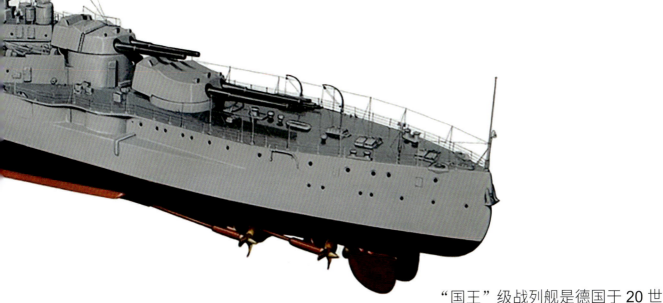

"国王"级战列舰

原产国：德国

入役时间：1914 年

满载排水量：28600 吨

"国王"级战列舰是德国于 20 世纪初建造的战列舰，属于无畏舰，共建造了 4 艘。该级舰的舰体长度为 175.4 米，宽度为 29.5 米，吃水深度为 9.19 米。最大航行速度为 21 节，续航距离为 8000 海里（12 节航速）。舰上有 1136 名舰员，主要舰载武器为 10 门 305 毫米舰炮、14 门 150 毫米舰炮、10 门 88 毫米舰炮和 5 座 500 毫米鱼雷发射管等。一战爆发时，"国王"级战列舰是德国公海舰队最强大的军舰。

"扶桑"级战列舰

原产国：日本

入役时间：1915 年

满载排水量：38536 吨

"扶桑"级战列舰是日本于 20 世纪初建造的战列舰，共建造了 2 艘。舰上的武器包括 6 座双联装四一式 360 毫米舰炮、16 门四一式 152 毫米舰炮、4 门 76 毫米高射炮和 6 座 533 毫米鱼雷发射管等。由于是日本海军第一次尝试自行设计建造无畏舰，又过度要求武装的结果，"扶桑"级战列舰整体布局、建造技术以及经验不足，整体而言并不理想。后期现代化改装时发现舰面被炮塔占据过多的空间，导致可利用改造的空间十分狭窄。1944 年 10 月，2 艘"扶桑"级战列舰均在莱特湾海战中战沉。

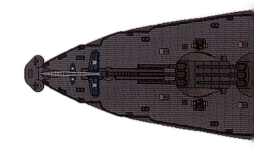

"内华达"级战列舰

原产国：美国

入役时间：1916 年

满载排水量：28900 吨

"内华达"级战列舰是美国于 20 世纪初建造的战列舰，共建造了 2 艘。该级舰首次放弃全面防护而采用重点防护方式，是战列舰防护设计上的重大革新，其设计思想被其他国家借鉴。舰上安装 10 门 356 毫米主炮，双联装和三联装主炮炮塔各 2 座，采用舰艏艉对称的布置形式。三联装炮塔的采用不但减轻了炮塔的装甲重量，也缩短了要害区域长度，同样起到了降低装甲总重的作用。

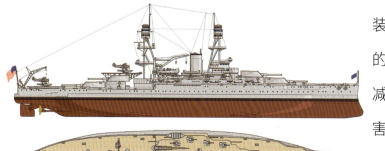

"宾夕法尼亚"级战列舰

原产国：美国	
入役时间：1916 年	
满载排水量：32429 吨	

"宾夕法尼亚"级战列舰是美国于 20 世纪初建造的战列舰，共建造了 2 艘。该级舰是"内华达"级战列舰的改进型，采用 4 座三联装 356 毫米主炮炮塔，沿舰体纵向中心线呈背负式布局，前后各布置 2 座。"宾夕法尼亚"级战列舰更新了动力系统，全面采用蒸汽轮机，是美国海军首批以全部燃油为燃料的战列舰。

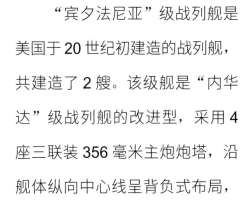

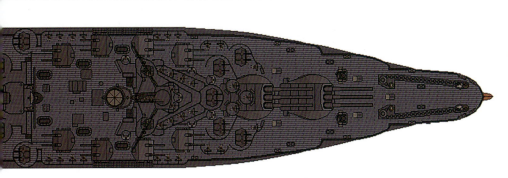

"复仇"级战列舰

原产国：英国	
入役时间：1916 年	
满载排水量：33350 吨	

"复仇"级战列舰是英国于 20 世纪初建造的战列舰，共建造了 5 艘。该级舰是"伊丽莎白女王"级战列舰的改进型，基本布局、武器与"伊丽莎白女王"级战列舰基本相同，舰体长度缩短，防护略有改进，采用单烟囱，这些是外形上与"伊丽莎白女王"级战列舰最明显的区别。"复仇"级战列舰的舰载武器为 4 座双联装 381 毫米舰炮、14 门 152 毫米舰炮、2 门 76 毫米高射炮、4 门 47 毫米高射炮和 4 座 533 毫米鱼雷发射管。

"布列塔尼"级战列舰

原产国：法国

入役时间：1916 年

满载排水量：26000 吨

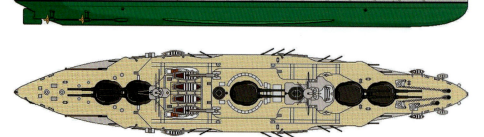

"布列塔尼"级战列舰是法国于 20 世纪初建造的战列舰，共建造了 3 艘。该级舰是法国海军首次建造的超无畏舰，以法国省份名称命名。在设计上，"布列塔尼"级战列舰参考了"库尔贝"级战列舰，以 10 门 340 毫米主炮代替孤拔级的 12 门 305 毫米主炮。在次要武器方面，"布列塔尼"级战列舰配有 22 门 138 毫米舰炮、4 门 47 毫米舰炮和 4 座 450 毫米鱼雷发射管。原本希腊海军向法国方面订购 1 艘"布列塔尼"级战列舰，但迫于一战而停工。

"田纳西"级战列舰

原产国：美国

入役时间：1920 年

满载排水量：33723 吨

"田纳西"级战列舰是美国于 20 世纪初建造的战列舰，共建造了 2 艘。该级舰是"新墨西哥"级战列舰的改进型，根据日德兰海战的经验，舰体划分多层隔舱，水下防御性能比美国海军以往建造的战列舰有很大改进，并加强了舰体水平防御装甲。"田纳西"级战列舰采用与"新墨西哥"级战列舰一样的电气推进动力系统，在其前后主桅上架设了安装大型火控设施的桅楼。武器方面，依然采用 4 门三联装 356 毫米主炮，但提高主炮仰角，从而延长了射程。

"伊势"级战列舰

原产国：日本

入役时间：1917 年

满载排水量：31260 吨

"伊势"级战列舰是日本于 20 世纪初建造的战列舰，共建造了 2 艘，在 1917 年至 1945 年服役。该级舰以"扶桑"级战列舰第三、四号舰的预算编列建造，在设计上也可以视为"扶桑"级的改进型，在火力上与"扶桑"级相当，同样是 6 座双联装 360 毫米舰炮，但在炮群配置方式上改为与美国海军"怀俄明"级战列舰相似的三群背负式。该级舰服役后进行了数次大大小小的现代化改装，使其在外形上与服役之初有很大的差别，战斗力有了较大的提高，也成为日本海军史上第一艘装备雷达设施的战舰。

"新墨西哥"级战列舰

原产国：美国

入役时间：1917 年

满载排水量：33530 吨

"新墨西哥"级战列舰是美国于 20 世纪初建造的战列舰，共建造了 3 艘。该级舰在"宾夕法尼亚"级战列舰的基础上进行了一些较大的改进，采用飞剪型舰艏，提高了在大浪中行驶时的稳定性。改用 50 倍口径身管的 356 毫米主炮，主炮炮塔的布局与"宾夕法尼亚"级战列舰相同。此外，还加强水平甲板的防御装甲，并改用蒸汽轮机－发电机驱动电动机的动力装置。虽然动力系统有所改进，但是航速提高有限。

"长门"级战列舰

原产国：日本

入役时间：1920年

满载排水量：39116吨

"长门"级战列舰是日本于20世纪初建造的战列舰，共建造了2艘。由于之前的日本主力舰多向英国购买或大量采用英式武器，所以从舰体到全舰武器均由日本自行设计制造的"长门"级战列舰被视为"第一级纯日本血统的战舰"。

在"海军假日"时期，"长门"级战列舰与英国海军的"纳尔逊"级战列舰和美国海军的"科罗拉多"级战列舰，是当时世界各国海军中仅有的装备410毫米口径级别主炮的战列舰。

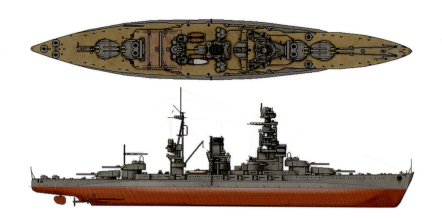

"科罗拉多"级战列舰是美国于20世纪20年代建造的战列舰，共建造了3艘。该级舰装有4座双联装406毫米主炮，12门或14门单装127毫米副炮，以及2座533毫米鱼雷发射管。"科罗拉多"级战列舰建成后均在美国海军太平洋舰队服役，是二战前美国海军最强大的战列舰。该级舰在20世纪30年代进行了现代化改装，加强了防空火力。1942年，首舰"科罗拉多"号和二号舰"马里兰"号拆除后部主桅杆进行现代化改装，进一步加强了防空火力。

"科罗拉多"级战列舰

原产国：美国

入役时间：1921年

满载排水量：38400吨

"纳尔逊"级战列舰

原产国：英国

入役时间：1927 年

满载排水量：38390 吨

"纳尔逊"级战列舰是英国在 20 世纪 20 年代建造的战列舰，共建造了 2 艘。该级舰没有采用英国旧式战列舰常用的艏楼船型，改用新的平甲板船型，并根据日德兰海战的经验教训着重提升舰船的装甲防护水平。"纳尔逊"级战列舰安装 3 座三联装 406 毫米主炮和 6 座双联装 152 毫米副炮，装备 2 台总功率 45000 马力的蒸汽轮机，但因舰体过重而航速只有 23 节，水面机动性较差。

传奇舰船鉴赏："无畏"号战列舰

基本参数	
满载排水量	21060 吨
船体长度	160.6 米
船体宽度	25 米
吃水深度	9 米
最大航速	21 节
续航距离	6620 海里

"无畏"号战列舰是英国建造的一种划时代的战列舰，具有很多现代军舰的特征，远优于同时期的同类军舰，而之后的火力改进，更在 20 世纪初期导致了列强之间的海军军备竞赛。

研发历程

1904 年，约翰·阿巴斯诺特·费舍尔爵士出任英国第一海务大臣，推动了一系列改革。1904 年 10 月，费舍尔爵士牵头组成了一个委员会，其成员是精心挑选的，目的是拿出一个新战列舰的设计方案。很快，产生了初步方案，其中最为显著的特征就是采用统一型号的

10门12英寸（300毫米）口径主炮，可以长时间内保持21节航速运行的蒸汽轮机组。由于受到当时英国造船厂的船坞和能力的限制，在尺寸和排水量上相对较小。该方案在提交费舍尔爵士后，他决定新战列舰可以不受英国当时所有造船厂的限制来设计建造，以求最大火力和航速，这一决定使方案中的新战列舰尺寸进一步增加，标准排水量达17900吨，船体长度达160米，这个设计方案就是"无畏"号。费舍尔爵士称这种战舰为"煮老的鸡蛋"，"因为它不可能被击碎"，很显然当时英国认为统一的大口径火炮与航速的优势是海战的主导。

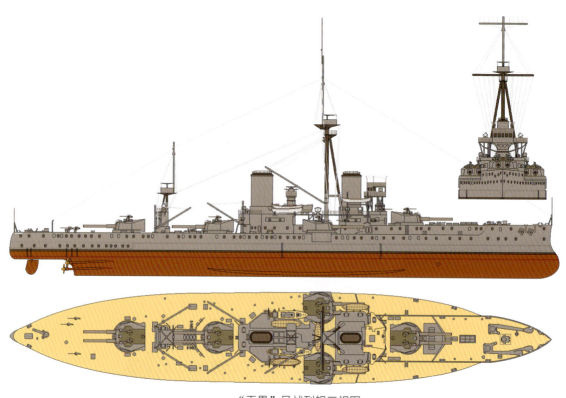

"无畏"号战列舰三视图

1905年5月，"无畏"号战列舰的设计蓝图得到批准。1905年10月2日，"无畏"号在普茨茅斯海军船厂铺设龙骨。1906年2月10日下水，同年10月1日开始进行海试，建造进度非常快。1907年12月3日，"无畏"号进行长时间新设备的检验之后才正式服役，之后成为英国海军本土舰队旗舰一直到1912年。1916年3月18日，"无畏"号在北海海域撞沉德国U29潜艇，因为入坞维修而错过了日德兰海战。1916年至1918年，"无畏"号驻在泰晤士河口巡逻。1919年转入后备役，1921年出售拆毁。

整体构造

"无畏"号战列舰采用长艏楼船型，取消了舰艏水下撞角。在舰体结构上，舱室尽量小型化、水密化，以提高水密结构，增加浮力储备。隔舱间的支撑壁为强化钢结构，以提高隔舱的强度和韧性。水线下和水线处的舱室间全部取消横向联络门，水密门的数量被尽量缩减，舰员的进出只能通过纵向的水密门，这些措施对于提高战舰的防护能力特别是抗沉性都有显著的效果。

作战性能

"无畏"号战列舰与以往战列舰最大的区别是引用"全重型火炮"概念，采用10门统一型号的、弹道性能一致的305毫米主炮。该舰首次在大型战舰上使用4台蒸汽轮机，航速比以前的任何战列舰都要快，在最大航速提高到21节的同时，可以长时间保持高速航行并保持良好可靠性，相对旧式的往复式蒸汽机组功率更大，可靠性更高。"无畏"号战列舰的防御装甲比以往任何战舰都不逊色，装甲采用表面硬化处理，重要部位的装甲厚度达11英寸，提供了其全面的防护能力。

"无畏"号战列舰革新武器装备、动力、防护等方面的传统设计，其火力和动力装置的设计更具革命性，可以说是近代造船工业化经验与成就的风向标，当时各海军强国非常重视，纷纷把旧战列舰快速更新换代，比照而建成新型战列舰舰队，产生新一轮海军军备竞赛。"无畏"号战列舰代表战列舰技术的重要分水岭，是19世纪列强海军不断演进的集大成者，一般通称其同类为"无畏舰"，之前的战列舰则称作"前无畏舰"。

正在铺设龙骨的"无畏"号战列舰

航行中的"无畏"号战列舰

1.2　远程威慑的巡洋舰

巡洋舰是一种火力强、用途多，主要在远洋活动的大型水面舰艇。巡洋舰装备有较强的进攻型和防御型武器，具有较高的航速和适航性，能在恶劣气候条件下长时间进行远洋作战。

"巡洋舰"这个名词最早出现于17世纪，当时与其说作为一种军舰的类型，还不如说是代表一种军舰担负的任务，也就是远海的巡逻和护航的任务。到了18世纪，巡洋舰才逐渐成为一种轻便快速且能够进行远距离巡航的轻武装（只有单层炮甲板）战舰的名称，主要负责侦察、护航和破坏海上交通线等作战任务。进入19世纪，蒸汽动力开始运用于战舰，到了19世纪40年代就开始出现实验性地采用蒸汽动力的巡洋舰。19世纪50年代中期，英国和美国海军先后建造采用蒸汽动力、舰体进一步大型化并装备大口径舰炮的巡洋舰，随后又出现了装甲防护。第一艘真正意义上的装甲巡洋舰是俄罗斯的"海军上将"号，于1874年完工。英国的"香农"号装甲巡洋舰在数年后服役。

在很长一段时间里，巡洋舰弥补了轻型船只（例如鱼雷艇）与战列舰之间的空当。巡洋舰不仅足以抵挡轻型船只的进攻，而且能够远离自己的基地航行。战列舰虽然在作战时威力非常大，但其速度太慢和需要太多的燃料（尤其是在使用蒸汽轮机后），使它们在远距离作战时非常依赖补给舰队。从19世纪到20世纪初，巡洋舰是一支舰队的远程威慑武器，而战列舰则待在基地附近。当时，巡洋舰的主要作用是袭击敌人的商队。巡洋舰在设计的时候就非常注重速度——瘦长、流线型的船体尤其利于高速航行，为了减少流体旋涡，舰艏和舰艉均逐渐变细。

1880年至1910年，各国还建造了许多排水量相对较小的防护巡洋舰。由于其装甲很少，没有侧舷装甲，而是在甲板内设有弓形的水平装甲。同时，巡洋舰也被编入主力舰队作为侦察和巡逻用途。

随着造船技术的发展和需求的增长，巡洋舰的排水量也不断增大。19世纪末，战舰的发展速度非常快，以至于数年后下水的巡洋舰就已经超过了此前的战列舰。此时，人们开始区分轻型巡洋舰和重型巡洋舰。一战后，在不同的军备限制条约中对这两个概念均有定义。

轻型巡洋舰的主炮口径为 6.1 英寸（155 毫米）以下，重型巡洋舰的主炮口径在此以上（8 英寸，以 203 毫米最为常见）。

在各海军强国中，英国海军尤其重视巡洋舰。原因在于英国有大量殖民地，需要保持大量的巡洋舰以保障殖民地的安全。这些巡洋舰可以侦察敌情，保护战列舰编队开赴远处，也可以围攻敌人的大型军舰。

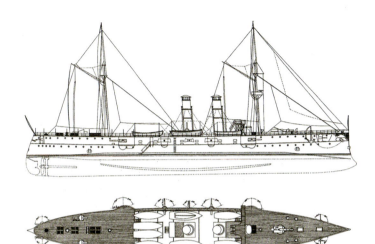

"辛辛那提"级巡洋舰

原产国：美国

入役时间：1894 年

满载排水量：3393 吨

"辛辛那提"级巡洋舰是美国于 19 世纪末建造的防护巡洋舰，共建造了 2 艘。该级舰的舰体长度为 93.19 米，宽度为 13 米，吃水深度为 5.5 米，最大航行速度为 19 节，续航距离为 8650 海里（10 节航速）。舰上有 312 名舰员，主要舰载武器为 1 门 152 毫米舰炮、10 门 127 毫米舰炮、8 门 57 毫米舰炮、2 门 37 毫米舰炮和 4 座 450 毫米鱼雷发射管等。

"哥伦比亚"级巡洋舰

原产国：美国

入役时间：1894 年

满载排水量：8270 吨

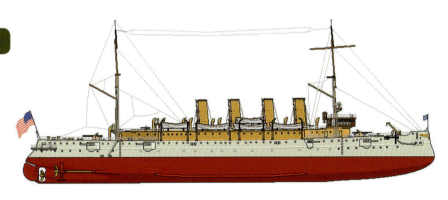

"哥伦比亚"级巡洋舰是美国于 19 世纪末建造的防护巡洋舰，共建造了 2 艘。该级舰的舰体长度为 126 米，宽度为 17.74 米，吃水深度为 6.87 米。最大航行速度为 22.5 节，续航距离为 25520 海里（10 节航速）。舰上有 477 名舰员，主要舰载武器为 1 门 203 毫米舰炮、2 门 152 毫米舰炮、8 门 102 毫米舰炮、12 门 57 毫米舰炮、4 门 37 毫米舰炮和 4 座 356 毫米鱼雷发射管等。

"新奥尔良"级巡洋舰

原产国：美国	
入役时间：1898 年	
满载排水量：4011 吨	

"新奥尔良"级巡洋舰是美国于 19 世纪末建造的防护巡洋舰，共建造了 2 艘。该级舰的舰体长度为 108 米，宽度为 13.34 米，吃水深度为 5.5 米，最大航行速度为 20.5 节。舰上有 366 名舰员，主要舰载武器为 6 门 152 毫米舰炮、4 门 119 毫米舰炮、10 门 57 毫米舰炮、8 门 37 毫米舰炮和 3 座 457 毫米鱼雷发射管等。

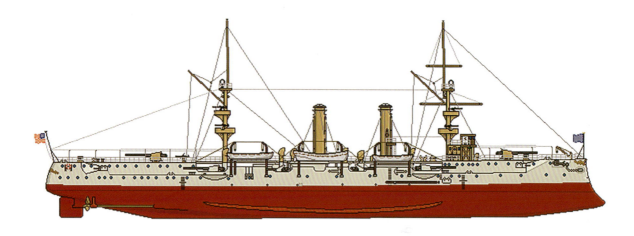

"浅间"级巡洋舰

原产国：日本	
入役时间：1899 年	
满载排水量：10500 吨	

"浅间"级巡洋舰是日本于 19 世纪末建造的装甲巡洋舰，共建造了 2 艘。该级舰的舰体长度为 134.72 米，宽度为 20.48 米，吃水深度为 7.43 米，最大航行速度为 21 节，续航距离为 10000 海里（10 节航速）。舰上有 676 名舰员，主要舰载武器为 2 座双联装 203 毫米舰炮、14 门 150 毫米舰炮、12 门 76 毫米舰炮、8 门 47 毫米舰炮和 5 座 457 毫米鱼雷发射管等。

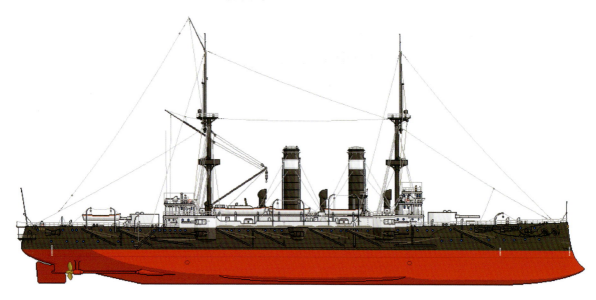

"维多利亚·路易斯"级巡洋舰

原产国：德国

入役时间：1898 年

满载排水量：6705 吨

"维多利亚·路易斯"级巡洋舰是德国于 19 世纪末建造的防护巡洋舰，共建造了 5 艘。该级舰是德国建造的最后一个防护巡洋舰船级，舰上配备了 2 门 210 毫米舰炮、8 门 150 毫米舰炮、10 门 88 毫米舰炮和 3 座 450 毫米鱼雷发射管等。前三艘的最大航速为 19.5 节，后两艘略慢，最大航速为 18.5 节。

"出云"级巡洋舰

原产国：日本

入役时间：1900 年

满载排水量：10305 吨

"出云"级巡洋舰是日本于 19 世纪末建造的装甲巡洋舰，共建造了 2 艘。该级舰的舰体长度为 132.28 米，宽度为 20.94 米，吃水深度为 7.26 米，最大航行速度为 20.75 节，续航距离为 7000 海里（10 节航速）。舰上有 672 名舰员，主要舰载武器为 2 座双联装 203 毫米舰炮、14 门 150 毫米舰炮、12 门 76 毫米舰炮、8 门 47 毫米舰炮和 4 座 457 毫米鱼雷发射管等。

"圣路易斯"级巡洋舰

原产国：美国

入役时间：1905 年

满载排水量：11013 吨

"圣路易斯"级巡洋舰是美国于 20 世纪初建造的防护巡洋舰，共建造了 3 艘。该级舰的舰体长度为 130 米，宽度为 20 米，吃水深度为 7.35 米，最大航行速度为 22 节。舰上有 673 名舰员，主要舰载武器为 14 门 152 毫米舰炮、18 门 76 毫米舰炮、12 门 47 毫米舰炮、12 门 37 毫米舰炮和 2 挺 7.62 毫米机枪等。

"八云"号巡洋舰

原产国：日本

入役时间：1900 年

满载排水量：10288 吨

"八云"号巡洋舰是日本于 19 世纪末建造的装甲巡洋舰，其舰体长度为 132.3 米，宽度为 19.57 米，吃水深度为 7.21 米，最大航行速度为 20 节，续航距离为 7000 海里（10 节航速）。舰上有 670 名舰员，主要舰载武器为 2 座双联装 203 毫米舰炮、12 门 150 毫米舰炮、12 门 76 毫米舰炮和 5 座 457 毫米鱼雷发射管等。

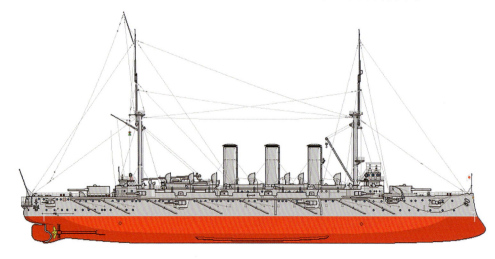

"瞪羚"级巡洋舰

原产国：德国

入役时间：1900 年

满载排水量：3180 吨

"瞪羚"级巡洋舰是德国于 19 世纪末开始建造的轻型巡洋舰，共建造了 10 艘。该级舰的舰体长度为 105 米，宽度为 12.4 米，吃水深度为 5.38 米。最大航行速度为 21.5 节，续航距离为 4400 海里。舰上有 270 名舰员，主要舰载武器为 10 门 105 毫米舰炮和 2 座 450 毫米鱼雷发射管等。

"吾妻"号巡洋舰

原产国：日本

入役时间：1900 年

满载排水量：10110 吨

"吾妻"号巡洋舰是日本于 19 世纪末建造的装甲巡洋舰，其舰体长度为 137.9 米，宽度为 17.74 米，吃水深度为 7.18 米，最大航行速度为 21 节，续航距离为 7000 海里（10 节航速）。舰上有 670 名舰员，主要舰载武器为 2 座双联装 203 毫米舰炮、12 门 150 毫米舰炮、12 门 76 毫米舰炮、8 门 47 毫米舰炮和 5 座 457 毫米鱼雷发射管等。

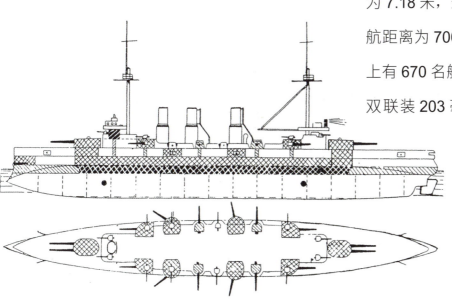

"丹佛"级巡洋舰

原产国：美国

入役时间：1903 年

满载排水量：3514 吨

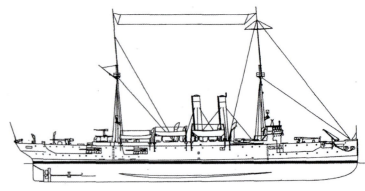

"丹佛"级巡洋舰是美国于 20 世纪初建造的防护巡洋舰，共建造了 6 艘。该级舰的舰体长度为 94.13 米，宽度为 13 米，吃水深度为 4.8 米，最大航行速度为 16.4 节，续航距离为 2200 海里（10 节航速）。舰上有 327 名舰员，主要舰载武器为 10 门 127 毫米舰炮、6 门 57 毫米舰炮、2 门 37 毫米舰炮和 4 挺 7.62 毫米机枪等。

"宾夕法尼亚"级巡洋舰

原产国：美国

入役时间：1905 年

满载排水量：15381 吨

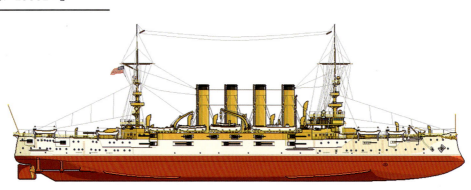

"宾夕法尼亚"级巡洋舰是美国于 20 世纪初建造的装甲巡洋舰，共建造了 6 艘。该级舰的舰体长度为 153.6 米，宽度为 21.2 米，吃水深度为 7.95 米，最大航行速度为 22 节。舰上有 830 名舰员，主要舰载武器为 4 门 203 毫米舰炮、14 门 152 毫米舰炮、18 门 76 毫米舰炮、12 门 47 毫米舰炮、2 门 37 毫米舰炮和 2 座 450 毫米鱼雷发射管等。

"田纳西"级巡洋舰

原产国：美国

入役时间：1906 年

满载排水量：15964 吨

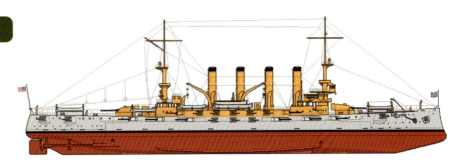

"田纳西"级巡洋舰是美国于 20 世纪初建造的装甲巡洋舰，共建造了 4 艘。该级舰的舰体长度为 153.8 米，宽度为 22.2 米，吃水深度为 7.6 米，最大航行速度为 22 节。舰上有 887 名舰员，主要舰载武器为 4 门 254 毫米舰炮、16 门 152 毫米舰炮、22 门 76 毫米舰炮、12 门 47 毫米舰炮和 4 座 533 毫米鱼雷发射管等。

"切斯特"级巡洋舰

原产国：美国

入役时间：1908 年

满载排水量：4700 吨

"切斯特"级巡洋舰是美国于 20 世纪初建造的侦察巡洋舰，共建造了 3 艘。该级舰的舰体长度为 129 米，宽度为 14.4 米，吃水深度为 5.1 米，最大航行速度为 24 节。舰上有 359 名舰员，主要舰载武器为 2 门 127 毫米舰炮、6 门 76 毫米舰炮和 2 座 533 毫米鱼雷发射管等。

"筑摩"级巡洋舰

原产国：日本

入役时间：1912 年

满载排水量：5040 吨

"筑摩"级巡洋舰是日本于 20 世纪初建造的防护巡洋舰，共建造了 3 艘。该级舰的舰体长度为 134.1 米，宽度为 14.2 米，吃水深度为 5.1 米，最大航行速度为 26 节，续航距离为 10000 海里（10 节航速）。舰上有 452 名舰员，主要舰载武器为 8 门 150 毫米舰炮、4 门 76 毫米舰炮、2 挺 7.7 毫米机枪和 3 座 457 毫米鱼雷发射管等。

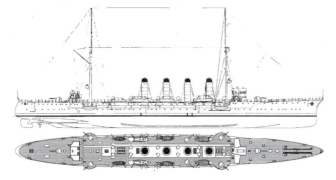

"沙恩霍斯特"级巡洋舰

原产国：德国

入役时间：1907 年

满载排水量：12985 吨

"沙恩霍斯特"级巡洋舰是德国于 20 世纪初建造的装甲巡洋舰，共建造了 2 艘。该级舰的舰体长度为 144.6 米，宽度为 21.6 米，吃水深度为 8.37 米，最大航行速度为 22.7 节。舰上有 840 名舰员，主要舰载武器为 8 门 210 毫米舰炮、6 门 150 毫米舰炮、18 门 88 毫米舰炮和 4 座 450 毫米鱼雷发射管等。

"天龙"级巡洋舰

原产国：日本

入役时间：1919 年

满载排水量：4420 吨

"天龙"级巡洋舰是日本于 20 世纪初建造的轻型巡洋舰，共建造了 2 艘。该级舰的舰体长度为 142.9 米，宽度为 12.3 米，吃水深度为 4 米，最大航行速度为 33 节，续航距离为 5000 海里（14 节航速）。舰上有 327 名舰员，主要舰载武器为 4 门 140 毫米舰炮、1 门 80 毫米舰炮、2 挺 13.2 毫米防空机枪和 2 座三联装 533 毫米鱼雷发射管等。

"霍金斯"级巡洋舰

原产国：英国

入役时间：1918年

满载排水量：12500吨

"霍金斯"级巡洋舰是英国于20世纪初建造的重型巡洋舰，共建造了5艘。首舰被命名为"卡文迪许"号，所以最初这种战舰被称为"卡文迪许"级巡洋舰。不过"卡文迪许"号在建造过程中被英国海军选中改造为试验性质的轻型航空母舰，并更名为"报复"号。因此，该级舰只剩下了4艘，并重新以二号舰"霍金斯"号的名字命名。该级舰的主要武器为7门191毫米速射炮、6门76毫米速射炮、4门76毫米高射炮、2门40毫米高射炮和6座533毫米鱼雷发射管。

"达娜厄"级巡洋舰

原产国：英国

入役时间：1918年

满载排水量：5925吨

"达娜厄"级巡洋舰是英国于20世纪初建造的轻型巡洋舰，共建造了12艘。该级舰的舰体长度为144米，宽度为14.2米，吃水深度为5米，最大航行速度为29节，续航距离为2300海里（29节航速）。舰上有450名舰员，主要舰载武器为6门152.4毫米舰炮、2门76.2毫米舰炮、2门40毫米高射炮和4座533毫米鱼雷发射管等。

"球磨"级巡洋舰

原产国：日本

入役时间：1920 年

满载排水量：5926 吨

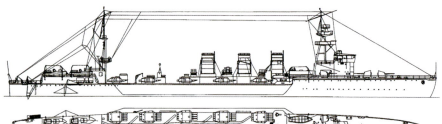

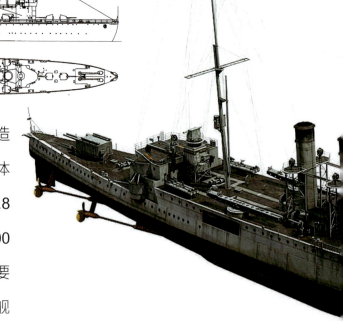

"球磨"级巡洋舰是日本于 20 世纪初建造的轻型巡洋舰，共建造了 5 艘。该级舰的舰体长度为 162.1 米，宽度为 14.2 米，吃水深度为 4.8 米，最大航行速度为 36 节，续航距离为 9000 海里（10 节航速）。舰上有 450 名舰员，主要舰载武器为 7 门 140 毫米舰炮、2 门 80 毫米舰炮和 4 座双联装 533 毫米鱼雷发射管等。

"长良"级巡洋舰

原产国：日本

入役时间：1922 年

满载排水量：7203 吨

"长良"级巡洋舰是日本于 20 世纪 20 年代建造的轻型巡洋舰，共建造了 6 艘。该级舰的舰体长度为 162.1 米，宽度为 14.2 米，吃水深度为 4.8 米，最大航行速度为 36 节，续航距离为 6000 海里（14 节航速）。舰上有 450 名舰员，主要舰载武器为 7 门 140 毫米舰炮、2 门 80 毫米舰炮和 4 座双联装 610 毫米鱼雷发射管等。

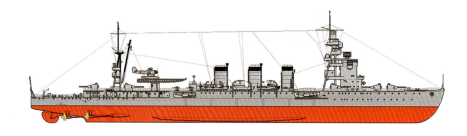

"奥马哈"级巡洋舰

原产国：美国

入役时间：1923年

满载排水量：7200吨

"奥马哈"级巡洋舰是美国于20世纪20年代建造的轻型巡洋舰，共建造了10艘。该级舰安装了4个烟囱，与"克莱蒙森"级驱逐舰十分相似。"奥马哈"巡洋舰的初期火力配置是10门152毫米舰炮，其中8门装设在前后舷的炮座内，2门露天装设。不过在后续量产时修改升级，露天炮座更换成双联装封闭式舰炮，所以主炮总数增加为12门。

"夕张"号巡洋舰

原产国：日本

入役时间：1923年

满载排水量：4075吨

"夕张"号巡洋舰是日本于20世纪20年代建造的轻型巡洋舰，其舰体长度为138.9米，宽度为12.04米，吃水深度为3.58米，最大航行速度为35.5节，续航距离为5000海里（14节航速）。舰上有328名舰员，主要舰载武器为6门140毫米舰炮、1门80毫米舰炮、2挺7.7毫米机枪和2座双联装610毫米鱼雷发射管等。

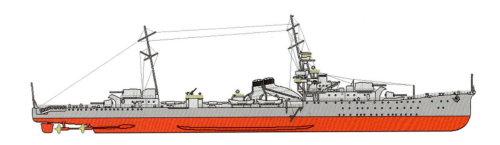

"川内"级巡洋舰

原产国：日本

入役时间：1924 年

满载排水量：5685 吨

"川内"级巡洋舰是日本于 20 世纪 20 年代建造的轻型巡洋舰，共建造了 3 艘。该级舰的舰体长度为 162.15 米，宽度为 14.17 米，吃水深度为 4.8 米，最大航行速度为 35.25 节，续航距离为 5000 海里（14 节航速）。舰上有 440 名舰员，主要舰载武器为 7 门 140 毫米舰炮、2 门 80 毫米舰炮和 4 座双联装 610 毫米鱼雷发射管等。

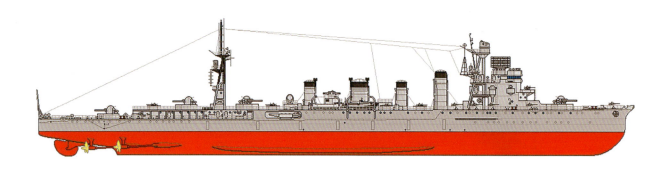

"古鹰"级巡洋舰是日本于 20 世纪 20 年代建造的重型巡洋舰，共建造了 2 艘。该级舰最初以"侦察巡洋舰"的概念设计，但是在《华盛顿海军条约》的吨位计算方式下被定义为重型巡洋舰，也是在条约巡洋舰时代日本少数未逾越吨位限制的舰艇。该级舰服役时的舰载武器为 6 门 200 毫米单装炮、4 门 80 毫米单装高射炮和 6 座双联装 610 毫米鱼雷发射管，并可搭载 1 架水上飞机。

"古鹰"级巡洋舰

原产国：日本

入役时间：1925 年

满载排水量：9540 吨

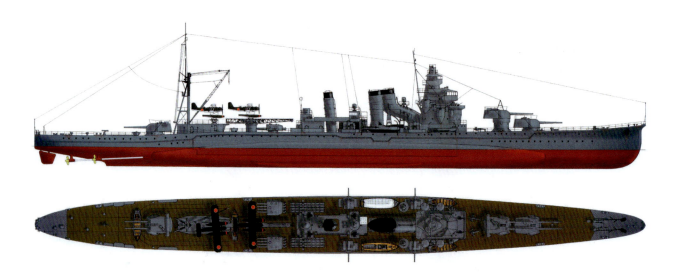

"埃姆登"号巡洋舰

原产国：德国

入役时间：1925 年

满载排水量：7100 吨

"埃姆登"号巡洋舰是德国于 20 世纪 20 年代建造的轻型巡洋舰，其舰体长度为 155.1 米，宽度为 14.2 米，吃水深度为 5.3 米，最大航行速度为 29.5 节，续航距离为 6700 海里（15 节航速）。舰上有 683 名舰员，主要舰载武器为 8 门 150 毫米舰炮、3 门 88 毫米舰炮和 4 座 500 毫米鱼雷发射管等。

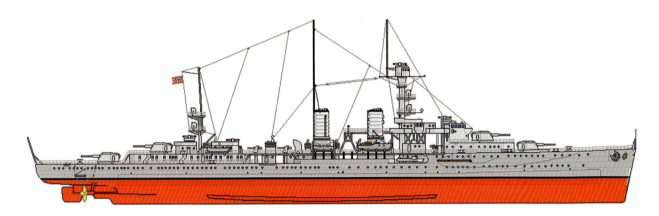

"绿宝石"级巡洋舰

原产国：英国

入役时间：1926 年

满载排水量：9435 吨

"绿宝石"级巡洋舰是英国于 20 世纪 20 年代建造的轻型巡洋舰，共建造了 2 艘。该级舰的舰体长度为 173.7 米，宽度为 16.6 米，吃水深度为 5 米，最大航行速度为 33 节，续航距离为 8000 海里（15 节航速）。舰上有 572 名舰员，主要舰载武器为 7 门 152 毫米舰炮、3 门 102 毫米高射炮、2 门 40 毫米高射炮和 4 座 533 毫米鱼雷发射管等。

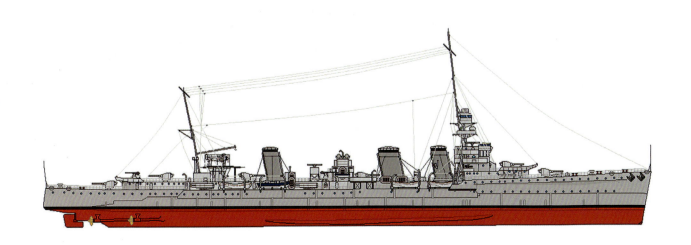

"迪盖·特鲁安"级巡洋舰

原产国：法国	
入役时间：1926 年	
满载排水量：9500 吨	

"迪盖·特鲁安"级巡洋舰是法国于 20 世纪 20 年代建造的轻型巡洋舰，共建造了 3 艘。该级舰的舰体长度为 181.3 米，宽度为 17.5 米，吃水深度为 5.2 米，最大航行速度为 30 节，续航距离为 3000 海里（15 节航速）。舰上有 578 名舰员，主要舰载武器为 4 座双联装 155 毫米舰炮、4 门 75 毫米舰炮和 4 座三联装 550 毫米鱼雷发射管等。

"青叶"级巡洋舰

原产国：日本	
入役时间：1927 年	
满载排水量：11660 吨	

"青叶"级巡洋舰是日本于 20 世纪 20 年代建造的重型巡洋舰，共建造了 2 艘。该级舰由"古鹰"级巡洋舰改进而来，二者外形上有诸多类似之处，但上层结构已重新设计。"青叶"级巡洋舰的舰体装甲重 1200 吨，占船舰整体重量的 12%，比其他日本一战轻型巡洋舰比例更高，但在条约型重型巡洋舰中只能算低标准。"青叶"级巡洋舰服役时的舰载武器为 3 座双联装 200 毫米舰炮、4 门 120 毫米高射炮、6 座双联装 610 毫米鱼雷发射管和 2 座双联装 7.7 毫米机枪，并可搭载 1 架水上飞机。

"郡"级巡洋舰

原产国：英国

入役时间：1928 年

满载排水量：14150 吨

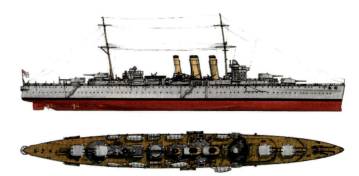

"郡"级巡洋舰是英国于 20 世纪 20 年代建造的重型巡洋舰，共建造了 13 艘。该级舰的舰体长度为 190 米，宽度为 21 米，吃水深度为 6.6 米，最大航行速度为 31.5 节，续航距离为 8000 海里。舰上有 685 名舰员，主要舰载武器为 4 座双联装 203 毫米舰炮、4 门 102 毫米舰炮和 2 座四联装 533 毫米鱼雷发射管等。

"迪凯纳"级巡洋舰是法国在 20 世纪 20 年代建造的重型巡洋舰，共建造了 2 艘。该级舰的舰体长度为 191 米，宽度为 19 米，吃水深度为 6.32 米，最大航行速度为 33.75 节，续航距离为 4500 海里（15 节航速）。舰上有 605 名舰员，主要舰载武器为 8 门 203 毫米舰炮、8 门 75 毫米舰炮、8 门 37 毫米舰炮、12 挺 13.2 毫米防空机枪和 6 座 550 毫米鱼雷发射管等。

"迪凯纳"级巡洋舰

原产国：法国

入役时间：1928 年

满载排水量：12200 吨

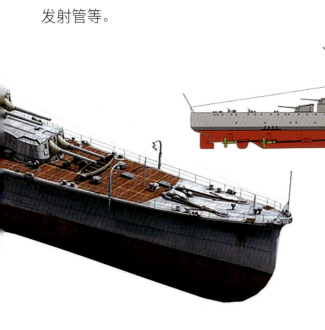

"妙高"级巡洋舰

原产国：日本

入役时间：1928 年

满载排水量：14980 吨

"妙高"级巡洋舰是日本于 20 世纪 20 年代建造的重型巡洋舰，共建造了 4 艘。该级舰继承了"古鹰"级和"青叶"级巡洋舰的设计思想，设计上强调火力和航速。为了追求高航速，"妙高"级的舰体长宽比较大。服役时的舰载武器为 5 座双联装 200 毫米舰炮、6 门 120 毫米高射炮、6 座双联装 610 毫米鱼雷发射管和 2 挺 7.7 毫米机枪，并可搭载 2 架水上飞机。

"彭萨科拉"级巡洋舰

原产国：美国

入役时间：1929 年

满载排水量：11697 吨

"彭萨科拉"级巡洋舰是美国于 20 世纪 20 年代建造的重型巡洋舰，共建造了 2 艘。该级舰原计划搭载 4 座三联装炮塔，但设计时发现无法容纳，于是将第一和第四炮塔改为双联装，最终只有 10 门 203 毫米主炮。每座炮塔内的主炮都共用 1 座主炮抬升机，因此每座炮塔内的主炮不能各自独立升降。此外，二号和三号炮塔分别比一号、四号炮塔的位置要高，呈背负式布局，因此一号和二号炮塔可以同时向舰艏方向开火，同样三号和四号炮塔可以同时向舰艉方向开火，也可以 4 座炮塔在射界范围内同时向同一方向齐射，但是这样做会使得原本重心过高的舰体变得更加不稳定。

"柯尼斯堡"级巡洋舰

原产国：德国

入役时间：1929 年

满载排水量：7700 吨

"柯尼斯堡"级巡洋舰是德国于 20 世纪 20 年代建造的轻型巡洋舰，共建造了 3 艘。该级舰的舰体长度为 174 米，宽度为 15.3 米，吃水深度为 6.28 米，最大航行速度为 32 节，续航距离为 5700 海里（19 节航速）。舰上有 514 名舰员，主要舰载武器为 9 门 150 毫米舰炮、2 门 88 毫米舰炮和 12 座 500 毫米鱼雷发射管等。

1.3 昙花一现的战列巡洋舰

战列巡洋舰是一种短时间活跃于20世纪初的主力舰。战列巡洋舰在尺寸、造价和武装上与战列舰相近，但一般装甲都比较薄弱，以换取更高的航速。世界上第一批战列巡洋舰为英国所建造，与同时代的"无畏舰"取代"前无畏舰"一样，战列巡洋舰也是"装甲巡洋舰"进一步发展而成的结果。战列巡洋舰的设计理念是以自身高航速的优势去追捕速度较慢的巡洋舰，并透过战列舰级别的火力摧毁，而装甲厚重、航速较慢的战列舰则加以回避。

世界上最早的战列巡洋舰是英国的"无敌"号、"不屈"号和"不挠"号，均于1906年开工，1908年下水。继英国之后，德国很快也建造了自己的战列巡洋舰。1911年，"冯·德·坦恩"号战列巡洋舰下水。德国战列巡洋舰的主炮口径比英国的略小，但它们的防御力更强。

在实战中，战列巡洋舰很少能够像它们设计时所想象的那样单独行动。在大多数情况下，一支舰队的司令总是认为他的舰队火力越强越好，而将战列巡洋舰的火炮加入自己舰队的想法非常诱人，因此战列巡洋舰往往随同舰队进行海战。

1916年，英、德两国海军展开了史上最大规模的主力舰海战——日德兰海战。英军的战列巡洋舰在战役中受创严重，其装甲难以承受大口径舰炮弹药的破坏。战后，主力舰的设计倾向转为战列舰航速增快、战列巡洋舰则是装甲增厚，战列巡洋舰与快速战列舰之间的分野也越来越模糊不清。《华盛顿海军条约》签署后，各国的主力舰建造计划受到了限制，催生了各种特定数据限制的"条约型"战列舰与战列巡洋舰，部分的建造计划也因此废止。

一战结束后，尽管还有为数不多的几艘战列巡洋舰一直服役到了二战，但事实上战列巡洋舰的时代在恢宏惨烈的日德兰海战落幕的时候就已经结束了。1918年之后，除了英国的"海军上将"级之外，只有美国、日本等国家还保留了为数不多的战列巡洋舰建造计划。但是，日德兰海战中3艘英国战列巡洋舰的灰飞烟灭，对于欧洲和其他国家的海军界，乃至公众舆论都产生了深远的影响，而一战给海军和海战所带来的经验教训则清晰地表明，潜艇和海军航空兵必将成为未来海战中的神兵利器。

"无敌"级战列巡洋舰

原产国：英国

入役时间：1908 年

满载排水量：20750 吨

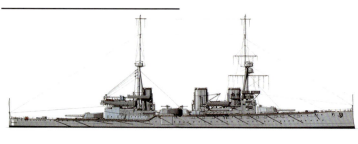

"无敌"级战列巡洋舰是英国于 20 世纪初建造的战列巡洋舰，共建造了 3 艘。该级舰采用长艏楼船型，舰体中设 4 个锅炉舱，以容纳为保持高推进功率所必需的 31 台蒸汽锅炉（同期建造的"无畏"号战列舰安装 18 台蒸汽锅炉），在试航时最大航速达到 26.6 节。"无敌"级战列巡洋舰装备 305 毫米主炮，有 4 座双联装主炮炮塔，舰艏艉各 1 座，中部两座炮塔呈阶梯状布置在舰体两舷。由于防御装甲仅比装甲巡洋舰稍强，且两座炮塔距离很近，在战斗中易遭贯穿发生殉爆，并引发 2 座炮塔弹药库发生连环爆炸。

"毛奇"级战列巡洋舰

原产国：德国

入役时间：1911 年

满载排水量：25400 吨

"毛奇"级战列巡洋舰是德国于 20 世纪初建造的战列巡洋舰，共建造了 2 艘。该级舰在"冯·德·坦恩"号战列巡洋舰的基础上加以改进，进一步增强了防护力和火力水平。舰体艏楼延长至艉部，艉部增加一座主炮塔，呈背负式布局，采用 280 毫米主炮，威力接近英制 12 英寸（305 毫米）口径主炮且重量较轻，主炮在数量和威力方面，足以抵消与英国早期战列巡洋舰主炮之间口径的差异，可以对英国同类战列巡洋舰脆弱的防御装甲造成致命的威胁。

"冯·德·坦恩"号战列巡洋舰

原产国：德国

入役时间：1910 年

满载排水量：21300 吨

"冯·德·坦恩"号战列巡洋舰是德国于 20 世纪初建造的战列巡洋舰，是德国建造的第一艘战列巡洋舰及第一艘采用涡轮动力的大型军舰。舰上装有 8 门 280 毫米舰炮、10 门 150 毫米舰炮、16 门 88 毫米舰炮和 4 座 450 毫米鱼雷发射管。该舰参加了一战期间的许多舰队行动，其中包括数次炮击英国海岸；还参加了日德兰海战，并在交战之初便摧毁了英国"不倦"级战列巡洋舰。

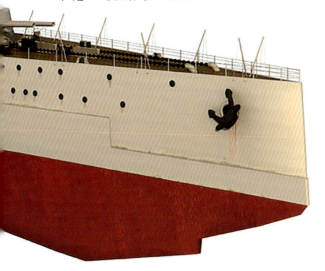

"不倦"级战列巡洋舰

原产国：英国

入役时间：1911 年

满载排水量：22490 吨

"不倦"级战列巡洋舰是英国于 20 世纪初建造的战列巡洋舰，共建造了 3 艘。该级舰在"无敌"级战列巡洋舰的基础上改进设计，舰体中部呈阶梯状布置的两座炮塔比"无敌"级战列巡洋舰拉开了距离，分置于烟囱的两侧，锅炉舱也采用分置式，降低了连带毁伤效应。由于炮塔离上层建筑过近，反向射界改善得并不明显。

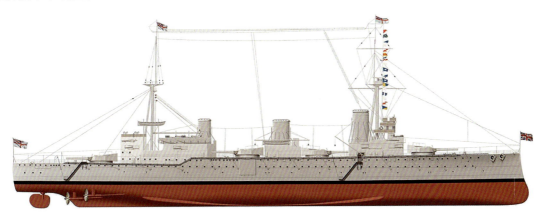

"狮"级战列巡洋舰

原产国：英国	
入役时间：1912 年	
满载排水量：31310 吨	

"狮"级战列巡洋舰是英国于 20 世纪初建造的战列巡洋舰，共建造了 2 艘。该级舰是以压倒德国同类战舰为目的全新设计的战列巡洋舰，在设计阶段英国海军出现"要速度还是要装甲"的争论，最后速度派占了上风。为安装更多的锅炉，"狮"级的舰体长度超过 200 米。该级舰配备 4 座双联装 343 毫米主炮，全部沿舰体纵向中轴线布置。该级舰在火炮威力与航行速度方面有明显的提高，但是由于追求速度导致动力装置占用过多重量，而防护能力的提升有限。

"玛丽皇后"号战列巡洋舰

原产国：英国	
入役时间：1913 年	
满载排水量：32160 吨	

"玛丽皇后"号战列巡洋舰是英国于 20 世纪初建造的战列巡洋舰，其舰体长度为 213.4 米，宽度为 27.2 米，吃水深度为 9.9 米，最大航行速度为 28 节，续航距离为 5600 海里（10 节航速）。舰上有 1275 名舰员，主要舰载武器为 4 座双联装 343 毫米舰炮、16 门 102 毫米舰炮和 2 座 533 毫米鱼雷发射管等。

"塞德利茨"号战列巡洋舰

原产国：德国	
入役时间：1913 年	
满载排水量：28550 吨	

"塞德利茨"号战列巡洋舰是德国于 20 世纪初建造的战列巡洋舰，在"毛奇"级战列巡洋舰基础上改进设计，为了改善适航性能，提高舰艏干舷；加强舰体强度，在装甲和水密防护上做了大的改进，侧舷水线防御装甲厚度接近吨位相近的战列舰。一战爆发以后，在多格尔沙洲海战中，"塞德利茨"号艉部炮塔炮弹装填室被击穿，引发大火，险些发生弹药库殉爆，造成后部两座主炮炮塔失去作战能力。德国海军根据这次作战的教训，改进了弹药储藏室和弹药输送通道的防护措施。

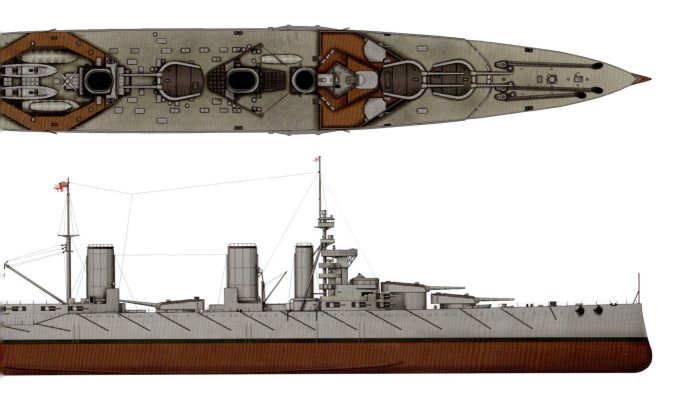

"虎"号战列巡洋舰

原产国：英国

入役时间：1914 年

满载排水量：33790 吨

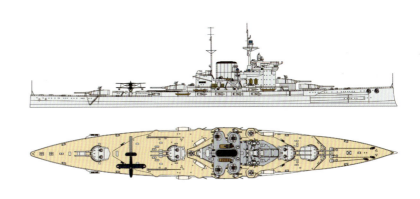

"虎"号战列巡洋舰是英国于 20 世纪初建造的战列巡洋舰，原本是英国海军"狮"级战列巡洋舰预算中的四号舰，对原设计方案进行了较大的改动，主炮塔布局与英国为日本建造的"金刚"级战列舰的布局相同，将舰艉主炮塔移至第三烟囱和机轮舱之间，改善主炮的射界以及对舰体上层建筑的冲击。由于锅炉技术的进步，动力装置也进行修改，在锅炉数量减少的情况下，输出功率仍然比"狮"级有明显提高。在排水量提高的情况下，水平装甲板也顺理成章地加强。由于改动较大，所以单独划分为一个级别。在"胡德"号战列巡洋舰服役之前，"虎"号是英国海军最大的主力舰。

"德夫林格"级战列巡洋舰

原产国：德国

入役时间：1914 年

满载排水量：31200 吨

"德夫林格"级战列巡洋舰是德国于 20 世纪初建造的战列巡洋舰，共建造了 3 艘。该级舰采用平甲板船型，具有明显的舷弧。动力系统采用油煤混合燃烧型锅炉。德国海军首次在战列巡洋舰上采用 305 毫米口径主炮，主炮炮塔全部沿舰体中轴线布置，舰体艏艉各布置两座，拥有良好的射界。该级舰较以往德国同类型战舰减少了 1 座主炮炮塔，增加装甲厚度，扩大防护区域，增加水密隔舱数量，其整体防护性能已接近早期无畏舰的水平。

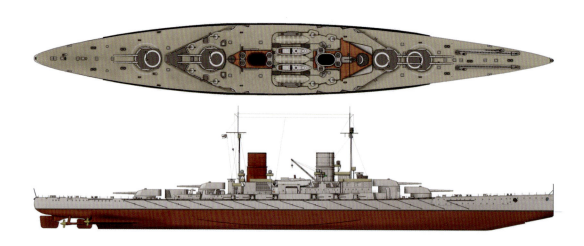

"声望"级战列巡洋舰是英国于 20 世纪初建造的战列巡洋舰，共建造了 2 艘。该级舰采用长艏楼船型，舰艏外倾，适航性好。高航速被置于优先考虑的地位，动力装置采用多达 42 台燃油型锅炉。武器方面，沿用"复仇"级战列舰的 381 毫米主炮，数量减少到 6 门。102 毫米副炮安装在 5 座三联装炮塔中，全部位于露天甲板之上，提高了射界，减少了高速航行以及恶劣海况时海浪的影响。此外，还有 2 门单装 102 毫米副炮。由于动力装置占用重量导致防御装甲占用的重量被削减，"声望"级战列巡洋舰的装甲防护能力较差。

"声望"级战列巡洋舰

原产国：英国

入役时间：1916 年

满载排水量：37400 吨

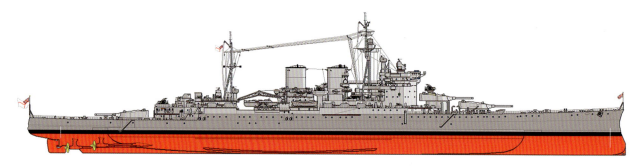

"勇敢"级战列巡洋舰

原产国：英国	
入役时间：1916 年	
满载排水量：22922 吨	

"勇敢"级战列巡洋舰是英国在一战中建造的战列巡洋舰，共建造了 3 艘。该级舰的舰体长度为 239.8 米，宽度为 24.7 米，吃水深度为 7.9 米，最大航行速度为 32 节。舰上有 842 名舰员，主要舰载武器为 2 座双联装 381 毫米舰炮、6 座三联装 102 毫米舰炮、2 门 76 毫米舰炮和 2 座 533 毫米鱼雷发射管等。

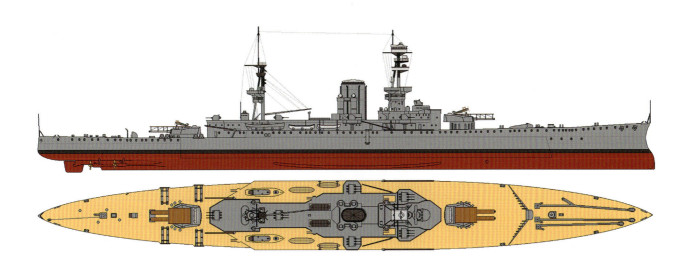

"胡德"号战列巡洋舰是英国建造的最后一艘战列巡洋舰，属于"海军上将"级战列巡洋舰。该级舰原计划建造 4 艘，但因设计缺陷仅建造了首舰。"胡德"号服役时标准排水量达 42100 吨，成为当时世界上最大的军舰，舰上安装 4 座双联装 381 毫米主炮和 7 座双联装 102 毫米副炮，被视为英国海军的骄傲，在其服役生涯中多次作为礼仪舰巡游世界各国。20 世纪 30 年代，"胡德"号进行了局部的改装，由于二战爆发，计划中的大规模现代化改装被取消，仅拆除两舷副炮，换装高射炮。

"胡德"号战列巡洋舰

原产国：英国	
入役时间：1920 年	
满载排水量：47430 吨	

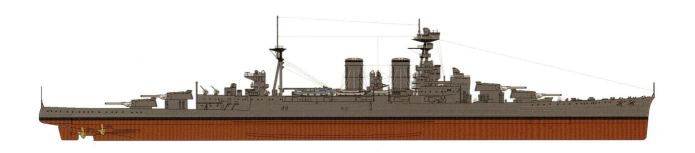

"列克星敦"级战列巡洋舰

原产国：美国

开工时间：1921年

满载排水量：45354吨

"列克星敦"级战列巡洋舰是美国于20世纪20年代设计的战列巡洋舰，原计划建造6艘，但实际上只有2艘在建造过程中改装为航空母舰，其余同级舰被取消建造。该级舰是美国海军历史上唯一立项的战列巡洋舰，其主要的建造原因是受到日德兰海战的影响，美军高层要求建造一级高速战舰，在主力舰队交战前进行侦察。该级舰计划搭载8门406毫米舰炮，以双联形式装载于4座炮塔之上。但其舷侧主装甲带仅有178毫米厚，这样的装甲对巡洋舰的火炮拥有足够的防御力，但却无法防御战列舰或战列巡洋舰的主炮。

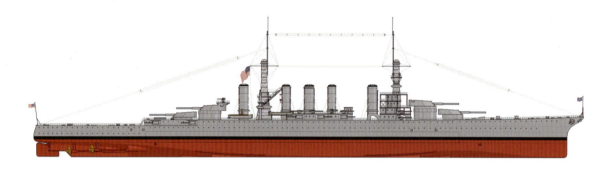

1.4 应运而生的驱逐舰

驱逐舰的诞生与海军武器的进化息息相关。1866年，英国工程师罗伯特·怀海德为奥匈帝国海军开发了白头鱼雷，这种武器射程虽然不到500米，但是鱼雷携带的炸药足以击毁大型舰艇，这彻底颠覆了过去"军舰尺寸和火炮口径越大，战斗力就越强"的思维，所有国家都在设法把鱼雷装在自己的军舰上，同时也为这项武器寻找适合的载体。

1876年，英国海军制造出第一艘以鱼雷为主武器的军舰——"闪电"号鱼雷艇。这艘鱼雷艇的排水量为33吨，最大航速为18.5节，武器为2枚鱼雷。在19世纪70年代各国巡洋舰最大航速只有20节的背景下，这艘鱼雷艇极大地震撼了各国海军：过去大型军舰只有在靠泊时存在遭伏击的风险，当鱼雷艇出现后，可伏击的场合更多了。19世纪90年代，许多海军国家都能自制鱼雷艇，当时的鱼雷艇已经从排水量不足50吨增至100吨，配有小口径舰炮，且最大航速达25节，可在近海活动，配备的鱼雷也更加致命。

针对鱼雷艇的威胁，第一个想出对应手段的依旧是英国海军，1893年英国建成了"哈沃克"号——一种被称为"鱼雷艇驱逐舰"的军舰，设计航速 26 节，装有 1 门 76 毫米火炮和 3 门 47 毫米火炮，能在海上轻松对付鱼雷艇；携带 3 枚 450 毫米鱼雷，用于攻击敌舰。德国海军发展的同类军舰则称为大型鱼雷艇。到了一战时，所有参战国的海军都只用"驱逐舰"或同义词来称呼它。

随着更多的驱逐舰进入各国海军服役，驱逐舰开始安装较重型的火炮和更大口径的鱼雷发射管，并采用蒸汽轮机作为动力。编队使用的驱逐舰已经成为海军舰队的主要突击兵力，打击敌方鱼雷舰艇的同时还要对敌方舰队实施鱼雷攻击。

一战中，驱逐舰携带鱼雷和水雷，频繁进行舰队警戒、布雷以及保护补给线的行动，并装备扫雷工具作为扫雷舰艇使用，甚至直接支援两栖登陆作战。驱逐舰首次在大规模战斗中发挥主要作用是 1914 年英、德两国海军在赫尔戈兰湾发生的海战。1917 年德国发动无限制潜艇战，驱逐舰安装深水炸弹充当反潜舰，成为商船队不可缺少的护航力量。随着战争的发展，驱逐舰已经具备了多用途性，逐渐向大型化方向发展，所装备的武器也更具威力。驱逐舰已由执行单一任务的小型舰艇演变成舰队不可缺少的力量。

20 世纪 20 年代，各国海军的驱逐舰尺寸不断增加，标准排水量为 1500 吨以上，装备 120～130 毫米口径火炮、533～610 毫米口径鱼雷发射管。驱逐舰的武器搭配和战法日益完善。

"班布里奇"级驱逐舰是美国于 19 世纪末建造的驱逐舰，共建造了 13 艘。该级舰是美国第一批设计的驱逐舰，由于没有先例可循，"班布里奇"级驱逐舰的官方设计是以鱼雷艇为蓝本，在前甲板增设 1 座舰桥。

"班布里奇"级驱逐舰

原产国：美国

入役时间：1902 年

满载排水量：640 吨

2 门 76 毫米火炮分别安装在舰桥及舰艉指挥塔，舰桥指挥塔左右开孔，各安装 1 门 57 毫米火炮，余下 3 门 57 毫米火炮则置于舰体中央及舰艉。舰体中央为 4 座烟囱（连接 4 座锅炉），以 2 座为一组前后区隔排列（每 2 座锅炉连接 1 座轮机），而每组烟囱中间各设 1 座鱼雷发射管。舰桥的重量使"班布里奇"级驱逐舰的航速有所限制，最终无法突破 30 节。

"特鲁斯顿"级驱逐舰

原产国：美国	
入役时间：1902 年	
满载排水量：615 吨	

"特鲁斯顿"级驱逐舰是美国于 19 世纪末建造的驱逐舰，共建造了 3 艘。该级舰的整体设计与"班布里奇"级驱逐舰相同，本应归入"班布里奇"级驱逐舰之内。然而，美国国会在批准首批 16 艘驱逐舰的经费时，刻意将建造合约分散，而各造船厂在建造舰艇时，又采用偏离官方的设计方案。相对于官方设计而言，三舰均有"龟背"状的前部甲板，以连接舰艏与舰桥，并且增加了 1 门 57 毫米火炮。

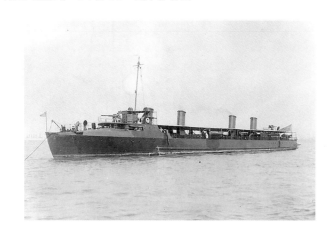

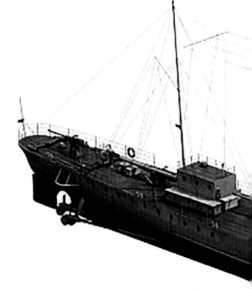

"卡森"级驱逐舰

原产国：美国	
入役时间：1913 年	
满载排水量：1139 吨	

"卡森"级驱逐舰是美国于 20 世纪初建造的驱逐舰，共建造了 4 艘。该级舰的舰体长度为 93.04 米，宽度为 9.25 米，吃水深度为 2.82 米，最大航行速度为 29 节。舰上有 98 名舰员，主要舰载武器为 4 门 102 毫米舰炮和 4 座双联装 450 毫米鱼雷发射管。

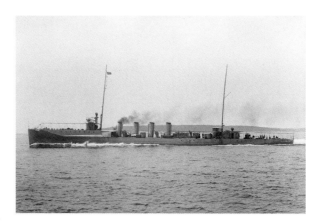

"保尔丁"级驱逐舰

原产国：美国

入役时间：1910 年

满载排水量：901 吨

"保尔丁"级驱逐舰是美国于 20 世纪初建造的驱逐舰，共建造了 21 艘。该级舰的舰体长度为 89.31 米，宽度为 8 米，吃水深度为 2.44 米，最大航行速度为 29.5 节，续航距离为 3000 海里（16 节航速）。舰上有 86 名舰员，主要舰载武器为 5 门 76 毫米舰炮和 3 座双联装 450 毫米鱼雷发射管。

"史密斯"级驱逐舰

原产国：美国

入役时间：1909 年

满载排水量：916 吨

"史密斯"级驱逐舰是美国于 20 世纪初建造的驱逐舰，共建造了 5 艘。该级舰是美国第二批设计的驱逐舰，又称"700 吨驱逐舰"及"老廉货"（当时形容福特 T 型车的美国俚语）。"史密斯"级驱逐舰是美国最后一批以煤为燃料的驱逐舰，舰上装有 5 门 76 毫米舰炮和 3 座 450 毫米鱼雷发射管。5 艘"史密斯"级驱逐舰都参与了一战，并在战后出售拆解。

"艾尔文"级驱逐舰

原产国：美国

入役时间：1913 年

满载排水量：1165 吨

"艾尔文"级驱逐舰是美国于 20 世纪初建造的驱逐舰，共建造了 4 艘。该级舰的舰体长度为 93.04 米，宽度为 9.25 米，吃水深度为 2.87 米，最大航行速度为 29.6 节。舰上有 106 名舰员，主要舰载武器为 4 门 102 毫米舰炮和 4 座双联装 450 毫米鱼雷发射管。

"奥拜恩"级驱逐舰

原产国：美国

入役时间：1915 年

满载排水量：1190 吨

"奥拜恩"级驱逐舰是美国于 20 世纪初建造的驱逐舰，共建造了 6 艘。该级舰的舰体长度为 93.09 米，宽度为 9.5 米，吃水深度为 3.23 米，最大航行速度为 29 节。舰上有 101 名舰员，主要舰载武器为 4 门 102 毫米舰炮和 4 座双联装 533 毫米鱼雷发射管。

"塔克"级驱逐舰是美国于20世纪初建造的驱逐舰，共建造了6艘。该级舰的舰体长度为96.09米，宽度为9.3米，吃水深度为3.18米，最大航行速度为29.5节，续航距离为2500海里（20节航速）。舰上有99名舰员，主要舰载武器为4门102毫米舰炮和4座双联装533毫米鱼雷发射管。

"塔克"级驱逐舰

原产国：美国

入役时间：1916年

满载排水量：1224吨

"桑普森"级驱逐舰是美国在一战中建造的驱逐舰，共建造了6艘。该级舰配备4门102毫米舰炮，分别安装在舰艏、舰艉以及舰桥后方左右舷。在海况恶劣的时候，海浪容易打上主炮甲板。另外，"桑普森"级驱逐舰还首次安装了2门37毫米火炮用于防空。鱼雷方面，在左右舷各安装了2座三联装533毫米鱼雷发射管，主要配备Mk 8鱼雷。一战时，舰艉加装了深水炸弹投放轨。

"桑普森"级驱逐舰

原产国：美国

入役时间：1916年

满载排水量：1225吨

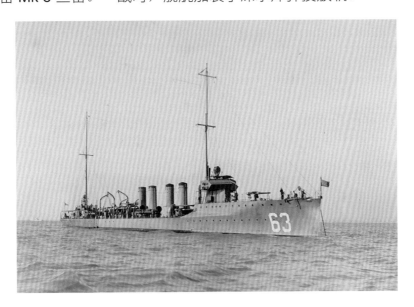

"桃"级驱逐舰

原产国：日本

入役时间：1916 年

满载排水量：1100 吨

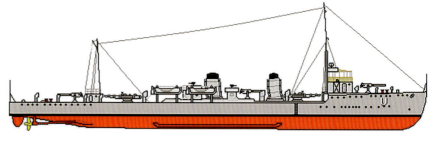

"桃"级驱逐舰是日本于 20 世纪初建造的二等驱逐舰，共建造了 4 艘。该级舰的舰体长度为 85.8 米，宽度为 7.7 米，吃水深度为 2.3 米，最大航行速度为 31.5 节，续航距离为 2400 海里（15 节航速）。舰上有 110 名舰员，主要舰载武器为 3 门 120 毫米舰炮、2 挺 6.5 毫米机枪和 6 座 533 毫米鱼雷发射管等。

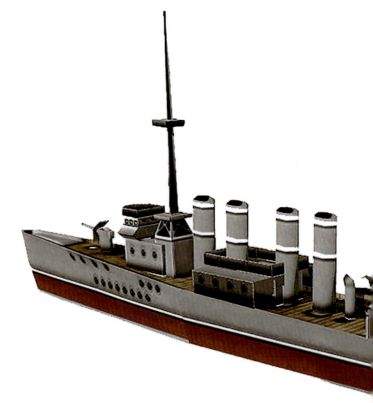

"考德威尔"级驱逐舰

原产国：美国

入役时间：1917 年

满载排水量：1187 吨

"考德威尔"级驱逐舰是美国在一战中建造的驱逐舰，共建造了 6 艘。该级舰的舰体长度为 96.16 米，宽度为 9.53 米，吃水深度为 3.51 米，最大航行速度为 32 节。舰上有 146 名舰员，主要舰载武器为 4 门 102 毫米舰炮、1 门 76 毫米高射炮、4 座三联装 533 毫米鱼雷发射管等。

"莎士比亚"级驱逐领舰

原产国：英国

入役时间：1917 年

满载排水量：2009 吨

"莎士比亚"级驱逐领舰是英国于 20 世纪初建造的驱逐领舰，计划建造 9 艘，实际上只有 5 艘完工，首舰"莎士比亚"号和另一艘"斯宾塞"号在 20 世纪 30 年代初退役，仅剩 3 艘参加二战。该级舰的舰体长度为 100 米，宽度为 9.6 米，吃水深度为 3.81 米，最大航行速度为 36 节。舰上有 164 名舰员，主要舰载武器为 5 门 120 毫米舰炮、1 门 76.2 毫米高射炮和 2 座三联装 533 毫米鱼雷发射管等。

"威克斯"级驱逐舰

原产国：美国

入役时间：1918 年

满载排水量：1247 吨

"威克斯"级驱逐舰是美国在一战中建造的驱逐舰，共建造了 111 艘。该级舰配备 4 台重油蒸汽锅炉，搭配 2 台主机。在设计时强调必须能够伴随装甲巡洋舰或巡洋舰行动，因此其最高航速可达 35.3 节，续航距离为 2500 海里（20 节航速）。舰上装有 4 门 102 毫米舰炮、1 门 76 毫米高射炮、4 座三联装 533 毫米鱼雷发射管及 2 条深水炸弹投放轨。

"斯科特"级驱逐领舰

原产国：英国

入役时间：1918 年

满载排水量：2053 吨

"斯科特"级驱逐领舰是英国于 20 世纪初建造的驱逐领舰，共建造了 8 艘。除了首舰"斯科特"号在完工后不久就被德国潜艇击沉和二号舰"布鲁斯"号改为靶舰外，其他同级舰都参加了二战。该级舰的舰体长度为 98.3 米，宽度为 9.68 米，吃水深度为 3.81 米，最大航行速度为 36.5 节，续航距离为 5000 海里（15 节航速）。舰上有 164 名舰员，主要舰载武器为 5 门 120 毫米舰炮、1 门 76 毫米高射炮和 2 座三联装 533 毫米鱼雷发射管等。

"峯风"级驱逐舰

原产国：日本

入役时间：1919 年

满载排水量：1680 吨

"峯风"级驱逐舰是日本于 20 世纪初建造的一等驱逐舰，共建造了 15 艘。该级舰是为了伴随战斗巡洋舰作战，因此航速可以达到 39 节，其四号舰"岛风"号还曾创下 40.7 节的纪录，成为当时日本海军的航速纪录。"峯风"级是第一种把舰桥建在第二层甲板的驱逐舰，其目的是避免海浪直接冲击舰桥，提高了舰只的耐波性，这与当时德国海军鱼雷艇的配置类似。这种构型也用在后继的"神风"级与"睦月"级驱逐舰上。

"枞"级驱逐舰

原产国：日本

入役时间：1919 年

满载排水量：1036 吨

"枞"级驱逐舰是日本于 20 世纪初建造的二等驱逐舰，共建造了 21 艘。该级舰的舰体长度为 85.3 米，宽度为 7.9 米，吃水深度为 2.4 米，最大航行速度为 36 节，续航距离为 3000 海里（15 节航速）。舰上有 148 名舰员，主要舰载武器为 3 门 120 毫米舰炮和 2 座双联装 533 毫米鱼雷发射管等。

"克莱姆森"级驱逐舰

原产国：美国

入役时间：1919 年

满载排水量：1308 吨

"克莱姆森"级驱逐舰是美国在一战后期建造的驱逐舰，共建造了 156 艘。该级舰的舰体长度为 95.82 米，宽度为 9.44 米，吃水深度为 2.84 米，最大航行速度为 35.5 节，续航距离为 4900 海里（15 节航速）。舰上有 122 名舰员，主要舰载武器为 4 门 102 毫米舰炮、1 门 76 毫米高射炮和 4 座三联装 533 毫米鱼雷发射管等。

"若竹"级驱逐舰

原产国：日本

入役时间：1920年

满载排水量：1100吨

"若竹"级驱逐舰是日本于20世纪20年代建造的二等驱逐舰，共建造了8艘。该级舰的舰体长度为85.3米，宽度为7.9米，吃水深度为2.5米，最大航行速度为36节，续航距离为3000海里（15节航速）。舰上有110名舰员，主要舰载武器为3门120毫米舰炮、2挺7.7毫米机枪和4座533毫米鱼雷发射管等。

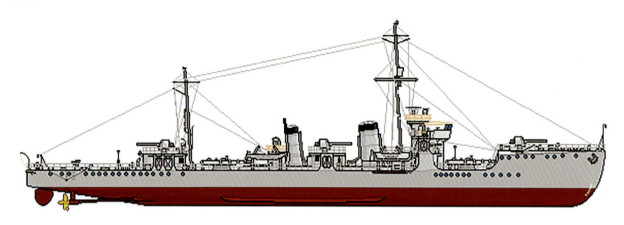

"神风"级驱逐舰是日本于20世纪20年代建造的一等驱逐舰，共建造了9艘。为了适应远洋作战，"神风"级的舰体比"峯风"级更宽，排水量略有增加。增加的舰宽用在改良主机上，帕森式蒸汽涡轮引擎增加叶片直径、降低叶片转速（高压涡轮可达每分钟2750转，"峯风"级为3000转），舰内配置也略有调整。最后建造的4艘同级舰在设计上做了部分修改，原本使用的英制蒸汽涡轮主机也改为日本自制的舰本式蒸汽涡轮主机。

"神风"级驱逐舰

原产国：日本

入役时间：1921年

满载排水量：1750吨

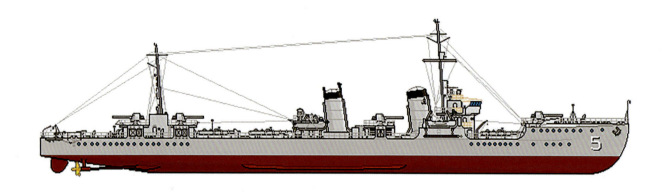

"睦月"级驱逐舰
原产国：日本
入役时间：1925 年
满载排水量：1468 吨

"睦月"级驱逐舰是日本于 20 世纪 20 年代建造的一等驱逐舰，共建造了 12 艘。该级舰是日本在《华盛顿海军条约》下建造的舰队型驱逐舰，是"峯风"级和"神风"级驱逐舰的放大版，也是以"峯风"级为基本构型的最后一级驱逐舰。该级舰有 154 名舰员，主要舰载武器为 4 门 120 毫米舰炮、2 挺 7.7 毫米机枪和 2 座三联装 610 毫米鱼雷发射管。此外，还有 18 枚深水炸弹。

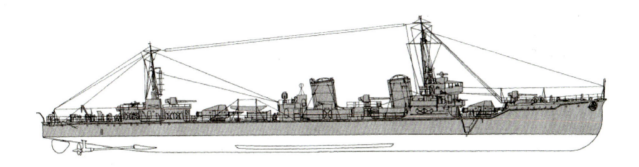

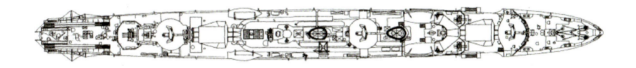

"狂风"级驱逐舰是法国于 20 世纪 20 年代建造的驱逐舰，共建造了 12 艘。该级舰的舰体长度为 106 米，宽度为 9.64 米，吃水深度为 4.3 米，最大航行速度为 33 节，续航距离为 2150 海里（14 节航速）。舰上有 145 名舰员，主要舰载武器为 4 门 130 毫米舰炮、2 门 37 毫米舰炮、4 挺 13.2 毫米防空机枪和 2 座三联装 550 毫米鱼雷发射管等。

"狂风"级驱逐舰
原产国：法国
入役时间：1926 年
满载排水量：2000 吨

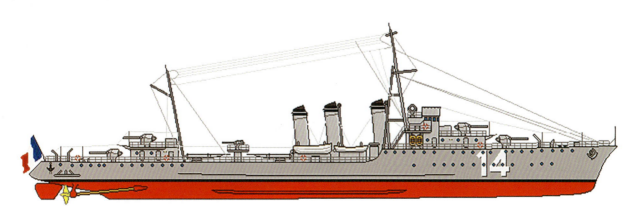

"胡狼"级驱逐舰

原产国：法国

入役时间：1926 年

满载排水量：3075 吨

"胡狼"级驱逐舰是法国于 20 世纪 20 年代建造的大型驱逐舰，共建造了 6 艘。该级舰的舰体长度为 126.8 米，宽度为 11.1 米，吃水深度为 4.1 米，最大航行速度为 35.5 节，续航距离为 3000 海里（15 节航速）。舰上有 221 名舰员，主要舰载武器为 5 门 130 毫米舰炮、2 门 75 毫米舰炮和 2 座三联装 550 毫米鱼雷发射管等。

"吹雪"级驱逐舰

原产国：日本

入役时间：1928 年

满载排水量：2260 吨

"吹雪"级驱逐舰是日本于 20 世纪 20 年代建造的一等驱逐舰，共建造了 24 艘。该级舰的舰体长度为 118.41 米，宽度为 10.4 米，吃水深度为 3.2 米，最大航行速度为 38 节，续航距离为 5000 海里（14 节航速）。舰上有 219 名舰员，主要舰载武器为 3 座双联装 127 毫米舰炮、2 挺 13 毫米机枪和 3 座三联装 610 毫米鱼雷发射管。此外，还有 18 枚深水炸弹。

"猎豹"级驱逐舰

原产国：法国

入役时间：1929 年

满载排水量：3220 吨

"猎豹"级驱逐舰是法国于 20 世纪 20 年代建造的大型驱逐舰，共建造了 6 艘。该级舰的舰体长度为 130.2 米，宽度为 11.5 米，吃水深度为 4.3 米，最大航行速度为 35.5 节，续航距离为 3000 海里（14.5 节航速）。舰上有 236 名舰员，主要舰载武器为 5 门 138.6 毫米舰炮、4 门 37 毫米舰炮和 2 座三联装 550 毫米鱼雷发射管等。

"灵巧"级驱逐舰

原产国：法国

入役时间：1929 年

满载排水量：2000 吨

"灵巧"级驱逐舰是法国于 20 世纪 20 年代建造的驱逐舰，共建造了 14 艘。该级舰的舰体长度为 107.9 米，宽度为 9.84 米，吃水深度为 4.3 米，最大航行速度为 33 节。舰上有 142 名舰员，主要舰载武器为 4 门 130 毫米舰炮、2 门 37 毫米舰炮、2 挺 13.2 毫米防空机枪和 2 座三联装 550 毫米鱼雷发射管等。

1.5 从近岸到远洋的潜艇

潜艇（Submarine），是能够在水下运行的舰艇。潜艇最早可追溯到 15～16 世纪的列奥纳多·达·芬奇，据说他曾构思"可以水下航行的船"，但这种能力向来被视为"邪恶的"，所以他没有画出设计图。

历史上第一艘用于军事的潜艇出现于美国独立战争。美国耶鲁大学的大卫·布希奈尔建成"海龟"号，艇内仅容纳一人操作方向舵和螺旋桨。1776 年，"海龟"号企图攻击英国海军"鹰"号，但失败了。历史上第一艘潜艇成功炸沉敌舰发生在美国南北战争。贺拉斯·劳森·汉利建成"汉利"号潜艇，有 8 名乘员，依靠手摇柄驱动。其前端外伸一个炸药包，碰触敌舰就会爆炸。1864 年 2 月 17 日晚，它成功炸沉北方联邦的"豪萨托尼克"号护卫舰，但自己也因爆炸产生的旋涡而沉没。

此前的 1863 年，法国首先以储放压缩空气的方式取代人力，建成第一艘非人力驱动潜艇"潜水者"号。1879 年，英国牧师雷文伦德·乔治·加莱德建成"复活"号，长约 15 米，艇体中部为圆柱形，两端为圆锥形。其航行水面用蒸汽推进，潜水用锅炉中的剩余蒸汽，是第一艘热机驱动的潜艇。

19 世纪 80 年代，潜艇日益发展，各国逐渐认识其重要性。美国、英国、法国、瑞典、意大利、德国和俄国等都热衷于研发潜艇。1900 年 4 月，美国政府购买英裔美国人霍兰研制的潜艇，并编入美国海军。从此，潜艇正式成为一种海军舰艇。1898 年，法国人马克西姆·劳伯夫首创双壳体结构，建成了"一角鲸"号，储存压舱水在两层船壳之间，优点是浮力大增。

一战期间，潜艇的活动范围从近岸发展到远洋。英国和德国的潜艇战略不同。英国主要用以封锁敌方港口，但受限于技术而并未成功。德国则进行无限制潜艇战，企图通过破坏压制英国海运路线再逼之谈和。一战期间，德国潜艇共击沉协约国船舰数百万吨，战绩十分惊人。不过，英国不断改善护航措施，以及美国护航驱逐舰大量加入护航，使德国潜艇在战争后期很难得手，还遭受了严重损失。

UB II 级潜艇

原产国：德国

入役时间：1915 年

潜航排水量：305 吨

UB II 级潜艇是德国在一战中建造的常规潜艇，共建造了 30 艘。该级艇的艇体长度为 36.9 米，宽度为 4.36 米，最大水上速度为 9.15 节，最大潜航速度为 6.22 节，最大潜深为 50 米，续航距离为 7200 海里（水上 5 节航速）。艇上有 23 名艇员，主要武器为 1 门 50 毫米甲板炮和 2 座 500 毫米鱼雷发射管。

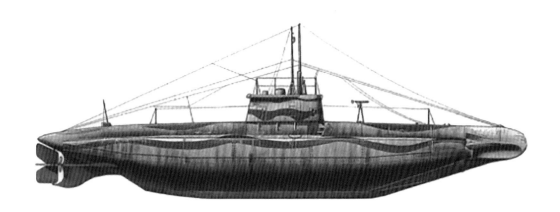

H 级潜艇是英国于 20 世纪初建造的常规潜艇，共建造了 42 艘。该级艇的艇体长度为 45.8 米，宽度为 4.67 米，最大水上速度为 13 节，最大潜航速度为 10 节，续航距离为 1600 海里（水上 10 节航速）。艇上有 22 名艇员，主要武器为 1 门 57 毫米甲板炮和 4 座 457 毫米鱼雷发射管。

H 级潜艇

原产国：英国

入役时间：1915 年

潜航排水量：441 吨

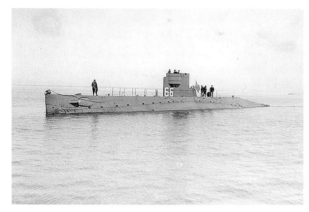

O 级潜艇

原产国：美国

入役时间：1918 年

潜航排水量：635 吨

O 级潜艇是美国于 20 世纪初建造的常规潜艇，共建造了 16 艘。该级艇的艇体长度为 52.83 米，宽度为 5.5 米，最大水上速度为 14 节，最大潜航速度为 10 节，最大潜深为 61 米。艇上有 29 名艇员，主要武器为 1 门 76 毫米甲板炮和 4 座 450 毫米鱼雷发射管。

L 级潜艇是英国于 20 世纪初建造的常规潜艇，共建造了 27 艘。该级艇的艇体长度为 67.7 米，宽度为 7.16 米，最大水上速度为 17.3 节，最大潜航速度为 10.5 节，续航距离为 2800 海里（水上 10 节航速）。艇上有 35 名艇员，主要武器为 1 门 102 毫米甲板炮和 6 座 450 毫米鱼雷发射管。

L 级潜艇

原产国：英国

入役时间：1917 年

潜航排水量：1091 吨

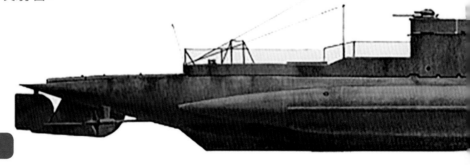

S 级潜艇

原产国：美国

入役时间：1920 年

潜航排水量：1230 吨

S 级潜艇是美国于 20 世纪 20 年代建造的常规潜艇，共建造了 51 艘。该级艇的艇体长度为 73 米，宽度为 6.7 米，最大水上速度为 15 节，最大潜深为 61 米，续航距离为 5000 海里（水上 10 节航速）。艇上有 38 名艇员，主要武器为 1 门 102 毫米甲板炮和 4 座 533 毫米鱼雷发射管。

UB III 级潜艇

原产国：德国

入役时间：1917 年

潜航排水量：684 吨

UB III 级潜艇是德国在一战中建造的常规潜艇，共建造了 95 艘。该级艇的艇体长度为 57.8 米，宽度为 5.8 米，最大水上速度为 13.9 节，最大潜航速度为 8 节，最大潜深为 50 米，续航距离为 9090 海里（水上 6 节航速）。艇上有 34 名艇员，主要武器为 1 门 105 毫米甲板炮和 4 座 500 毫米鱼雷发射管。

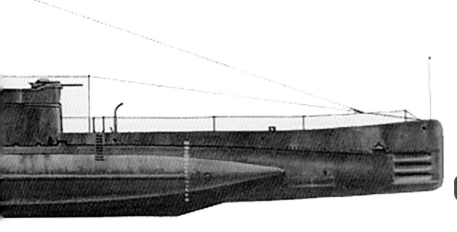

R 级潜艇

原产国：美国

入役时间：1918 年

潜航排水量：691 吨

R 级潜艇是美国于 20 世纪初建造的常规潜艇，共建造了 27 艘。该级艇的艇体长度为 56.74 米，宽度为 5.51 米，最大水上速度为 13.5 节，最大潜航速度为 10 节，最大潜深为 61 米。艇上有 30 名艇员，主要武器为 1 门 76 毫米甲板炮和 4 座 533 毫米鱼雷发射管。

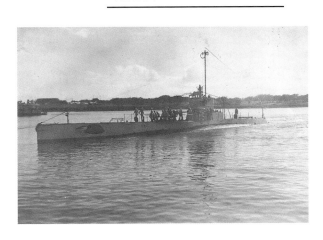

"亚利安"级潜艇

原产国：法国

入役时间：1925 年

潜航排水量：800 吨

"亚利安"级潜艇是法国于 20 世纪 20 年代建造的常规潜艇，共建造了 4 艘。该级艇的艇体长度为 64 米，宽度为 6.2 米，最大水上速度为 14 节，最大潜航速度为 7.5 节，最大潜深为 80 米。艇上有 41 名艇员，主要武器为 1 门 75 毫米甲板炮、2 挺 13.2 毫米防空机枪和 7 座 550 毫米鱼雷发射管。

"食人鲨"级潜艇

原产国：法国

入役时间：1926 年

潜航排水量：1441 吨

"食人鲨"级潜艇是法国于 20 世纪 20 年代建造的常规潜艇，共建造了 9 艘。该级艇的艇体长度为 78.3 米，宽度为 6.84 米，最大水上速度为 15 节，最大潜航速度为 9 节，最大潜深为 80 米。艇上有 51 名艇员，主要武器为 1 门 100 毫米甲板炮、2 挺 8 毫米机枪和 10 座 550 毫米鱼雷发射管。

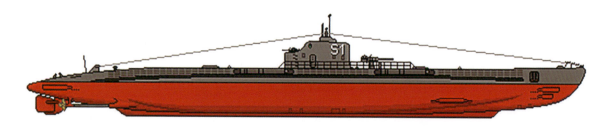

"奥丁"级潜艇

原产国：英国

入役时间：1927 年

潜航排水量：1922 吨

"奥丁"级潜艇是英国于 20 世纪 20 年代建造的常规潜艇，共建造了 12 艘。该级艇的艇体长度为 83.8 米，宽度为 8.5 米，最大水上速度为 15.5 节，最大潜航速度为 9 节，最大潜深为 91.4 米，续航距离为 8400 海里（水上 10 节航速）。艇上有 54 名艇员，主要武器为 1 门 102 毫米甲板炮、2 挺 7.7 毫米机枪和 8 座 533 毫米鱼雷发射管。

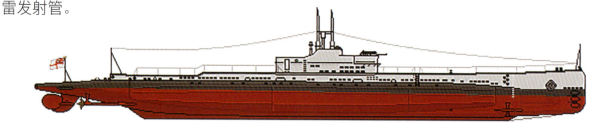

"女妖"级潜艇是于20世纪20年代建造的常规潜艇,共建造了4艘。该级艇的艇体长度为64米,宽度为5.4米,最大水上速度为14节,最大潜航速度为7.5节,续航距离为3500海里(7.5节航速)。艇上有41名艇员,主要武器为1门75毫米甲板炮、2挺8毫米机枪和7座550毫米鱼雷发射管。

"女妖"级潜艇

原产国:法国

入役时间:1927年

潜航排水量:776吨

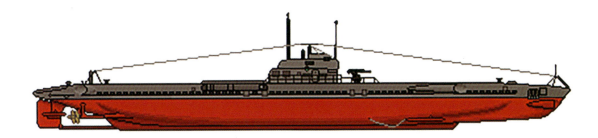

"十二月党人"级潜艇是苏联于20世纪20年代建造的常规潜艇,也称为D级潜艇,共建造了6艘。该级艇的最大水上速度为14节,最大潜航速度为9节,最大潜深为90米。该级艇采用双壳体,耐压壳体内分为7个舱室,这种结构形式后来逐渐成为苏联常规潜艇的标准设计。艇上装备有6座533毫米艏鱼雷发射管和2座533毫米艉鱼雷发射管,备鱼雷14枚。

"十二月党人"级潜艇

原产国:苏联

入役时间:1928年

潜航排水量:1354吨

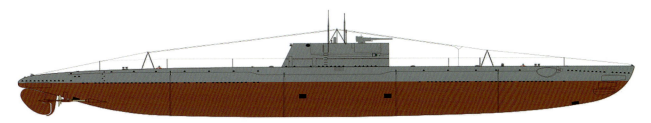

"帕提亚"级潜艇

原产国:英国

入役时间:1929年

潜航排水量:2070吨

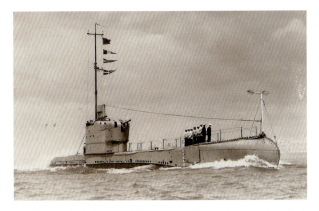

"帕提亚"级潜艇是英国于20世纪20年代建造的常规潜艇,共建造了6艘。该级艇的艇体长度为88米,宽度为9.1米,最大水上速度为17.5节,最大潜航速度为8.6节。艇上有53名艇员,主要武器为1门102毫米甲板炮和8座533毫米鱼雷发射管。

1.6 以改装为主的航空母舰

航空母舰（Aircraft Carrier）是一种以搭载舰载机为主要武器的军舰，是航空母舰战斗群的核心，舰队中的其他船只为其提供保护和供给，而航空母舰则提供空中支援和远程打击能力。

航空母舰的历史与飞机的历史一样悠久，在莱特兄弟于1903年发明飞机后短短7年，法国人亨利·法布尔制造出了世界上第一架水上飞机，使飞机的起降范围自陆地延伸至海上。1910年11月14日，美国飞行员尤金·埃利于停泊在港内的"伯明翰"号轻型巡洋舰的木质甲板上驾驶柯蒂斯D式双翼机，成功离舰起飞，并在两个月后的1911年1月18日，成功降落到"宾夕法尼亚"号巡洋舰上，创下人类首次于军舰上起降飞机的纪录。

当时，各国对未来空中力量抱有远见眼光的人士以各种方式促使军方建立海军航空兵，如美国的格伦·柯蒂斯，他甚至进行了一场公开试验，亲自驾驶飞机投掷武器攻击港内停泊的靶船。然而，当时各国海军正在进行"无畏舰"军备竞赛，建设海军航空兵仍算是非常前卫的思想。虽然如此，水上飞机的发明仍受到各国海军的瞩目，尤其是英国，建造了第一种专门整备水上飞机的舰船——"竞技神"号水上飞机母舰，并在1912年5月成立了世界上第一支海军航空兵，日本、意大利、德国、俄国也随之跟进发展水上飞机母舰。水上飞机为航空母舰的滥觞，在其诞生后不久，世界即发生了一战，英国是唯一将其使用于海上作战的国家，并在传统大规模战列舰决战的日德兰海战后，提出水上侦察机有助战局发展的意见，并要搭配保护它的战斗机，因此，不能再只使用没有飞行甲板、无法供战斗机起飞的水上飞机母舰，必须重新设计另一种新式军舰，这就是后来的航空母舰。

英国"大舰队"总司令戴维·贝蒂下令将"勇敢"级战列巡洋舰三号舰"暴怒"号加装大型飞行甲板、改装成航空母舰，做了一系列的试验，还在1918年7月实施了人类历史上首次的航空母舰空袭行动，7架战机从该舰起飞破坏了德国位于岑讷的空军基地并摧毁了德国2艘齐柏林飞艇。"暴怒"号的外形犹如巡洋舰与航空母舰的结合体（类似原始的航空巡洋舰），前方多座舰炮炮塔，后方则是长直的甲板，舰载机起飞并不成问题，但降落时会受到上层建筑气流影响而十分危险。为了解决这个问题，另一艘要改造为航空母舰的远洋邮轮"罗索伯爵"号被下令去掉所有上层建筑,变成"全通式"甲板,而后被命名为"百眼巨人"号。

1923年,英国建造了"竞技神"号,作为世界上第一艘专门设计而非半路改装的航空母舰,拥有许多现代航空母舰的特点:全通式甲板、封闭式舰艏以及位于右舷的岛式上层建筑。在此时期,世界另一边的日本与美国也拥有了航空母舰,前者的第一艘航空母舰"凤翔"号比"竞技神"号的开工时间更晚,却更早完成;后者的第一艘航空母舰则是由"朱比特"号运煤船改装而成,被命名为"兰利"号,同样拥有全通式甲板。美国海军在"兰利"号上发展许多新技术,如弹射器、降落指挥官制度、拦阻网等。

"暴怒"号航空母舰

原产国:英国

入役时间:1917年

满载排水量:23257吨

"暴怒"号航空母舰是由"暴怒"号巡洋舰("勇敢"级轻型巡洋舰的三号舰)改装而来。1917年6月26日,"暴怒"号完成初次改装后开始服役,随后成功进行了世界上首次飞机在航行中的军舰上降落的尝试。1917年11月、1918年4月和1925年8月,该舰根据使用中出现的各种问题先后完成了3次改装,之后又陆续进行了多次现代化改装。"暴怒"号完成第三次改装后,拆除了中部的舰桥、桅杆以及烟囱等建筑,飞行跑道前后贯通,拥有了全通式飞行甲板,双层机库,上层机库前有个短距的飞行甲板,用于飞机直接从机库中起飞,但后来证明没有用处。1944年9月15日,由于英国新建的装甲航空母舰纷纷服役,"暴怒"号编入后备役,作训练用途。

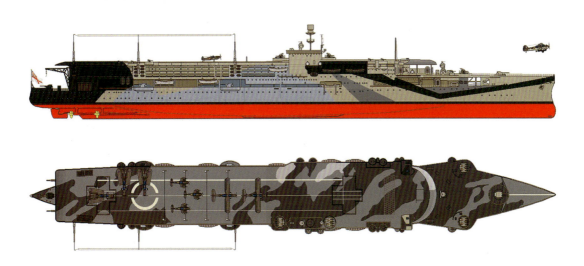

"兰利"号航空母舰

原产国：美国

入役时间：1922 年

满载排水量：13900 吨

"兰利"号航空母舰是美国海军装备的第一艘航空母舰，由运煤舰"朱比特"号改装而来。该舰的出现对美国海军产生了巨大的影响，标志着美国海军航空母舰时代的来临。"兰利"号是一艘典型的平原型航空母舰。舰体最上方是长 163 米、宽 19.5 米的全通式飞行甲板，舰桥则位于飞行甲板的右舷前部下方，舰体左舷装有 2 个可收放的铰链式烟囱。飞行甲板由 13 个单柱桁架支撑，中部装有 1 座升降机，下面为原来的 6 个煤舱中的 4 个改装而成的敞开式机库。飞行甲板下面，在贯通艏艉的轨道上有 2 台移动式吊车，把舰载机从机库吊到升降机上，再由升降机提到飞行甲板。

"百眼巨人"号航空母舰

原产国：英国

入役时间：1918 年

满载排水量：16028 吨

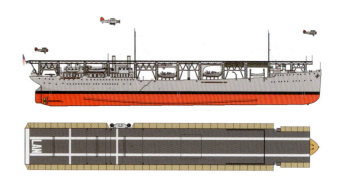

"百眼巨人"号航空母舰是英国海军第一艘真正意义上的航空母舰外形的军舰，也是世界上第一艘全通式飞行甲板航空母舰。该舰最初为意大利罗亚德·萨包多公司建造的"罗索伯爵"号远洋邮轮，于 1914 年安放龙骨，然而在它下水前就因战争而停工，在 1916 年被英国海军买下，并着手改装为航空母舰。舰上原有的烟囱被拆除，设计人员设计出从主甲板下面通向舰艉的水平排烟道，从而清除了妨碍飞机起降的最大障碍。飞行跑道前后贯通，形成了全通式的飞行甲板，大大方便了舰载机的起降作业。此后，这种结构的航空母舰便被称为"平原型"。

"报复"号航空母舰

原产国：英国

入役时间：1918 年

满载排水量：12600 吨

"报复"号航空母舰是英国在一战时期建造的实验型航空母舰，前身是"霍金斯"级重巡洋舰的"卡文迪什"号，1918 年下水后被改装为航空母舰。"报复"号有着相互分离的起飞甲板和着陆甲板，前后两个甲板通过一个天桥连接。由于该结构在使用中暴露了无法克服的先天缺陷，所以"报复"号很少进行舰载机飞行作业。1919 年 6 月 6 日，"报复"号发生事故，舰体严重损毁。1919 年 12 月 24 日，"报复"号于朴次茅斯船厂修复完毕，并于 1920 年充当运兵船。1923 年 3 月至 1925 年 3 月，"报复"号接受改装，改回为巡洋舰，但是舰上机库和飞机弹射器保留到了 1928 年。1929 年，"报复"号列入后备役，1937 年 5 月根据伦敦条约解除武装，1937 年 9 月改为训练舰，1939 年又改为修理舰。

"凤翔"号航空母舰是日本于 1919 年开始建造的航空母舰，一般被认为是世界上第一艘完工服役的专门设计的航空母舰。由于是日本第一艘航空母舰，"凤翔"号的许多设计都有实验性风格。它打破了第一代航空母舰的"平原型"结构，一个小型岛式舰桥被设置在全通式飞行甲板的右舷。3 个烟囱可向外侧倾倒，以免影响飞机起降作业。飞行甲板起飞段向下倾斜 15 度，以便飞机取得更高的加速度。舰内有前后 2 个机库，2 部升降机沿飞行甲板中线布置。由于"凤翔"号航空母舰的飞行甲板比较狭窄，岛式建筑在起降时显得非常碍事。为了保证舰载机的安全起降，日本于 1924 年又拆除了岛式建筑。在太平洋战争爆发前，"凤翔"号航空母舰进行了现代化改装，为搭载新式战机延长了飞行甲板。中途岛海战后又再度延长以及加宽飞行甲板，由于飞行甲板过度延长，导致第二次大改装后的"凤翔"号耐波性不佳。

"凤翔"号航空母舰

原产国：日本

入役时间：1922 年

满载排水量：10500 吨

"鹰"号航空母舰

原产国：英国

入役时间：1924 年

满载排水量：26500 吨

"鹰"号航空母舰是英国海军唯一一艘由战列舰改装的航空母舰，原为英国给智利海军建造的"拉托雷海军上将"号战列舰，因一战中断工程，被英国海军购买，并改装为航空母舰。过重的战列舰级舷侧防护被取消，改为 1 条较薄的 114 毫米主装甲带，排水量因此减少了 7000 吨（主要是炮塔和装甲的重量）。舰体布局上，全通式飞行甲板的前后各设有 1 部升降机，为了解决全通行飞行甲板烟道处理和舰桥机能的不足，首次在飞行甲板右侧安装了一个巨大的与双烟囱和三角桅合一的上层建筑，其中包括排烟道、驾驶室和导航台。

"勇敢"级航空母舰

原产国：英国

入役时间：1925 年

满载排水量：22920 吨

"勇敢"级航空母舰是英国以战列巡洋舰为基础改装而来的航空母舰，共建造了 3 艘。该级舰改装时参考了"暴怒"号航空母舰的改装方案，直接拆除了全部上层建筑，铺设了全通式的上层飞行甲板和倾斜下垂的下层战斗机起飞甲板。与"暴怒"号相同，"勇敢"级采用双层机库，上层机库前有个短距的飞行甲板，用于飞机直接从机库中起飞，上层飞行甲板前方安装两台弹射器，中心线安装两部十字形升降机。与"暴怒"号不同的是，"勇敢"级在飞行甲板前部的右侧设置了一个烟囱与舰桥、桅杆合一的大型岛式上层建筑，飞行甲板也做了相应改进。

Chapter 1 一战前后

"列克星敦"号航空母舰

原产国：美国

入役时间：1927 年

满载排水量：48500 吨

"列克星敦"号航空母舰是美国海军"列克星敦"级航空母舰的首舰，也是美国海军的第二艘航空母舰。"列克星敦"号及其姊妹舰"萨拉托加"号原本是 1920 年陆续开工的战列巡洋舰，后被改建成航空母舰。"列克星敦"号的防护装甲与巡洋舰相当，采用封闭舰艏，单层机库，拥有 2 部升降机，全通式飞行甲板长 271 米，岛式舰桥与巨大而扁平的烟囱设在右舷。当时美国工业部门无法拿出可靠的大型齿轮传动系统，因此"列克星敦"号采用了在当时十分先进的蒸汽轮机－电动机传动系统，使其成为世界上第一种采用电动传动系统的航空母舰和大型军舰，比日后采用类似传动系统的英国"伊丽莎白女王"级航空母舰早了近百年。二战时，"列克星敦"号在珊瑚海海战被日本舰载鱼雷轰炸机击沉。

"加贺"号航空母舰

原产国：日本

入役时间：1928 年

满载排水量：43600 吨

"加贺"号航空母舰是日本以战列巡洋舰为基础改装而来的航空母舰，采用与"赤城"号航空母舰相似的三段式三层飞行甲板。与"赤城"号不同的是，"加贺"号的横卧式烟囱延伸到舰艉附近。因"赤城"号的改造经验认为设在右舷的烟囱排烟会影响舰载机的起降，故"加贺"号在左右两舷装设巨大排烟管，以便将烟引至舰艉排放。在 20 世纪 30 年代的现代化改装中，"加贺"号的横卧式烟囱改成直接伸向舷外往海面大幅弯曲的样式，取消了不实用的中下两层飞行甲板，改装了全通式飞行甲板，飞行甲板延伸至舰艏用立柱支撑。岛式舰桥设在舰体右舷，以便与"赤城"号（岛式舰桥设在舰体左舷）编队并行时不会影响各自的舰载机起降。"加贺"号最多可以搭载 90 架舰载机，包括"零"式舰载战斗机、九七式舰载攻击机和九九式舰载轰炸机。

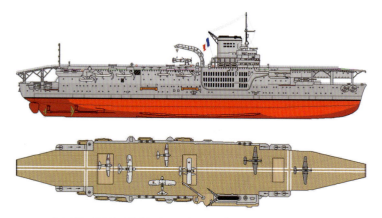

"贝阿恩"号航空母舰

原产国：法国

入役时间：1927 年

满载排水量：28400 吨

"贝阿恩"号航空母舰是法国建造的第一艘航空母舰，前身为 1914 年 1 月 10 日动工建造的"诺曼底"级战列舰五号舰，由于一战爆发，导致其建造进度延缓，乃至完全停工。一战胜利后，法国军方决定拆毁尚未完成的"诺曼底"级战列舰。但为了研究航空母舰相关技术，军方决定留下完成度最低的五号舰"贝阿恩"号改装成法国第一艘航空母舰，作为航空母舰与海军航空队技术开发平台。虽然"贝阿恩"号上的舰载机从来没有执行过作战任务，但其服役时间较长，是世界上唯一安然度过二战并幸存至 20 世纪 60 年代的第一代航空母舰。

Chapter 1　一战前后

"赤城"号航空母舰

原产国：日本

入役时间：1927 年

满载排水量：42000 吨

"赤城"号航空母舰是日本以战列巡洋舰为基础改装而来的航空母舰，采用三段飞行甲板设计，甲板呈阶梯状分为三层，上层是起降两用甲板，而其前端下方是横跨舰体两舷的舰桥。中下两层与双层机库相接可供飞机直接起飞，中层甲板供小型飞机起飞，下层甲板较常供大型飞机起飞，但因中层飞行甲板的机库门口前方两侧各有 1 座炮台，不利于舰载机的起飞，最后将其封起来而未作为舰载机起飞使用。为了消除烟囱排烟对飞机降落造成的不良影响，横卧式烟囱向下弯曲伸向舷外。由于舰载机发展迅速，20 世纪 20 年代航空母舰的设计逐渐无法满足操作要求，因此"赤城"号从 1935 年开始进行了为期 3 年的现代化改装，取消了不实用的中下两层飞行甲板，并将其改为机库，使得标准载机量增至 66 架。上层飞行甲板改为全通式，一直延伸至舰艏用立柱支撑。此外，舰桥也改成了岛式。

"萨拉托加"号航空母舰

原产国：美国

入役时间：1927 年

满载排水量：48500 吨

"萨拉托加"号航空母舰是美国海军"列克星敦"级航空母舰的二号舰，也是美国海军的第三艘航空母舰。该舰的上层建筑前后方各有 2 座双联装 203 毫米舰炮，用来打击水面目标。事实上，203 毫米舰炮在面对敌方巡洋舰时的防御能力极其有限。此外，"萨拉托加"号还装有 12 门 Mk 10 型 127 毫米高平两用炮，16 门 Mk 12 型 127 毫米高射炮。该舰可搭载 91 架舰载机，包括 36 架 F4F "野猫"战斗机、37 架 SBD "无畏"俯冲轰炸机和 18 架 TBD "蹂躏者"鱼雷轰炸机。1946 年，在位于比基尼环礁的核武器试验中，"萨拉托加"号因为原子弹的破坏而沉没。

传奇舰船鉴赏:"竞技神"号航空母舰

基本参数	
满载排水量	13900 吨
船体长度	182.9 米
船体宽度	21.4 米
吃水深度	7.1 米
最大航速	25 节
续航距离	5600 海里

"竞技神"号航空母舰是在世界航空母舰建造竞赛中第一艘以航空母舰标准设计建造的航空母舰,虽然其完工服役日期晚于同时期的日本"凤翔"号航空母舰,但其使用了大量现代航空母舰通用的新技术,因此也被认为比"凤翔"号航空母舰更接近世界上第一艘现代意义上的航空母舰。

研发历程

在航空母舰发展初期,世界各国的航空母舰几乎都是由战列舰、重巡洋舰或商船改装而来,而英国"竞技神"号航空母舰是世界上第一艘专门设计的航空母舰。该舰于 1917 年 4 月开工建造,因一战结束,以及结构布局需要进行大量的实验,导致建造工程进度缓慢,直到 1923 年才完工。

1924 年,"竞技神"号航空母舰服役后被派往远东活动,游弋在东南亚。欧洲爆发战争后,"竞技神"号航空母舰被调回大西洋,担负搜索德国海上袭击舰的任务。1940 年至 1941 年上半年,"竞技神"号航空母舰加入英国地中海舰队对意大利海军作战,之后又被调回印度洋。1942 年

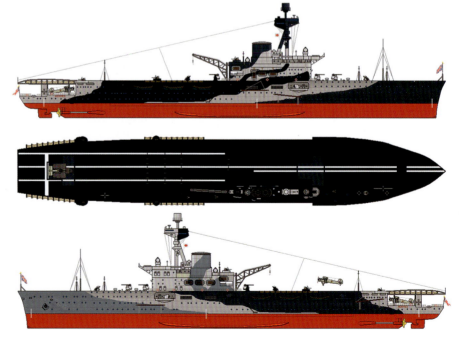

"竞技神"号航空母舰三视图

4月9日，"竞技神"号航空母舰在印度锡兰岛亭可马里海军基地附近，遭到日本机动舰队的舰载机攻击，共命中10弹，很快沉没。

整体构造

"竞技神"号航空母舰具有三大创造性特点，而且这些特点成了之后航空母舰最典型的规范。第一，继承"百眼巨人"号航空母舰的全通式飞行甲板，当时的改造航空母舰中多数飞行甲板分为两半，即舰艏飞行甲板和舰桥后部飞行甲板，使飞行作业很不方便。第二，封闭式的舰艏，这种舰艏具有抗浪性，使飞行甲板强度更大。第三，将舰桥、桅杆和烟囱合并成大型舰岛，位于全通式飞行甲板右侧，这是航空母舰首次采用岛式上层建筑设计。这种设计相当有创造性，既有利于飞行和航行指挥，又比侧向烟囱和可放倒式烟囱拥有更高的强度，且对舰体密封有利。

"竞技神"号航空母舰右舷视角

作战性能

"竞技神"号航空母舰之前的水上飞机母舰和其他航空母舰，建造时考虑的主要是搭载飞机，很少顾及军舰自身的防御火力问题。"竞技神"号航空母舰则装配了6门140毫米火炮，既可用于对海射击，又可用于对空射击；3门102毫米高射炮，1934年又增加了8门20毫米高射炮，用于防空作战，是第一艘把防空作为主要使命的航空母舰。这种想法在后来的二战得到了实现，当时航空母舰最需要的火力，不再是对敌方舰艇进行水面炮战的火力，而是应对空中威胁的防空火力。

"竞技神"号航空母舰在珍珠港

Chapter 2
二战前后

一战后的 1922 年至 1936 年，由于《华盛顿海军条约》的签署，日本与美国海军快速发展，美国与以往的海军首强——英国海□平起平坐，日本海军则成为亚洲首强、世界第三强大的海军。在这段被称作"海军假日"的时间里，世界各国发展了许多条约型列舰。除了重型的战列舰蓬勃发展外，驱逐舰也走上大型化的道路，装备了更先进的舰炮与鱼雷。地中海里，法意两国暗自较量军武力，但法国海军部署范围还得顾及大西洋而较显弱势，意大利建立了一支现代化、地中海规模最大，但缺乏航空母舰的舰队。□国继续保有大型舰队，也在条约允许的吨位下逐渐汰换旧式船只。相较于一战的战胜国，德国海军在战争结束时几近全毁、规模□小，但仍设计出了一些新式军舰，在希特勒上台后更大张旗鼓地重建海军。

二战爆发后，德国派出水面舰队攻击盟军商船，而后开启大规模的潜艇战——大西洋海战，配合多艘潜艇一同攻击的"狼群"□术，于前期取得一系列辉煌成果，双方的攻防也使得潜艇战术、雷达与反潜科技迅速发展，但盟军大量建造了护航航空母舰□航，其装备雷达的反潜机可轻易追击到德国潜艇，最终在 1943 年 5 月扭转局势。雷达在夜间作战、狭窄水域的高速水面作战、□空作战中创造了更有利的条件，除了在大西洋追踪德舰外，在太平洋战争所罗门群岛战役中也凸显出了重要性。二战中，空□力量的重要性变得极高，战列舰的主力地位被航空母舰所取代。

1930—1947 年

- 1930 年 英国、美国、日本等国签订《限制和削减海军军备条约》（伦敦海军条约）
- 1936 年 美国、英国、法国等国签订《限制海军军备条约》（第二次伦敦海军条约）
- 1941 年 日本海军偷袭美国珍珠港，这是首次大规模集中使用航空母舰的作战
- 1942 年 美、日航空母舰编队在珊瑚海交战，这是历史上首次航空母舰之间的战斗
- 1944 年 美、日两国展开世界战争史上规模最大的一次海战——莱特湾海战
- 1945 年 标志着二战结束的日本投降签字仪式，在"密苏里"号战列舰上举行

2.1 大放异彩的舰队航空母舰

20世纪30年代，各国已经摸索出航空母舰的基本形式。1936年《华盛顿海军条约》期满失效之际，海军列强又展开了新一轮军备竞赛，英、美、日三国接连建造了一系列的主力航空母舰——舰队航空母舰（Fleet Aircraft Carrier）。

舰队航空母舰是指能与各国海军舰队一同行动进行作战任务的航空母舰，包括超级航空母舰和轻型航空母舰，区别于护航航空母舰和其他较小的航空母舰。舰队航空母舰的构想是1931年由美国海军约瑟夫·克拉克和海尔威·亚奈尔上将提出，将航空母舰不仅用于侦察，还要和舰队一同抵御敌军空袭，并借其空中力量攻击敌军，巡洋舰和驱逐舰则用来保护航空母舰，航空母舰将取代战列舰的地位，航空母舰应携带约50架飞机，并有较快的航速，使其能与舰队的主要组成部分（如巡洋舰）一同行动。

二战中，一艘航空母舰通常有3个飞行中队，分别为战斗机中队、鱼雷机中队和俯冲轰炸机中队。在舰载机技术上，日本与美国蓬勃发展，反而英国因为军种恶性竞争（海军航空兵的飞机与飞行员皆由英国空军所提供）而发展迟缓，为三者中最落后者。世界其他大国（例如意大利、苏联）受限于海军思想的不同而没有发展航空母舰，意大利凭借其地中海位置的优势而认为没有必要特意建造海上的移动机场，苏联则因为其内战结束不久、海军力量不强而将其作战范围设限于近海。至于法国的海军航空兵发展迟缓，仍以战列舰和战列巡洋舰为海军主力，仅有一艘改装自战列舰的"贝阿恩"号航空母舰，额外的造舰计划而后中断。

战争期间，航空母舰使用方式蓬勃发展，在起降、伤害管制和攻击方式方面皆有极大的突破，并于实战中充分获得使用经验。

"龙骧"号航空母舰

原产国：日本

入役时间：1933年

满载排水量：10150吨

"龙骧"号航空母舰是日本在二战前建造的航空母舰，采用"青叶"级重型巡洋舰的船体设计改装而来。由于大幅改动舰体结构设计且削弱动力，"龙骧"号从服役起就有着重心偏高，干舷低、船体复原性差以及续航能力差等缺点。尽管"龙骧"号在船底装设了和"凤翔"号航空母舰相同的美国斯佩里公司制陀螺仪，且增装可动式稳定鳍，但是船体设计沿用重型巡洋舰的高比例修长舰体，让"龙骧"号船体稳定性及复原性都劣于吨位更小的"凤翔"号。1942年8月24日东所罗门海战中，"龙骧"号被美军舰载机击沉。

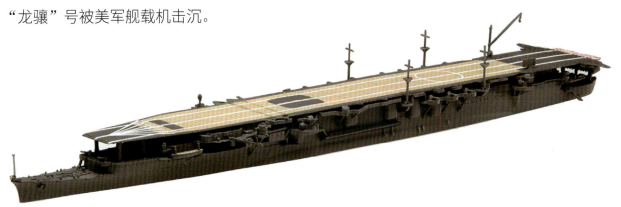

"游骑兵"号航空母舰

原产国：美国

入役时间：1934年

满载排水量：17859吨

"游骑兵"号航空母舰是美国海军第一艘专门设计的航空母舰，设计目标是作为一种轻型多用途航空母舰，能携带和"列克星敦"级航空母舰数量相当的舰载机，且排水量尽可能小。该舰在设计时没有岛式上层建筑，但在下水后添加了小型的岛式上层建筑。二战中，"游骑兵"号进行了2次舰炮改装。该舰最多可以搭载86架舰载机，一般情况下搭载76架舰载机，主要机型为F4F"野猫"战斗机和SBD俯冲轰炸机，其中前者占多数。二战初期，"游骑兵"号在美国海军大西洋舰队服役。1944年转为训练航空母舰，负责训练夜间战斗机飞行员，以及其他战斗训练任务，大战结束后很快就退役并被拆解。

"约克城"号航空母舰

原产国：美国

入役时间：1937年

满载排水量：25900吨

"约克城"号航空母舰是美国海军"约克城"级航空母舰的首舰，是美国海军第三艘以约克城为名的军舰。"约克城"号充分吸收了之前美国海军改装、设计和建造航空母舰的经验，采用开放式机库，拥有3座升降机，飞行甲板前端装有弹射器，紧急情况下舰载机可以通过在机库中设置的弹射器从机库中直接弹射起飞（后来取消了这项不实用的功能），增强舰载机的出击能力。飞行甲板前后装了2组拦阻索，舰载机可以在飞行甲板的任意一端降落。木质飞行甲板没有装甲防护，舰桥、桅杆和烟囱一体化的岛式上层建筑位于右舷。

"企业"号航空母舰

原产国：美国

入役时间：1938年

满载排水量：25900吨

"企业"号航空母舰是美国海军"约克城"号航空母舰的二号舰，是美国海军第七艘以企业为名的军舰，舰名源自美国独立战争期间美军俘获并更名的一艘英国单桅纵帆船。"企业"号的舰艏及舰艉各设有4门127毫米单装舰炮，分别置于左舷及右舷飞行甲板。舰岛前方及后方，各设有2座四联装28毫米防空炮。舰体各处共有24挺12.7毫米勃朗宁机枪。该舰最致命的弱点是水下防御，倘若遭到鱼雷攻击，而在水线以下入水，海水只需淹没锅炉或蒸汽轮机，便足以令全舰失去动力。

"大黄蜂"号航空母舰

原产国：美国
入役时间：1941 年
满载排水量：25900 吨

"大黄蜂"号航空母舰是美国海军"约克城"级航空母舰的三号舰。美国海军第七艘以大黄蜂为名的军舰，源自美国独立战争时期大陆海军的一艘单桅纵帆船。"大黄蜂"号拥有单层全通式飞行甲板，舰艏有 2 具弹射器。该舰最多可以搭载 97 架舰载机，舰上航空兵分为 1 个战斗机队（F2F 战斗机及 F3F 战斗机）、1 个俯冲轰炸机队（BTD 俯冲轰炸机）、1 个鱼雷轰炸机队（TBD 鱼雷轰炸机）和 1 个侦察机队（SB2C 俯冲轰炸机）。二战中，"大黄蜂"号参与了空袭东京，担当杜立德的 B-25 轰炸机海上起飞平台。

"苍龙"号航空母舰

原产国：日本
入役时间：1937 年
满载排水量：19100 吨

"苍龙"号是日本在二战前建造的航空母舰，有别于"赤城"号和"加贺"号为巡洋舰改装，"苍龙"号最早的设计是"航空战舰"，是为了在《华盛顿海军条约》之下仍然拥有一定的海上制空权，后来却发现同时要搭载大量的飞机与大炮是行不通的，而转为专职的航空母舰。日本总结"赤城"号与"加贺"号的改装经验，将更成熟的技术运用于"苍龙"号的建造。"苍龙"号的飞行甲板为全通式设计，并有大容量的双层机库。该舰可以搭载 63 架舰载机（包括 9 架备用机），包括 21 架"零"式舰载战斗机、21 架九九式舰载轰炸机、21 架九七式舰载攻击机。"苍龙"号的缺点是装甲较薄，这也是其最终被炸弹击沉的原因之一。

"皇家方舟"号航空母舰

原产国：英国
入役时间：1938 年
满载排水量：28160 吨

"皇家方舟"号航空母舰是英国海军在二战前全新设计的航空母舰，开创了现代航空母舰的新纪元。为了能够提供最大面积的飞行甲板，"皇家方舟"号采用了外伸式的飞行甲板，飞行甲板很长，延伸出舰艏和舰艉，扩大了飞行甲板面积。飞行甲板一分为二，前部为起飞用，后部为着舰用。"皇家方舟"号采用了向下弯曲的圆弧形飞行甲板，其中前段飞行甲板向下弯曲的弧度较大，后段飞行甲板向下弯曲的弧度较小，减少了飞行甲板的乱流，这一优点有利于舰载机着舰。舰体大量采用焊接工艺，以节省结构重量。在二战中，"皇家方舟"号立下了赫赫战功，最著名的战绩是在围歼德国"俾斯麦"号战列舰时击毁其方向舵，为英国舰队最后击沉该舰赢得了先机。1941 年 11 月 13 日，"皇家方舟"号不幸被德国 U-81 潜艇击沉。

"祥凤"号航空母舰

原产国：日本
入役时间：1939 年
满载排水量：14054 吨

"祥凤"号航空母舰是日本在二战前建造的航空母舰，服役后编入日本海军横须贺镇守府。1940 年 11 月 15 日，改为横须贺镇守府的第四预备舰，准备进行改装成航空母舰的工序，并于 1941 年 12 月 22 日改装完成，定名"祥凤"号。1942 年 1 月 26 日，编入第 4 航空战队；2 月 4 日驶出横须贺港，前往加罗林群岛中的特鲁克环礁输送舰载机；又于 3 月 7 日驶往新不列颠岛拉包尔运送舰载机；4 月 18 日，为迎击美军机动部队，又驶出横须贺港；同月 30 日归入从特鲁克环礁起航进攻莫尔兹比港的攻略部队。1942 年 5 月 7 日，"祥凤"号参加珊瑚海海战，最终被美军舰载机击沉。

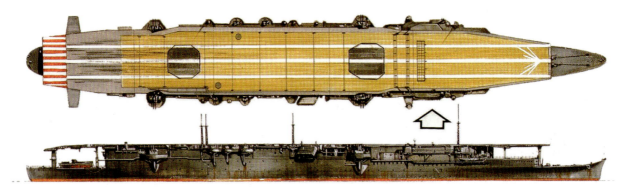

"飞龙"号航空母舰

原产国：日本

入役时间：1939 年

满载排水量：20570 吨

"飞龙"号航空母舰是日本于 20 世纪 30 年代的第二次船舰补充计划中建造的航空母舰，原计划作为"苍龙"级航空母舰的二号舰，采用与"苍龙"号相同的设计，不过在有了"加贺"号的改装经验与"苍龙"号的施工经验之后，"飞龙"号的设计被大幅更改。完工时的"飞龙"号与"苍龙"号的舰型相差甚远，于是便独立成为"飞龙"级。与"苍龙"号相比，"飞龙"号进一步加强了舰体结构强度，大大提高了舰艏干舷。另外，由于改进了装甲防护，"飞龙"号舰体更宽，排水量更大。有别于"苍龙"号的双船舵设计，"飞龙"号改成了单船舵。此外，岛式上层建筑改到了左舷（"苍龙"号为右舷）。"飞龙"号最多可以携带 64 架舰载机（包括 9 架备用机），一般情况下携带 57 架舰载机，包括 21 架"零"式舰载战斗机、18 架九九式舰载轰炸机和 18 架九七式舰载攻击机。

"瑞凤"号航空母舰

原产国：日本

入役时间：1940 年

满载排水量：13950 吨

"瑞凤"号航空母舰是"瑞凤"级航空母舰的首舰，最初是作为燃料补给舰而设计，前身为"高崎"号，后来在《华盛顿海军条约》期限过后改装为航空母舰。该舰通常搭载 18 架舰载战斗机、9 架舰载攻击机和 3 架备用战斗机。1944 年 10 月 25 日，"瑞凤"号参加莱特湾海战，在战役中与"千代田"号、"千岁"号、"瑞鹤"号一起作为诱饵，引诱美军机动部队离开雷伊太前线，使得栗田健男中将有机会率领水上部队，冲进雷伊太湾歼灭登陆敌军。下午 3 时 27 分，"瑞凤"号在受到 82 发炮弹、2 枚鱼雷及 4 枚炸弹的攻击后沉没。

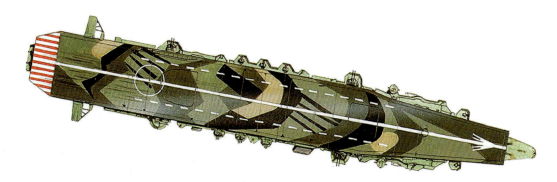

"光辉"级航空母舰

原产国：英国

入役时间：1940 年

满载排水量：28919 吨

"光辉"级航空母舰是英国在二战中建造的航空母舰，共建造了 4 艘。该级舰与英国早前建造的"皇家方舟"号航空母舰有很大不同，英国海军认为其将在北海和地中海岸基飞机的航程内作战，而英国的舰载机不具备陆上战斗机的优良性能，为抵御敌方轰炸机，英国海军决定为其尽可能地提供有效的保护，机库和飞行甲板都有装甲防护。该级舰最初搭载 36 架舰载机，作战实践暴露了舰载机数量不足的缺点。与"皇家方舟"号拥有双层两座机库不同，"光辉"级只有一层机库，后来改进了飞机的搭载方法，增加了飞机的搭载量，载机量达 54 架。"光辉"级先后搭载过的舰载机包括"剑鱼"攻击机、"贼鸥"战斗轰炸机、"管鼻燕"战斗机和"飓风"战斗机。

"胡蜂"号航空母舰

原产国：美国

入役时间：1940 年

满载排水量：19423 吨

"胡蜂"号航空母舰是"胡蜂"级航空母舰的首舰，也是仅有的一艘，是美国海军第八艘以胡蜂命名的军舰。该舰装有 3 座升降机，飞行甲板上装有 2 座液压弹射器，机库也装有 2 座液压弹射器。最初的自卫武器为 8 门 127 毫米单管舰炮、4 座四联装 28 毫米防空炮及 24 挺 12.7 毫米机枪。1942 年 1 月，该舰在诺福克船厂进行换装，自卫武器变为 8 门 127 毫米单管舰炮、1 组 40 毫米防空炮、4 座四联装 28 毫米防空炮、32 门 20 毫米防空炮和 6 挺 12.7 毫米机枪。"胡蜂"号基本上没有安装有效装甲，尤其是对鱼雷的防御极为薄弱，后期追加的装甲也无法补救这个致命缺陷。1942 年 9 月 15 日，"胡蜂"号在瓜岛海战中被日本潜艇击中，随后发生了不可控制的大火，美军弃船后使用驱逐舰发射鱼雷将其击沉。

"翔鹤"号航空母舰

原产国：日本

入役时间：1941年

满载排水量：32105吨

"翔鹤"号航空母舰是"翔鹤"级航空母舰的首舰，可视为"飞龙"号航空母舰的扩大改进型，加装了防护装甲，具有很高的干舷。该舰飞行甲板长242米，设双层机库，3座升降机，配备2组拦阻索，分别位于舰艏与舰艉，舰上没有装备弹射器。舰体右舷中部设有向下弯曲的横卧式烟囱，极具日本特色。由于之前航空母舰将岛式舰桥置于舰体左舷的设计并不实用，"翔鹤"号的岛式舰桥改在舰体右舷。该舰通常搭载72架常用舰载机和12架备用舰载机，包括20架"零"式舰载战斗机（18架常用，2架备用）、32架九七式舰载攻击机（27架常用，5架备用）和32架九九式舰载轰炸机（27架常用，5架备用）。1944年6月19日，"翔鹤"号被美军击沉。

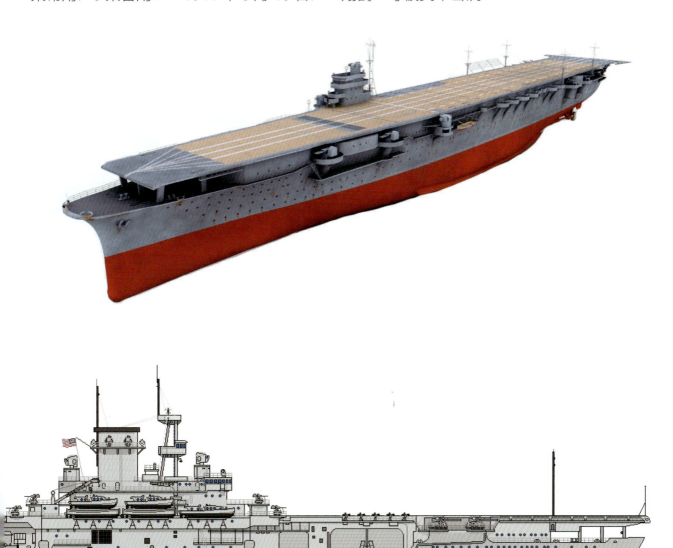

"瑞鹤"号航空母舰

原产国：日本

入役时间：1941 年

满载排水量：32105 吨

"瑞鹤"号航空母舰是"翔鹤"号航空母舰的二号舰，采用球鼻首，水线下舰艏向两侧略微凸起，从正面看形似水滴。舰艉中心线上布置了主副两部半平衡舵，副舵在前，主舵在后。该舰的自卫武器为 8 座双联装八九式 127 毫米舰炮和 12 座三联装九六式 25 毫米舰炮（战争中增加到 20 座三联装九六式 25 毫米舰炮和 36 门 25 毫米单装舰炮）。1942 年 5 月 8 日珊瑚海海战中，"瑞鹤"号和"翔鹤"号航空母舰同时起飞舰载机，击沉了美国海军"列克星敦"号航空母舰，并重创"约克城"号航空母舰。1944 年 10 月 25 日，"瑞鹤"号被美军击沉。

"龙凤"号航空母舰

原产国：日本

入役时间：1942 年

满载排水量：13950 吨

"龙凤"号航空母舰是"瑞凤"级航空母舰的二号舰，前身为"大鲸"号潜水母舰。该舰于 1933 年 4 月 12 日动工建造，1933 年 11 月 16 日下水，1934 年 3 月 31 日作为潜水母舰服役，1941 年 12 月 20 日开始改装工程，1942 年 11 月 30 日作为航空母舰服役。"龙凤"号服役后被编入第三舰队，虽然 1942 年年底的日本海军航空母舰兵力已经因中途岛海战重创，但"龙凤"号并没有因此受到重视，主因是它的航速不足，难以作为一线主力使用。加上当时海军飞行员也尚待整训，"龙凤"号服役初期主要作为运输舰与训练舰使用。直到 1943 年 6 月上旬，才被编入第二航空舰队。

"飞鹰"号航空母舰

原产国：日本

入役时间：1942 年

满载排水量：27500 吨

"飞鹰"号航空母舰是"飞鹰"级航空母舰的首舰，前身为"出云丸"号邮轮，1939 年 11 月 30 日动工，日本海军提供了 60% 的建造经费，原始设计用来营运日美航线，但是在完成了上段甲板后，国际局势便日趋恶化，到 1940 年 10 月便被军方征收改造，因此实际上并没有真正作为邮轮营运使用。1941 年 1 月开始改装工程，"出云丸"号（"飞鹰"号）比姊妹舰"橿原丸"号（"隼鹰"号）更早下水，但却比后者更晚完工成为航空母舰。"飞鹰"号服役期间，轮机经常发生故障，甚至因此退出战斗。不过，"飞鹰"号搭载的舰载机数量与日本 2 万吨级正规航空母舰相近，且拥有不错的续航力，在实战运用上日本海军仍相当倚重其战斗力。

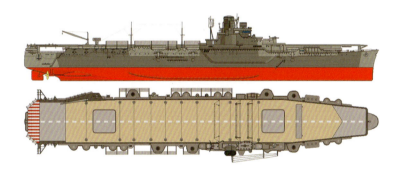

"隼鹰"号航空母舰

原产国：日本

入役时间：1942 年

满载排水量：27500 吨

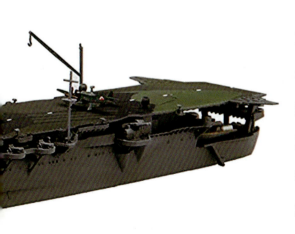

"隼鹰"号航空母舰是"飞鹰"级航空母舰的二号舰，前身为"橿原丸"号邮轮。被改装成航空母舰后，"隼鹰"号把原本船内的木质装潢拆去，并在舰内各处加上以肥皂水作为液体的消防设备。其烟囱被设计成向外倾斜 26 度，使排出的废气不会在飞行甲板上空飘浮，而在它参战后又加装雷达和不断增强防空火力，尤其是九六式 25 毫米防空炮由最初 24 门增加至 88 门。到了 1944 年，"隼鹰"号的舰身两侧都画上了反潜迷彩。

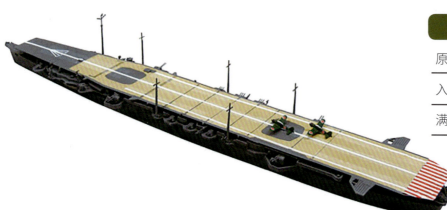

"千岁"级航空母舰

原产国：日本

入役时间：1943年

满载排水量：13600吨

"千岁"级航空母舰是日本在二战前建造的航空母舰，共建造了2艘。由于受到《伦敦海军裁军条约》对航空母舰拥有数的限制，"千岁"级最初是作为水上飞机母舰兼高速油料补给舰设计和建造的，但已经打算在日后改装成航空母舰。由于"千岁"级在中途岛海战之后才着手改装成航空母舰，所以其活跃时间较短。1944年6月，"千岁"级两舰一起参加马里亚纳海战。同年10月25日莱特湾海战中，两舰受到美国海军舰载机的猛烈攻击，最后于恩加尼奥角战沉。

"独角兽"号航空母舰

原产国：英国

入役时间：1943年

满载排水量：20600吨

"独角兽"号航空母舰是英国在二战中建造的航空母舰，其设计深受"皇家方舟"号航空母舰的影响。该舰的最初设计是作为"光辉"级航空母舰的支援舰，其职责是将同行航空母舰破损的舰载机进行修复。由于要求修复的舰载机可以直接起飞，最终将其设计成了一艘轻型舰队航空母舰和支援舰。该舰在某些方面和"皇家方舟"号航空母舰较为相似，尤其是高大的机库。为了加快进度，"独角兽"号在完工时甚至没有配备维修设备。该舰可以搭载33架舰载机，曾搭载的机型包括"飓风"战斗机、"剑鱼"攻击机、"喷火"战斗机和F4F"野猫"战斗机等。二战期间，"独角兽"号先后被派往大西洋、地中海、太平洋作战。

"独立"级航空母舰

原产国：美国

入役时间：1943年

满载排水量：15100吨

"独立"级航空母舰是美国在二战中建造的轻型航空母舰，共建造了9艘，在1943年至1970年服役。为了迅速满足战争需要，"独立"级航空母舰是以"克利夫兰"级轻型巡洋舰改装而来。该级舰原计划搭载F6F"地狱猫"战斗机、SBD"无畏"俯冲轰炸机与TBM"复仇者"鱼雷轰炸机各9架，但到1944年时的标准编制为24架F6F"地狱猫"战斗机与9架TBM"复仇者"鱼雷轰炸机。舰上的自卫武器比较简单，仅有2门四联装40毫米防空炮、8门双联装40毫米防空炮和22门20毫米机炮。

"大凤"号航空母舰

原产国：日本

入役时间：1944年

满载排水量：37870吨

"大凤"号航空母舰是日本在二战中建造的航空母舰，曾作为机动部队的旗舰参加战斗，是日本在二战中最后完工的一艘正规航空母舰。该舰是日本第一艘采用装甲飞行甲板的航空母舰，飞行甲板上铺设75毫米装甲，其下还有20毫米特种钢板，可抵抗500千克炸弹的轰炸。为加强结构强度，飞行甲板中部没有设置升降机。舷侧防护装甲由上部（185毫米）向下逐渐变薄（70毫米），水线以下防护装甲采用倾斜布置。"大凤"号设有两层机库，配备了一前一后共2架升降机。该舰通常搭载53架舰载机，包括24架"烈风"舰载战斗机、25架"流星"舰载攻击机（24架常用，1架备用）、4架"彩云"舰载侦察机。1944年6月19日，"大凤"号被美国海军潜艇击沉。

"云龙"号航空母舰

原产国：日本

入役时间：1944 年

满载排水量：22400 吨

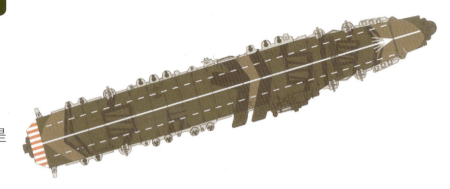

"云龙"号航空母舰是"云龙"级航空母舰的首舰，1942 年 8 月 1 日动工建造，1943 年 9 月 25 日下水，1944 年 8 月 6 日正式服役。该舰是 1941 年 11 月所立案的"战时建造计划"中的中型航空母舰，原计划作为新型航空母舰，但为了在短时间内完工而沿用了"苍龙"号航空母舰的部分设计。由于日本在马里亚纳海战中惨败，"云龙"号完工时已无可供搭载的舰载机。该舰服役后虽然编入第 1 航空战队，却一直待在吴港等待舰载机部队，最后就在毫无舰载机的情形下作为重量物资输送船，进行对菲律宾方面的运输补给。1944 年 12 月 19 日，"云龙"号被美国海军潜艇击沉。

"天城"号航空母舰

原产国：日本

入役时间：1944 年

满载排水量：22400 吨

"天城"号航空母舰是"云龙"级航空母舰的二号舰，1942 年 10 月 1 日动工建造，1943 年 10 月 15 日下水，1944 年 8 月 10 日正式服役。该舰服役时已经非常接近二战结束，因当时日军严重缺乏舰载机与飞行员，"天城"号从未实际投入战场。一直停泊在吴港内的"天城"号在多次遭美军空袭后，于 1945 年 7 月 28 日时在港内遭炸受损、进水后沉没。由于二战在"天城"号沉没后不久的 9 月 2 日结束，且二战之后再也没有任何一艘航空母舰在作战中沉没，使得"天城"号成为日本、乃至于全世界最后一艘战损的航空母舰。"天城"号浸泡在水中几年后，于 1947 年 7 月 31 日被打捞出水，并解体报废。

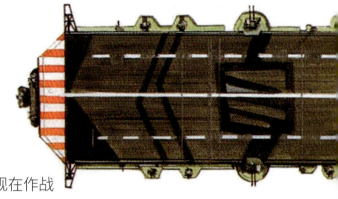

"葛城"号航空母舰

原产国：日本

入役时间：1944年

满载排水量：22400吨

"葛城"号航空母舰是"云龙"级航空母舰的三号舰，也是二战中日本建造的航空母舰中最后完成的一艘。该舰服役后编入第1航空战队，但由于燃料不足，未能参与舰队行动，一直停留于吴港待命。在吴港待命期间，1945年3月19日、7月24日和28日先后三次遭到美军舰载机攻击，虽然舰身没有太大损伤，但是飞行甲板丧失起降机能，其也因此成为当时日本海军最大的可移动残存舰。日本海军将"葛城"号的飞行甲板修复后，其用途也从待命的航空母舰转变为运载海外日军归国的运输舰，其机库刚好能容纳3000人。1946年11月30日，"葛城"号于日立造船厂解体报废。

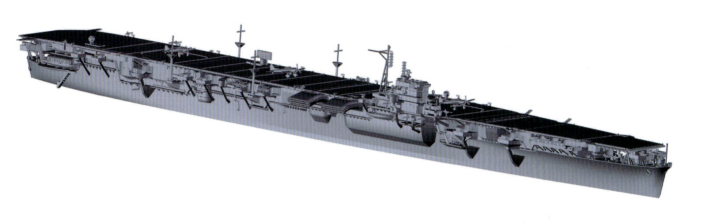

"信浓"号航空母舰

原产国:	日本
入役时间:	1944 年
满载排水量:	71890 吨

"信浓"号航空母舰是日本在二战中建造的大型航空母舰，也是当时世界上排水量最大的航空母舰。该舰原本是"大和"级战列舰的三号舰，建造过程中被仓促改装为航空母舰。该舰最初设计搭载 65 架舰载机，包括 38 架"烈风"战斗机、18 架"流星"攻击机和 9 架"彩云"侦察机。后期因为作战需要发生改变，改为 20 架"烈风"战斗机和 27 架"流星"攻击机。虽然为了提高整舰的防御能力造成舰载机数量较少，但是这些飞机的性能已经有大幅度的进步，一定程度地弥补了数量的不足。为了有效防御敌军的高空和俯冲轰炸，"信浓"号的飞行甲板铺装了 75 毫米厚的装甲，同时覆盖 200 毫米厚的钢骨水泥层。1944 年 11 月 28 日，"信浓"号在服役后的第一次正式出航中，仅仅航行了 17 个小时便被美军潜艇发射的 4 枚鱼雷击沉，创造了世界舰船史上最短命的航空母舰的纪录。

"怨仇"级航空母舰

原产国:	英国
入役时间:	1944 年
满载排水量:	32630 吨

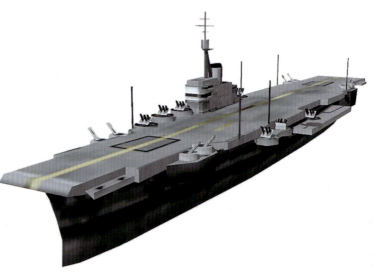

"怨仇"级航空母舰是"光辉"级航空母舰的改进型，一开始就计划部署于太平洋。"怨仇"级在"光辉"级的基础上做了较大的改进，第二层机库加长，增加了装甲。"怨仇"级的自卫武器为 8 座双联装 114 毫米舰炮、5 座八联装 2 磅防空炮、1 座四联装 2 磅防空炮、4 门 40 毫米博福斯防空炮和 55 门 20 毫米厄利空防空炮。该级舰最多可以搭载 81 架舰载机，主要机型包括"海喷火"战斗机（或 F6F"地狱猫"战斗机）和 TBM"复仇者"鱼雷攻击机。与"光辉"级一样，"怨仇"级的机库高度不足，无法使用体积更大的喷气式飞机，如果进行现代化改装，成本又过于高昂，所以"怨仇"级服役时间不长。

"巨人"级航空母舰

原产国：英国

入役时间：1944年

满载排水量：18300吨

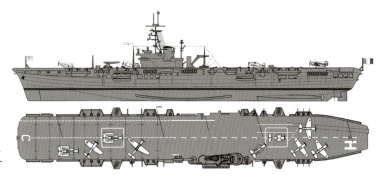

"巨人"级航空母舰是英国在二战中建造的航空母舰，共建造了10艘。该级舰的性能介于舰队航空母舰和护航航空母舰之间，其设计适合所有大船厂，特别是商船船厂和没有航空母舰建造经验的船厂。"巨人"级采用高干舷，封闭式舰艏，舰桥、烟囱一体化的岛式上层建筑位于右舷，飞行甲板前部和后部各设有一座升降机。该级舰装备6座四联装QF 2磅防空炮和16座双联装20毫米防空炮，通常搭载48架舰载机。

"齐柏林伯爵"号航空母舰

原产国：德国

入役时间：从未服役

满载排水量：34088吨

"齐柏林伯爵"号航空母舰是德国在二战期间建造的航空母舰，为"齐柏林伯爵"级的首舰，也是历史上德国唯一下过水的航空母舰。由于德国从来没有建造航空母舰的经验，所以该舰的设计参考了各国航空母舰的公开资料。"齐柏林伯爵"号在设计之初就计划搭载尚在研制中、1935年才首飞的Bf-109、Ju-87可折叠机翼舰载版Bf-109E、Ju-87C。为了搭载这些较大较重的飞机，"齐柏林伯爵"号采用了双层机库、单层全通飞行甲板加2座蒸汽弹射器和3座升降机的设计，并在右舷布置较大的舰岛。由于二战后期德国已无力支撑高昂的海军经费，1943年2月2日希特勒下令取消所有德国战列舰、巡洋舰与航空母舰的建造工作。1945年4月底，"齐柏林伯爵"号被德军主动凿沉。

"伊吹"号航空母舰

原产国：日本

入役时间：从未服役

满载排水量：14800 吨

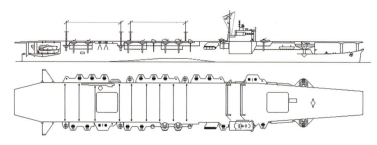

"伊吹"号航空母舰原本是日本兴建的"改铃谷"级重型巡洋舰的其中一艘，但是因为战争局势需求而改装成航空母舰，到日本投降前都未能完工，战后遭到拆毁。由于是建造中途才临时决定改装，"伊吹"号的舰体设计与"最上"级重型巡洋舰大致相同，使用双重底船壳，由于改装工程会导致舰体重心上移，所以水下隔舱尺寸加大，增加额外浮力。改装设计中，原本规划将舰桥安置于飞行甲板下方，但因空间不足放弃该方案，采用重心偏高的岛式舰桥。得益于重型巡洋舰的舰体架构，"伊吹"号的船体水平防御比大部分的日本航空母舰要完整。"伊吹"号有完整的水线装甲带，舰体中央装有纵向水密装甲，弹药库区段水平装甲厚度可达 140 毫米，主机舱与弹药库上方的装甲厚度为 35～40 毫米。

"塞班岛"级航空母舰

原产国：美国

入役时间：1946 年

满载排水量：19000 吨

"塞班岛"级航空母舰是美国以"巴尔的摩"级重型巡洋舰为基础改建的轻型航空母舰，共建造了 2 艘。该级舰的外形与"独立"级航空母舰相似，但排水量稍大。该级舰的飞行甲板比较宽大，岛式上层建筑在舰体右舷。舰上的自卫武器为 5 座四联装 40 毫米防空炮、10 座双联装 40 毫米防空炮和 16 门 20 毫米机炮。该级舰可搭载 42 架舰载机，包括 18 架 F6F"地狱猫"战斗机、12 架 SB2C"地狱俯冲者"俯冲轰炸机和 12 架 TBM"复仇者"鱼雷轰炸机。

传奇舰船鉴赏:"埃塞克斯"级航空母舰

基 本 参 数	
满载排水量	36960 吨
船体长度	270.7 米
船体宽度	28.3 米
吃水深度	8.4 米
最大航速	32.7 节
续航距离	20000 海里

"埃塞克斯"级航空母舰是美国海军历来建造数量最多的一级航空母舰,共建造了 24 艘。

研发历程

二战爆发前,美国已有 5 艘航空母舰,但当时战列舰仍被视为海上的中坚力量,航空母舰只是一种海上浮动机场,舰载航空兵的战略、战术以及作用还没有被广泛认可。随着欧洲战事的爆发和日本扩张与美国的矛盾日益激化,美国深感有加强航空母舰建造的必要,在罗斯福总统的大力支持下,美国国会于 1940 年 6 月通过"舰队扩大法案"和"两洋海军法案",计划于 1940 财年建造 11 艘、1941 财年建造 2 艘"埃塞克斯"级航空母舰。珍珠港事件发生后,美国海军战略思想发生变化,美国国会决定加速建造航空母舰:优先建造"埃塞克斯"级航空母舰,1942 财年提供 10 艘、1943 财年提供 3 艘、1944 年提供 6 艘"埃塞克斯"级航空母舰。1945 年 3 月,因战争已近尾声,"埃塞克斯"级航空母舰有 6 艘被取消建造。

"埃塞克斯"级航空母舰右舷视角

"埃塞克斯"级航空母舰的首舰于 1941 年 4 月 28 日动工建造,1942 年 7 月 31 日下水,1942 年 12 月 31 日正式服役。在建造过程中,"埃塞克斯"级航空母舰的舰体有多次重大改动。太平洋战争中,"埃塞克斯"级航空母舰发挥了非常重要的作用。战后,大部分"埃塞克斯"级航空母舰于 20 世纪六七十年代退役拆解,少数服役至 20 世纪八九十年代。美国保留了 4 艘作为博物馆舰,另有 1 艘凿沉为人工鱼礁。

"埃塞克斯"级航空母舰左舷视角

整体构造

"埃塞克斯"级航空母舰吸取了美国以往航空母舰的优点，作战能力进一步提升。舰艏、舰艉及左舷外部各设 1 座升降机，甲板及机库各设 1 座弹射器。在舰艉与舰艏各设有 1 组拦阻索，能拦阻重量达 5.4 吨的舰载机。水平装甲设于机库甲板而非飞行甲板，以腾出更多机库空间。该级舰的水下、水平防护和防空火力都有所加强，舰体分隔更多的水密舱室。虽然有多艘"埃塞克斯"级航空母舰在战争中屡遭重创，但从未被击沉。

作战性能

二战时期，"埃塞克斯"级航空母舰的典型舰载机配置为 36 架 F6F "地狱猫"战斗机、37 架 SB2C "地狱俯冲者"俯冲轰炸机和 18 架 TBF "复仇者"鱼雷轰炸机。自卫武器方面，舰上装有 4 座双联装 127 毫米舰炮和 4 门 127 毫米单装舰炮，均为高平两用，用以对付远距离目标。防空炮方面，在整个战争期间变动较大，各舰不一。第一批"埃塞克斯"级航空母舰建成时，每舰装有 8 座四联装 40 毫米博福斯炮（共 32 门）和 46 门 20 毫米厄利空单管炮。到战争后期，"埃塞克斯"级航空母舰上的 40 毫米博福斯炮增至 72 门，20 毫米厄利空炮增至 55 门。

"埃塞克斯"级航空母舰艏部视角

2.2 特殊时期的护航航空母舰

护航航空母舰是二战中出现的一种小型航空母舰,通常用于执行保护运输船队免受敌方水面舰艇及水下潜艇攻击的护航任务。

护航航空母舰起源于20世纪30年代,当时英国海军发现有必要为货运航线提供保护。这种航空母舰的特色是航速较慢、飞机装载量少,且大部分由货轮(主要是自由轮)等其他用途的船舰改造而来。

二战中,美国建造了130艘护航航空母舰,而英国只建造了6艘,英国操作的护航航空母舰绝大部分都是由《租借法案》转移而来。相较起同盟国以流水线大量生产的护航航空母舰,轴心国有使用护航航空母舰者只有日本海军,舰只来源大多是在战前由政府补助且介入设计建造、可以迅速改装的客货轮征收而来。不过日本一开始就知道这些军舰的速度无法和正规舰队一同运用,目的不是护航,而是拿来作为飞机运输舰使用,比较偏向战后美国海军思维。直到美军潜艇在南太平洋等地大肆猎杀日本运输船队时,日本海军才惊觉对于护航制度的欠缺,于1943年设置海上护卫总司令部统筹协调,并将一些小型的改装航空母舰与旧式飞机移交给该单位作为护航航空母舰运用。然而这些护航航空母舰缺乏油压飞机弹射器,所以没办法起降较大型的舰上攻击机;飞机上也没有可靠的雷达,实际反潜性能相当匮乏,因此大部分护航航空母舰都被潜艇给击毁。

在大西洋战区,护航航空母舰的主要任务是护卫运输船团,避免运输舰遭轴心国海洋巡逻机或潜艇袭扰;在雷达技术成熟后则改组成猎杀支队,使用舰载机在大洋中猎杀潜艇。

在太平洋战区,护航航空母舰因为速度不够,无法和正规航空母舰部队共同行动;但其舰载机仍为两栖舰队与登陆部队提供空中掩护,尤其在特别攻击队肆虐的战争末期,大量的护航航空母舰成为防卫舰队的基础。

二战后,大部分幸存的护航航空母舰改编为飞机运输舰,不再执行一线作战任务,最晚于20世纪70年代前后退役,目前已没有任何一艘相关舰型服役。

"大胆"号航空母舰

原产国：英国

入役时间：1941 年

满载排水量：11000 吨

"大胆"号航空母舰是世界上第一艘护航航空母舰，原为1939年5月完工德国商船"汉诺威"号，1940年3月于西印度群岛附近被英国海军缴获。最早作为商船使用，重命名为"辛巴德"号。1940年11月命名为"大胆帝国"号，作为运兵船使用。1941年1月开始在伯斯船厂进行改装，增加了全通飞行甲板，烟囱位置后移，没有机库与岛式舰桥。1941年6月服役，命名为"大胆"号。虽然该舰非常简陋，但是却开创了航空母舰反潜的新纪元。

"活跃"号航空母舰

原产国：英国

入役时间：1942 年

满载排水量：14480 吨

"活跃"号航空母舰是英国在二战中建造的护航航空母舰，舰体长度为156.29米，宽度为20.27米，吃水深度为7.6米。动力装置为2台柴油机，最大航行速度为18节。舰上有700名舰员，主要舰载武器为2门100毫米舰炮和20门20毫米高射炮。舰上有1座升降机和1具弹射器，可搭载10架舰载机。

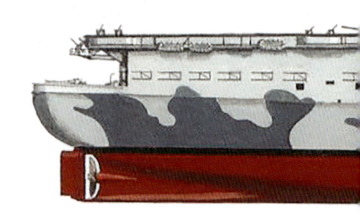

"大鹰"级航空母舰

原产国：日本

入役时间：1941年

满载排水量：21263吨

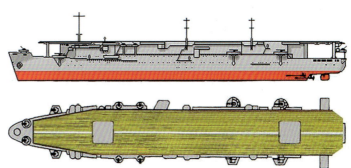

"大鹰"级航空母舰是日本在二战中建造的护航航空母舰，共建造了3艘。该级舰原为日本邮船公司受日本政府补助建造的"新田丸"级客货轮，原定作为欧亚航线营运之用，因战争遭征用。"大鹰"级航空母舰的原始设计并不适合作为一线战舰，也不像美国建造的护航航空母舰配备油压弹射器，这严重限制了其操作弹性。该级舰可容纳27～30架飞机，舰上的自卫武器为6门127毫米高射炮和4座双联装25毫米高射炮等。

"长岛"级航空母舰

原产国：美国

入役时间：1941年

满载排水量：13716吨

"长岛"级航空母舰是美国在二战中以货船改装而来的护航航空母舰，共建造了2艘。该级舰的设计十分粗糙，一个架设在框架结构上的木质飞行甲板覆盖了原来货船的70%，附加式机库位于飞行甲板后端的下方。首舰"长岛"号可搭载21架舰载机，而租借给英国海军的二号舰"射手"号可搭载15架舰载机。舰上装有1门127毫米单管炮，2门76毫米单管炮，以及若干20毫米舰炮。

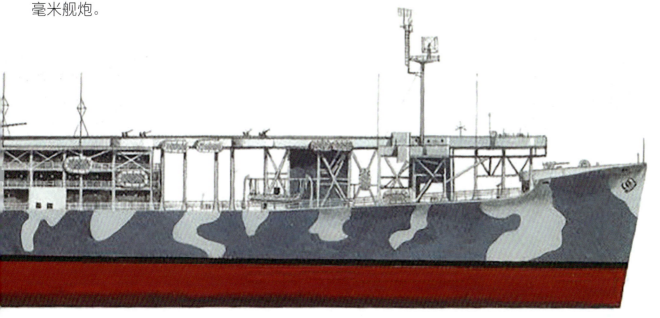

"军马"级航空母舰

原产国：	美国
入役时间：	1942年
满载排水量：	15120吨

"军马"级航空母舰是美国在二战中用C3型标准货船改装的护航航空母舰，共建造了4艘。除"军马"号（CVE-30）被美国海军留作训练舰外，"复仇者"号（D14）、"欺骗者"号（D97）、"冲击者"号（D37）均于1942年3月转交英国海军。因此，英国海军也将其称为"复仇者"级。该级舰可搭载15～21架舰载机，机型包括美国的F4F"野猫"战斗机和F4U"海盗"战斗机，英国的"剑鱼"鱼雷轰炸机、"海飓风"战斗机和"海喷火"战斗机等。舰上的自卫武器包括1门127毫米舰炮、2门76毫米舰炮以及10～15门20毫米舰炮。

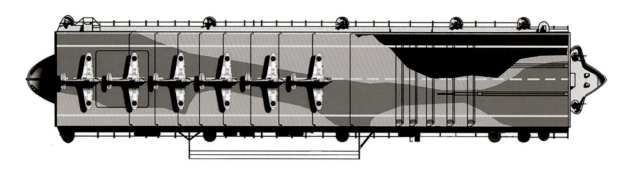

"博格"级航空母舰

原产国：	美国
入役时间：	1942年
满载排水量：	16620吨

"博格"级航空母舰是美国在二战中用C3型标准货船改装的护航航空母舰，分成两批建造：第一批建造了21艘，其中有10艘交付美国海军，11艘交付英国海军，被英国海军命名为"攻击者"级；第二批建造了24艘，其中有1艘交付美国海军，23艘交付英国海军，被英国海军命名为"统治者"级。该级舰通常携带24架舰载机，最多能搭载28架舰载机，如果作为飞机运输船，能携带多达100架飞机。在大西洋的行动中，一般搭载F4F"野猫"战斗机和TBF"复仇者"鱼雷轰炸机，其中"复仇者"鱼雷轰炸机占多数。

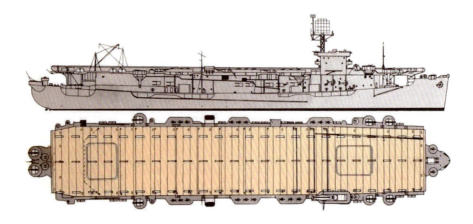

"桑加蒙"级航空母舰

原产国：美国

入役时间：1942年

满载排水量：24275吨

"桑加蒙"级航空母舰是美国在二战中以油船改装的护航航空母舰，共建造了4艘。该级舰可搭载25～32架舰载机，主要机型为F4F"野猫"战斗机、TBF"复仇者"鱼雷轰炸机和SBD"无畏"俯冲轰炸机。舰上的自卫武器为2门127毫米单管舰炮、8座双联装40毫米舰炮和12门20毫米单管舰炮。"桑加蒙"级航空母舰建成后即参加盟军在北非的登陆作战，从而开创了护航航空母舰作为舰队航空母舰使用的先例。

"比勒陀利亚城堡"号航空母舰是英国在二战中建造的护航航空母舰，最早作为商船建造，中途改作护航航空母舰，在商船船体上加装了飞行甲板和机库，并且安装了小型岛式舰桥，性能比"大胆"号航空母舰有一定提高。"比勒陀利亚城堡"号航空母舰的舰体长度为181.1米，宽度为23.2米，吃水深度为8.8米，最大航行速度为18节，舰上可搭载21架舰载机。

"比勒陀利亚城堡"号航空母舰

原产国：英国

入役时间：1943年

满载排水量：23450吨

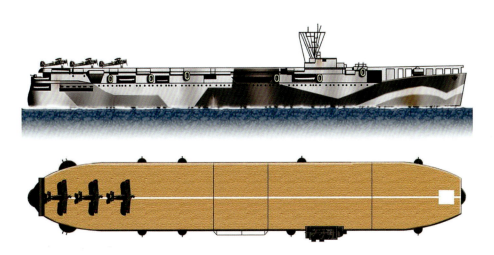

"奈拉纳"级航空母舰

原产国：英国

入役时间：1943年

满载排水量：14280吨

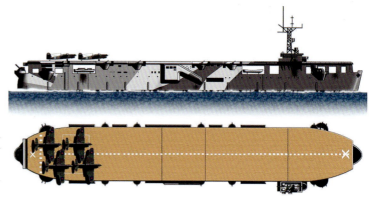

"奈拉纳"级航空母舰是英国在二战中以商船改装的护航航空母舰，共建造了3艘。该级舰以"活跃"号航空母舰为蓝本，在原本的船身上方加建封闭式飞机库、钢铁制飞行甲板和舰桥以及防空武器。早期载有6架"海飓风"战斗机和12架"剑鱼"鱼雷轰炸机，后来改为12架"剑鱼"鱼雷轰炸机和12架美制F4F"野猫"战斗机。"奈拉纳"级航空母舰加入英国海军后均用于北冰洋护航任务，保护运送同盟国援助苏联物资的货船到摩尔曼斯克以支援苏德战场。

"卡萨布兰卡"级航空母舰

原产国：美国

入役时间：1943年

满载排水量：10902吨

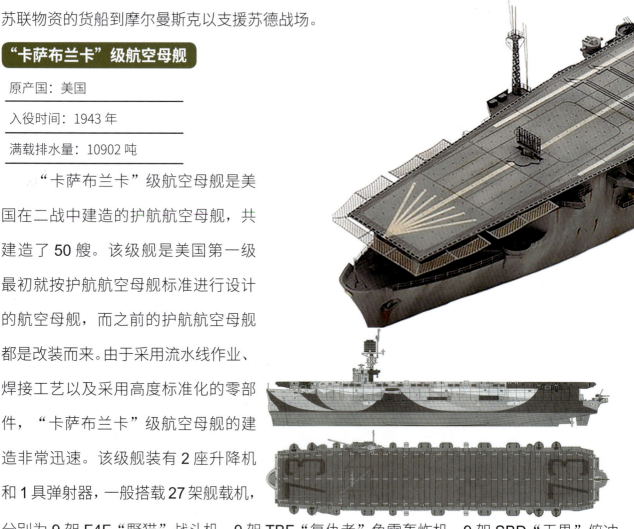

"卡萨布兰卡"级航空母舰是美国在二战中建造的护航航空母舰，共建造了50艘。该级舰是美国第一级最初就按护航航空母舰标准进行设计的航空母舰，而之前的护航航空母舰都是改装而来。由于采用流水线作业、焊接工艺以及采用高度标准化的零部件，"卡萨布兰卡"级航空母舰的建造非常迅速。该级舰装有2座升降机和1具弹射器，一般搭载27架舰载机，分别为9架F4F"野猫"战斗机、9架TBF"复仇者"鱼雷轰炸机、9架SBD"无畏"俯冲轰炸机。在实际战斗中，这一配置也会发生变化。

"海鹰"号航空母舰

原产国：日本

入役时间：1943 年

满载排水量：16483 吨

"海鹰"号航空母舰是日本在二战中建造的护航航空母舰，前身为大阪商船公司的邮轮"阿根廷丸"号，1942 年被日本海军收购，1943 年 11 月完成改装，以航空母舰角色服役。该舰的机库为单层设计，原计划搭载 18 架"零"式战斗机和 6 架九七式攻击机，但服役过程中并没有开赴前线作战，主要作为飞机运输舰、训练舰、护航航空母舰使用。战争末期，该舰受损严重，因此没有加入战后运输行列，最终于 1947 年被拆解。

"神鹰"号航空母舰

原产国：日本

入役时间：1943 年

满载排水量：20586 吨

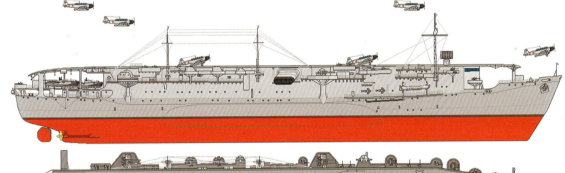

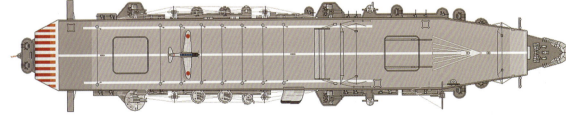

"神鹰"号航空母舰是日本在二战中建造的护航航空母舰，前身为德国豪华客船"沙恩霍斯特"号，因二战爆发而滞留日本，后被日本海军改装为护航航空母舰。与其他由商船改装而成的航空母舰一样，"神鹰"号拥有较小的机库和较短的飞行甲板，也没有岛式舰桥结构。因飞机降落需求，"神鹰"号在甲板加设了拦阻网。该舰可搭载 33 架舰载机，舰上的自卫武器为 4 座双联装 127 毫米舰炮和 10 座三联装 25 毫米高射炮。

"科芒斯曼特湾"级航空母舰

原产国：美国

入役时间：1944年

满载排水量：24500吨

"科芒斯曼特湾"级航空母舰是美国在二战中以T3型油船改装的护航航空母舰，共建造了19艘。该级舰服役时已经是二战后期，因此很少或没有参加实战。二战结束后，该级舰被当作直升机航空母舰、反潜航空母舰或运输舰使用。"科芒斯曼特湾"级航空母舰可以搭载34架舰载机，机型与"卡萨布兰卡"级航空母舰相似。舰上的自卫武器为1门127毫米舰炮、3座四联装40毫米舰炮、12座双联装40毫米舰炮，以及一定数量的20毫米舰炮。

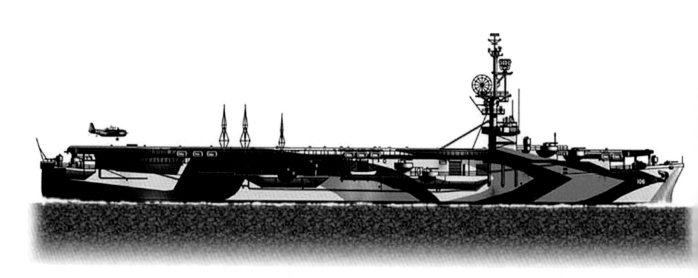

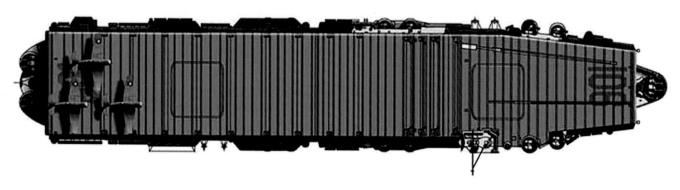

"速吸"号航空母舰

原产国：日本

入役时间：1944年

满载排水量：20812吨

"速吸"号航空母舰是日本在二战中建造的护航航空母舰，前身为"风早"级补给油船的二号舰，为了在船体中部设置高出上甲板约5米，长约35米、宽约17米的航空甲板，将舰桥向前移动，在航空甲板右前方舷侧装有1具弹射器，最初的计划是搭载7架"零"式水上侦察机（常用6架，备用1架），其意图是在伴随航空母舰机动部队行动时能够承担一部分侦察任务和反潜警戒任务，以便舰队航空母舰将更多的舰载机用于发起攻击。1944年8月，"速吸"号在菲律宾吕宋岛西北海域被美军潜艇击沉，标志着补给舰与航空母舰混合使用的时代结束。

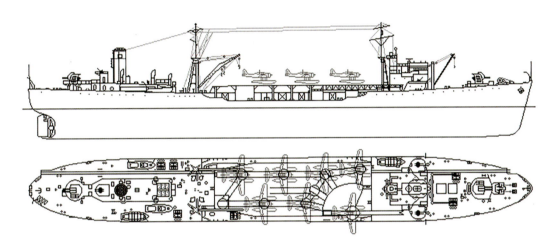

"岛根丸"级航空母舰

原产国：日本

入役时间：1945年

满载排水量：20469吨

"岛根丸"级航空母舰是日本在二战中建造的护航航空母舰，计划建造4艘，实际建成了1艘。该级舰的舰体长度为160.5米，宽度为20米，吃水深度为9.1米，最大航行速度为18.5节，续航距离为10000海里。舰上有800名舰员，主要舰载武器为2门120毫米舰炮、9座三联装25毫米高射炮和20门单装25毫米高射炮等，可搭载12架舰载机。

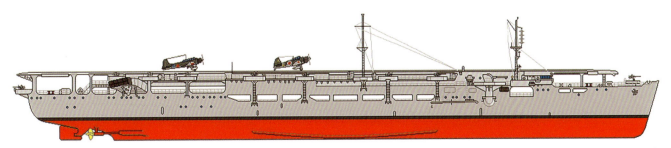

2.3 由盛转衰的战列舰

1936年12月，《华盛顿海军条约》期满作废，各海军强国重新开始建造战列舰。这一时期的战列舰大多装备口径介于380～460毫米的主炮，航速可达27节以上以满足跟随航空母舰作战和抢占有利战位的需求。这些战列舰被称为"后条约战列舰"，它们成为战列舰这一舰种的巅峰，但也是战列舰最后的辉煌。

二战中，航空母舰和潜艇成为海战的主要舰种，战列舰逐渐沦为次要角色。大西洋战场上，英国海军大规模围剿德国的2艘"俾斯麦"级战列舰。诺曼底战役中，英国和美国的旧战列舰用于炮轰岸上目标。其余时间，战列舰主要用于护航任务。太平洋战场上，美国8艘旧式的慢速战列舰在珍珠港事件受损。6艘修理后用于轰击岸上目标，新建的高速战列舰则用于航空母舰战斗群的防空警戒。1944年，美国6艘战列舰参与苏里高海峡的莱特湾海战，击沉日本"山城"号战列舰，这是最后的战列舰炮战。1945年上半年的硫磺岛战役和冲绳战役中，美国战列舰执行炮轰岸上目标的任务。1945年5月，德国投降，美国和英国的新式战列舰继续炮轰日本的釜石、日立等近海工业城市。

战争期间，参战国70余艘战列舰中的28艘被击沉、击毁，"大和"号、"武藏"号、"俾斯麦"号、"提尔皮兹"号、"威尔士亲王"号、"加利福尼亚"号等著名的战列舰也包括在内。从此，战列舰丧失了主力舰的地位。

1945年9月2日，盟军在"艾奥瓦"级战列舰三号舰"密苏里"号上接受日本正式投降，订立投降文件。战列舰的光荣生涯在此达到顶峰以及终点。二战后，各国战列舰纷纷作为废钢铁被出售拆毁，或作为靶舰和武器试验平台被摧毁。美国"艾奥瓦"级战列舰投入越南战争后退役封存。20世纪80年代，"艾奥瓦"级战列舰重新启用，加装导弹和直升机，之后参与第一次海湾战争，在轰炸伊拉克陆上目标中发挥了作用。1992年3月，"密苏里"号战列舰退役，同时将"战列舰"的级别从现役舰船分类中取消。

目前，世界上仅存有几艘处于封存或保留展示状态的战列舰，包括美国的4艘"艾奥瓦"级、2艘"南达科他"级、1艘"北卡罗来纳"级和1艘"纽约"级，以及停泊在东京湾横须贺港内作为浮动博物馆的日本前无畏舰"三笠"号。

"敦刻尔克"级战列舰

原产国：法国

入役时间：1937 年

满载排水量：35500 吨

"敦刻尔克"级战列舰是法国于 20 世纪 30 年代建造的战列舰，共建造了 2 艘。该级舰装备 8 门 330 毫米口径舰炮、16 门 130 毫米副炮，最高航速为 27 节，续航距离为 5500 海里。"敦刻尔克"级战列舰的防护装甲按照可以经受德国海军战列舰 280 毫米口径火炮攻击的标准设计，舰体舷侧装甲采用倾斜布置，重视舰体水线以下抵御鱼（水）雷的能力，强化水平装甲防御来自空中飞机投掷炸弹的攻击。

"沙恩霍斯特"级战列舰

原产国：德国

入役时间：1938 年

满载排水量：38700 吨

"沙恩霍斯特"级战列舰是德国于 20 世纪 30 年代建造的战列舰，也是德国在一战后建造的第一级战列舰，共建造了 2 艘。当时的英国海军将其定级为战列巡洋舰，但在二战后改为战列舰。而美国海军则一直将其定级为战列舰。该级舰装备 9 门 280 毫米主炮、12 门 150 毫米副炮、14 门 105 毫米高射炮和 16 门 37 毫米机炮，最高航速达 32 节，但全舰装甲防护存在水平甲板较弱的问题。

"黎塞留"级战列舰

原产国：法国	
入役时间：1940年	
满载排水量：44698吨	

"黎塞留"级战列舰是法国在二战中建造的战列舰，共建造了2艘。该级舰是法国有史以来建造的排水量最大的战列舰，也是最后一级战列舰。其前甲板装备8门380毫米主炮，后甲板布置9门152毫米高平两用炮，舰体两侧有12门100毫米高射炮，拥有密集的攻击火力。该级舰由6台增压锅炉蒸汽机驱动，最大航速达32节。

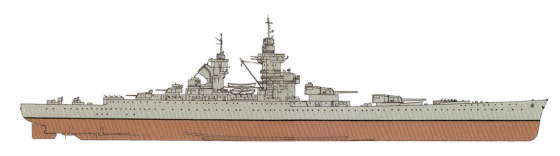

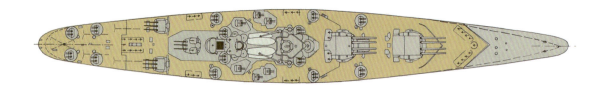

"俾斯麦"级战列舰

原产国：德国	
入役时间：1940年	
满载排水量：50300吨	

"俾斯麦"级战列舰是德国在二战中建造的战列舰，共建造了2艘。该级舰是德国建成的最大的主力舰，超越了英国海军旗舰"胡德"号战列巡洋舰，成为当时世界上吨位最大的战舰。该级舰的主甲板装甲厚度为80～120毫米，主要武器为4座双联装380毫米舰炮。2艘"俾斯麦"级战列舰都在二战期间被击沉。

"英王乔治五世"级战列舰

原产国：英国

入役时间：1940 年

满载排水量：42923 吨

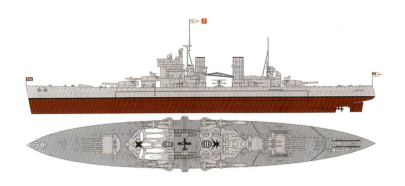

"英王乔治五世"级战列舰是英国于 20 世纪 30 年代末建造的战列舰，也是二战前英国建造的最后一级战列舰，共建造了 5 艘。其设计遵守 1936 年第二次伦敦海军条约的规定（限制战列舰的标准排水量不超过 35000 吨，主炮口径不大于 14 英寸即 356 毫米），是典型的条约型战列舰。舰上装有 10 门 356 毫米舰炮、16 门 133 毫米舰炮、64 门 QF 2 磅高射炮、10 门 40 毫米博福斯高射炮和 36 门 20 毫米厄利空高射炮。

"北卡罗来纳"级战列舰

原产国：美国

入役时间：1941 年

满载排水量：45500 吨

"北卡罗来纳"级战列舰是美国在二战中建造的战列舰，共建造了 2 艘。该级舰是美国海军建造的第一种快速战列舰，排水量符合伦敦海军条约对战列舰的规定。最初的主炮设计方案是安装 3 座四联装 50 倍口径 356 毫米主炮，但考虑到日本退出第二次伦敦海军条约，主炮口径和数量在开工后做了变更，修改为 3 座三联装 45 倍口径 406 毫米主炮，副炮为 10 座双联装 38 倍口径 127 毫米高平两用炮。高射炮最初采用 28 毫米机炮和 12.7 毫米机枪，但在建成后换装盟军制式的 20 毫米及 40 毫米机炮。

"南达科他"级战列舰

原产国：美国

入役时间：1942 年

满载排水量：45233 吨

"南达科他"级战列舰是美国在二战中建造的战列舰，共建造了 4 艘。该级舰是在"北卡罗来纳"级战列舰基础上改进而成，可担任舰队（特混编队）级旗舰，但在战争中多作为防空力量和对岸火力支援使用，在太平洋战争中发挥着重要作用，是美国二战期间战列舰兵力的中坚力量。"南达科他"级战列舰装有 3 座三联装 406 毫米主炮、10 座双联装 127 毫米高平两用炮、18 座四联装 40 毫米博福斯高射炮和 35 门 20 毫米厄利空机炮。

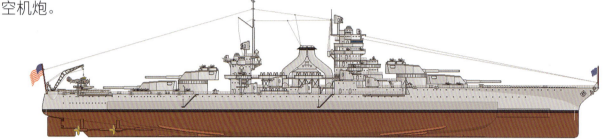

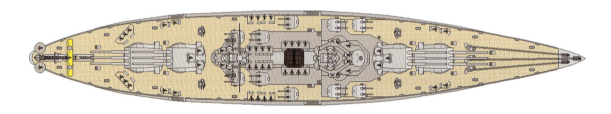

"前卫"号战列舰是英国设计建造的最后一种战列舰，虽然其火力（4 座双联装 380 毫米主炮和 8 座双联装 133 毫米副炮）被后世诟病为"在新战列舰上装老奶奶的假牙"，然而其建造时已无任何海军条约限制，因此在技术的使用上是集合了英国从一战以来的造舰工艺之大成，无论是装甲带的配置还是舰身的设计均有独到之处。该舰针对"英王乔治五世"级战列舰适航性能不足的缺陷，改良舰型设计，提高舰艏干舷，使航海性能十分优良，并改进水密隔舱结构的设计，同时装备了较为完善的雷达火控系统。

"前卫"号战列舰

原产国：英国

入役时间：1946 年

满载排水量：52250 吨

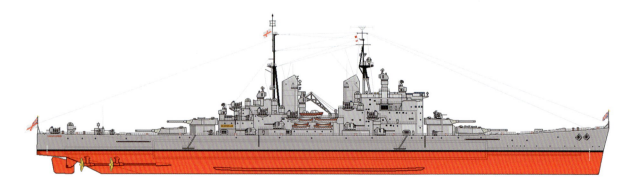

"蒙大拿"级战列舰
原产国：美国
入役时间：从未服役
满载排水量：72104 吨

"蒙大拿"级战列舰是美国于 20 世纪初建造的战列舰，计划建造 5 艘，因为二战后期各种因素的影响，最终没有建成。该级舰是美国海军设计的最后一级战列舰，是"艾奥瓦"级和"南达科他"级战列舰的改进型，虽然航速降低，但尺寸更大，装甲更重，火力更强。"蒙大拿"级战列舰计划安装 4 座三联装 406 毫米舰炮、20 门 127 毫米舰炮、40 门 40 毫米博福斯高射炮和 56 门 20 毫米厄利空机炮。

传奇舰船鉴赏："大和"级战列舰

"大和"级战列舰是日本在二战中建造的战列舰，共建造了 3 艘，其中 1 艘被改装为航空母舰。

研发历程

1936 年，日本退出伦敦海军限制军备的谈判，日本海军提出在西太平洋海上截击假想敌美国海军舰艇编队的战略。日本海军在主力舰的数量方面无法同美国海军抗衡，打算以单舰的战斗力来抵消美国海军在数量上的优势。新型战列舰的设计任务开始于 1934 年。1937 年，日本海军制订了"第三次海军军备补充计划"，确定建造 4 艘"大和"级战列舰，设计师为平贺让。

基 本 参 数	
满载排水量	73000 吨
船体长度	263 米
船体宽度	38.9 米
吃水深度	10.4 米
最大航速	27 节
续航距离	7200 海里

1940 年 8 月 8 日，首舰"大和"号下水。1940 年 11 月 1 日，二号舰"武藏"号下水。在建造过程中日本采取了极为严格的保密措施，使得各国海军很长时间内无法掌握到"大和"级战列舰的正确情报。另外，根据"04 舰艇补充计划"开工的三号舰"信浓"号于 1942 年在建造中改装为航空母舰。四号舰在 1940 年 11 月动工，于 1942 年 3 月停工。

海试中的"大和"级战列舰

整体构造

"大和"级战列舰的舰体长宽比为 6.76：1，为主炮射击提供了稳定的平台并尽可能缩短了重装甲覆盖的面积；由于主机功率并不高，所以日本专家为了提高动力的利用效率，设计了 40 种船模进行论证，最终确定的是球鼻型舰艏。"大和"

"大和"级战列舰甲板

级舰艏水线以上部分明显向外前倾，舰艏前端呈半圆形，其两舷大幅度外张，借以减少舰艏上浪。舰艏水线以下部分采用球鼻艏，其位置在水线下约 3 米处，和尖削型舰艏相比，这种新构型可以减少 8% 的兴波阻力，同时还减少了约 3 米的水线，从而节省了 30 吨左右的排水量。

作战性能

"大和"级战列舰装备3座三联装460毫米主炮，是当时口径最大的战列舰主炮，舰桥前呈背负式安装2座，舰桥后安装1座，三联装炮塔总重1720吨，炮身重165吨，加上弹药和炮塔装甲的总重约2700吨，相当于当时大型驱逐舰的排水量。发射的穿甲弹为九一式穿甲弹，炮弹重量1460千克。火炮俯仰和炮塔转动均由液压驱动，俯仰速率8度/秒，炮塔旋转一周需3分钟。炮弹装填为半自动机械化装弹机，装弹速度为10发/分，但是射速只有1.8发/分。4座三联装155毫米副炮是"最上"级巡洋舰改装时拆卸下来的，以45度仰角时最大射程27千米、最大射高12千米。副炮既可以对舰也可以对空，射速5～7发/分。舰上的防空武器为6座双联装127毫米高射炮、8座三联装25毫米高射炮和4挺九三式防空机枪。

"大和"级战列舰重视防护，是当时装甲最厚重的战列舰，侧舷水线装甲厚度410毫米并拥有20度的倾斜角，两层水平装甲厚度合计超过250毫米，炮塔正面装甲厚度650毫米，炮座装甲厚度560毫米，弹药舱顶板装甲厚度270毫米，上层甲板装甲厚度55毫米，主甲板装甲厚度200毫米，指挥塔装甲厚度495毫米，其要害部位的装甲防护可谓是面面俱到。

"大和"级战列舰上层建筑

传奇舰船鉴赏："艾奥瓦"级战列舰

基本参数	
满载排水量	58460 吨
船体长度	270.4 米
船体宽度	33 米
吃水深度	11.5 米
最大航速	33 节
续航距离	14890 海里

"艾奥瓦"级战列舰是美国在二战中建造的战列舰,共建造了 4 艘。该级舰是世界上舰体最长、主机功率最大、航速最高(达 33 节)、退役最晚(1992 年退役封存)的战列舰。由于"艾奥瓦"级的后继舰——"蒙大拿"级战列舰的取消建造,使得"艾奥瓦"级战列舰成为美国海军最后一级战列舰。

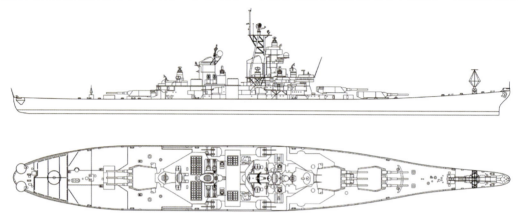

研发历程

20 世纪 30 年代中期,限制建造新战列舰的《华盛顿海军条约》期满。1936 年,美、英、法三国签订了第二次伦敦海军条约,规定战列舰标准排水量不得超过 35000 吨,主炮口径不得超过 356 毫米。由于日本、意大利未签订该条约,1938 年 6 月美、英、法三国将对战列舰的限制条款修改为标准排水量增加到 45000 吨、火炮口径增大到 406 毫米。

1938 年 5 月,美国海军确定"南达科他"级战列舰后续的 45000 吨级新型高速战列舰的设计方案——"艾奥瓦"级的设计方案。美国海军对"南达科他"级战列舰的性能并不满意,主要是排水量偏小,限制了性能的提高。在保持"南达科他"级防护水平的基础上,"艾奥瓦"级重点提高航速,大幅度提高主机功率。1942 年 8 月,首舰

"艾奥瓦"级战列舰左舷视角

"艾奥瓦"号下水。1942年12月,"新泽西"号下水。1943年12月,"威斯康星"号下水。1944年1月,"密苏里"号下水。

整体构造

"艾奥瓦"级战列舰重新设计了舰体,最大宽度被限制为33米,而舰体长度和吃水则被加大,舰体的长宽比达到8.2∶1,而当时其他战列舰的长宽比大多不足7∶1。其舰艏曲线与日本海军的"大和"级战列舰相似,但更加细长,有利于提高航速,但影响了适航性、机动性及炮火命中率。"艾奥瓦"级战列舰的舰体长度超过270米,是历史上舰体最长的战列舰。

作战性能

"艾奥瓦"级战列舰的主炮采用了轻量化的MK 7型406毫米50倍口径主炮,由于应用了当时最先进的冶金技术,成功地将炮管结构从MK 2型的7层减少到2层,重量也降低了22吨,减至108吨。舰上共有3座三联装炮塔,舰艏方向呈背负式布置2座,舰艉方向布置1座。每座炮塔由77名官兵操纵,炮塔全部结构可以分成6层,分别是炮塔战斗室、旋转盘、动力室、上供弹室、下供弹室、供药包室。炮塔旋转时,6层一起转动。炮塔战斗室配备炮塔长和21名舰员。

"艾奥瓦"级战列舰的副炮采用10座双联装MK 12型127毫米38倍口径高平两用炮,炮塔布置在舰体中部两舷。初期副炮有MK 37型射击指挥仪和MK 12型雷达控制,后期雷达换为MK 22型和MK 32型。对空防御方面,采用40毫米及20毫米机炮,机炮

"艾奥瓦"级战列舰主炮开火瞬间

的数量各舰略有差别。在1984年的改装中,各参与改装的舰艇,均拆除所有40毫米、20毫米机炮,改为4座"密集阵"近程防御武器系统和8挺12.7毫米机枪。

"艾奥瓦"级战列舰的舰艉两侧分别安装一台弹射器,搭载3架水上侦察机。在1984年的改装中,原来的水上飞机起重机及停放支架被拆除,换装无人机弹射器以装备5架以色

列生产的"先锋"无人机。此外，还新增直升机起降平台，可停放 4 架直升机。

"艾奥瓦"级战列舰三联装主炮

2.4　转投新主的巡洋舰

　　二战是人类历史上空前的一场战争，无论是战场之广阔、战斗的规模之大，都是一战所无法比拟的。二战中的海战场，是决定战争胜负的重要战场，遍及大西洋、地中海、印度洋和太平洋。海战中，海军各型舰艇及舰载武器都已趋向完善和成熟，雷达、声呐、火箭等先进技术使战舰"如虎添翼"，航空母舰取代战列舰走上了海洋"霸主"地位，给海战带来了崭新变化，沿袭了 200 多年的战舰在视距内对垒互射大炮的传统战法宣告终结，舰载航空兵给舰艇带来了极大威胁。巡洋舰重新"择主而从"，开始了为航空母舰警戒护航的历程。

"北安普敦"级巡洋舰

原产国：美国

入役时间：1930 年

满载排水量：11830 吨

　　"北安普敦"级巡洋舰是美国于 20 世纪 30 年代建造的重型巡洋舰，共建造了 6 艘。该级舰是"彭萨科拉"级重型巡洋舰的改进型，两者的主要区别是主炮。由于安装在"彭萨科拉"级巡洋舰的 4 座 203 毫米炮塔过重，于是"北安普敦"级巡洋舰减少了 1 座，装有 3 座三联装 203 毫米炮塔，火力上并不比"彭萨科拉"级巡洋舰差很多。"北安普敦"级原计划装备鱼雷发射管，但后来开工时被撤销。

"约克"级巡洋舰
原产国：英国
入役时间：1930 年
满载排水量：10350 吨

"约克"级巡洋舰是英国于 20 世纪 20 年代建造的重型巡洋舰，共建造了 2 艘。受《华盛顿条约》限制的"约克"级巡洋舰实际上是一级"缩水"的重型巡洋舰。全舰装甲最厚处只有 121 毫米，不仅如此，这样的主装甲带还不覆盖全舰，只覆盖了锅炉舱和动力舱等重要部位，约占全舰面积的三分之一。为了减少建造经费并保证舰队中巡洋舰的数量，"约克"级巡洋舰仅装有 3 座双联装 203 毫米炮塔，而非一般重型巡洋舰的 4 座。除主炮外，该级舰还装有 4 门 102 毫米副炮（后改为 8 门）和 6 座 533 毫米鱼雷发射管（1938 年拆除），防空武器为 8 门 40 毫米高炮、10 门 20 毫米高炮。

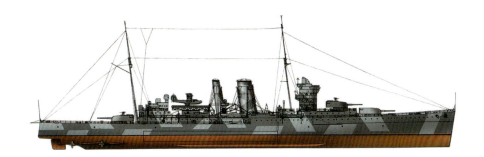

"絮弗伦"级巡洋舰
原产国：法国
入役时间：1930 年
满载排水量：12780 吨

"絮弗伦"级是法国于 20 世纪 20 年代开始建造的重型巡洋舰，共建造了 4 艘，在 1930 年至 1947 年服役。"絮弗伦"级巡洋舰吸取了法国第一种条约型重型巡洋舰"迪凯纳"级装甲薄弱的缺点，进行了加强。舰上的主要武器包括：4 座 1924 年式双联装 203 毫米炮塔，8 门 1924 年式 75 毫米单管高炮（"絮弗伦"号），1 座 1926 年式双联装 90 毫米高炮（"迪普莱科斯"号、"福煦"号、"科尔贝尔"号为单管），8 门 1925 年式 37 毫米单管炮（"絮弗伦"号，其余各舰为 6 门），16 挺 13.2 毫米机关枪（"迪普莱科斯"号），2 座三联装 550 毫米鱼雷发射管。此外，该级舰还可搭载 2～3 架水上侦察机。

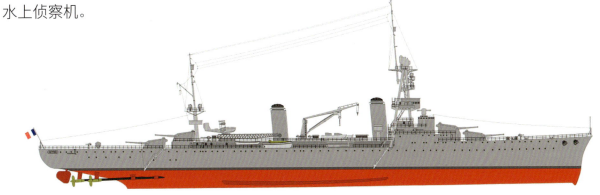

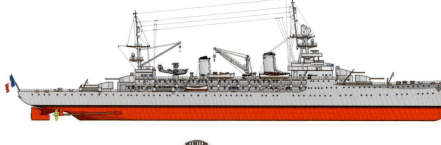

"圣女贞德"号巡洋舰

原产国：法国	
入役时间：1931 年	
满载排水量：8960 吨	

"圣女贞德"号巡洋舰是法国于 20 世纪 30 年代建造的轻型巡洋舰，其舰体长度为 170 米，宽度为 17.7 米，吃水深度为 6.5 米，最大航行速度为 25 节，续航距离为 5000 海里（14.5 节航速）。舰上有 728 名舰员，主要舰载武器为 4 座双联装 155 毫米舰炮、4 门 75 毫米高射炮、11 门 37 毫米高射炮和 12 挺 13.2 毫米机枪等。

"莱比锡"级巡洋舰

原产国：德国	
入役时间：1931 年	
满载排水量：8260 吨	

"莱比锡"级巡洋舰是德国于 20 世纪 30 年代建造的轻型巡洋舰，共建造了 2 艘。该级舰的舰体长度为 181.3 米，宽度为 16.3 米，吃水深度为 5.74 米，最大航行速度为 32 节，续航距离为 3900 海里（10 节航速）。舰上有 673 名舰员，主要舰载武器为 3 座三联装 150 毫米舰炮、8 门 88 毫米舰炮、8 门 37 毫米舰炮、8 门 20 毫米机炮和 12 座 533 毫米鱼雷发射管等。

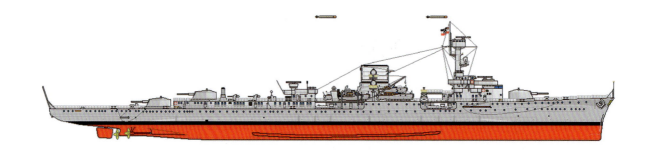

"波特兰"级巡洋舰

原产国：美国

入役时间：1932 年

满载排水量：13750 吨

"波特兰"级巡洋舰是美国于 20 世纪 30 年代建造的重型巡洋舰，共建造了 2 艘。该级舰的设计思路符合当时美国海军的重型巡洋舰思路：负责在战列舰部队前方侦察敌方动向，并挫败敌方袭击部队对主力舰队的干扰。"波特兰"级巡洋舰安装 3 座三联装 203 毫米主炮，拥有比"北安普顿"级巡洋舰更强的装甲防护，因此更加适合任务需要，两舰在二战太平洋战场上均发挥了巨大作用。

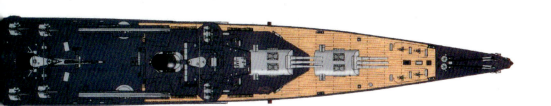

"红色高加索"号巡洋舰

原产国：苏联

入役时间：1932 年

满载排水量：9030 吨

"红色高加索"号巡洋舰是苏联海军第一艘重型巡洋舰，其前身"拉扎列夫海军上将"号原本是一战前设计的预定用于波罗的海和黑海作战的近岸巡洋舰。"红色高加索"号巡洋舰是在当时的历史条件和指导方针影响下的产物，是一艘临时应急的实验舰，与西方同类军舰相比，在吨位、火力、机动力方面都相去甚远，防御水平也稍显不足。二战期间，该舰没有机会参与海上对抗，也没有能力对制海权的争夺产生足够的影响，只是充当武装运输舰和对岸火力支援的角色。

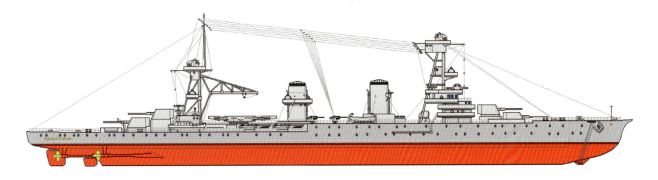

"高雄"级巡洋舰

原产国：日本

入役时间：1932年

满载排水量：15490吨

"高雄"级巡洋舰是日本于20世纪30年代建造的重型巡洋舰，共建造了4艘。该级舰的舰体长度为203.8米，宽度为20.4米，吃水深度为6.3米，最大航行速度为35.5节，续航距离为8500海里。舰上有900名舰员，主要舰载武器为5座双联装203毫米舰炮、4门120毫米舰炮、2门40毫米高射炮和4座四联装610毫米鱼雷发射管等。

"利安德"级巡洋舰

原产国：英国

入役时间：1933年

满载排水量：9900吨

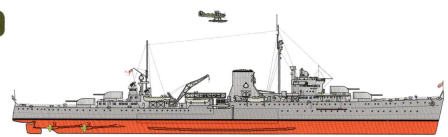

"利安德"级巡洋舰是英国于20世纪30年代建造的轻型巡洋舰，共建造了8艘。该级舰的舰体长度为169.1米，宽度为17.1米，吃水深度为5.8米，最大航行速度为32.5节，续航距离为5730海里（13节航速）。舰上有570名舰员，主要舰载武器为4座双联装152毫米舰炮、4门102毫米舰炮、3座四联装12.7毫米防空机枪和2座四联装533毫米鱼雷发射管等。

"德国"级巡洋舰

原产国：德国

入役时间：1933 年

满载排水量：14520 吨

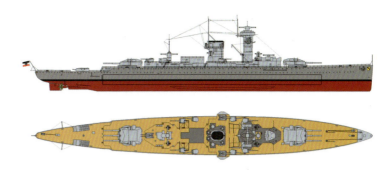

"德国"级巡洋舰是德国于 20 世纪 30 年代建造的巡洋舰，共建造了 3 艘。该级舰是德国为符合《凡尔赛条约》限制而设计，最初命名为"装甲舰"，英国海军则称其为"口袋战列舰"。二战爆发后，德国由于不再受条约限制，遂将其重新划分为巡洋舰。该级舰的舰体长度为 186 米，宽度为 20.69 米，吃水深度为 7.25 米，最大航行速度为 26 节，续航距离为 10000 海里（20 节航速）。舰上有 619 名舰员，主要舰载武器为 2 座三联装 280 毫米舰炮、8 门 150 毫米舰炮、3 门 88 毫米舰炮和 2 座四联装 533 毫米鱼雷发射管等。

"新奥尔良"级巡洋舰

原产国：美国

入役时间：1934 年

满载排水量：12663 吨

"新奥尔良"级巡洋舰是美国于 20 世纪 30 年代建造的重型巡洋舰，共建造了 7 艘。该级舰是美国批量建造的最后一级条约型巡洋舰，也是所有条约型巡洋舰中性能较优异的一级。"新奥尔良"级巡洋舰是"北安普敦"级巡洋舰的改进型，修正了后者所存在的问题，主要区别是增加重要部位的装甲厚度，能够抵挡巡洋舰主炮的轰击。此外，弹药库被安置在吃水线以上，虽然这样可以保障弹药库免遭水下武器攻击，但会受到大型水面舰艇的攻击。

"阿尔及利亚"号巡洋舰

原产国：法国	
入役时间：1934 年	
满载排水量：13641 吨	

"阿尔及利亚"号巡洋舰是法国于 20 世纪 30 年代建造的重型巡洋舰，其舰体长度为 186.2 米，宽度为 20 米，吃水深度为 6.15 米，最大航行速度为 31 节，续航距离为 8700 海里（15 节航速）。舰上有 748 名舰员，主要舰载武器为 4 座双联装 203 毫米舰炮、6 座双联装 100 毫米舰炮、4 座双联装 37 毫米高射炮、4 座四联装 13.2 毫米机枪和 2 座三联装 550 毫米鱼雷发射管等。

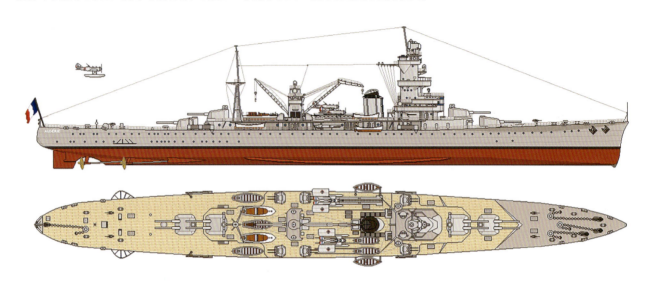

"林仙"级巡洋舰是英国于 20 世纪 30 年代建造的轻型巡洋舰，共建造了 4 艘。该级舰的舰体长度为 154 米，宽度为 16 米，吃水深度为 5 米，最大航行速度为 32 节，续航距离为 5300 海里（13 节航速）。舰上有 500 名舰员，主要舰载武器为 3 座双联装 152 毫米舰炮、4 门 102 毫米舰炮、2 座四联装 12.7 毫米机枪和 2 座三联装 533 毫米鱼雷发射管等。

"林仙"级巡洋舰

原产国：英国	
入役时间：1935 年	
满载排水量：6665 吨	

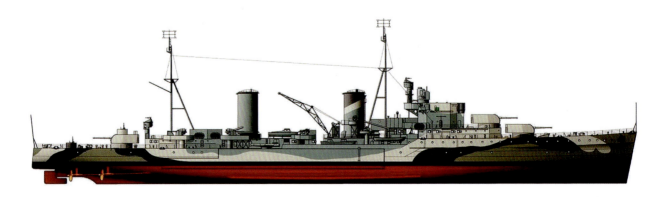

"埃米尔·贝尔坦"号巡洋舰

原产国：法国

入役时间：1935 年

满载排水量：8480 吨

"埃米尔·贝尔坦"号巡洋舰是法国于 20 世纪 30 年代建造的轻型巡洋舰，设计目的主要是在海军中担任布雷舰与向导驱逐舰的角色，其设计布局成为后来的法国轻型巡洋舰与重型巡洋舰的设计基础，而其后继舰种"拉加利索尼埃"级轻型巡洋舰所受影响尤其深远。此外，"埃米尔·贝尔坦"号巡洋舰也是首艘采用三联装主炮炮塔的法国巡洋舰，舰上共有 3 座三联装 152 毫米舰炮。

"最上"级巡洋舰是日本于 20 世纪 30 年代建造的重型巡洋舰，共建造了 4 艘。因《伦敦海军条约》规范的总吨位限制，该级舰最初采用轻型巡洋舰的名义建造，配备轻型巡洋舰的 155 毫米舰炮，也采用轻型巡洋舰的河川命名法则。直到日本退出《伦敦海军条约》后，该级舰更换回原始设计的 203 毫米舰炮，恢复重型巡洋舰标准。舰上除 5 座双联装 203 毫米舰炮外，还有 4 座双联装 127 毫米高射炮、4 座三联装 610 毫米鱼雷发射管和 4 座双联装 25 毫米高射机炮等。

"最上"级巡洋舰

原产国：日本

入役时间：1935 年

满载排水量：13670 吨

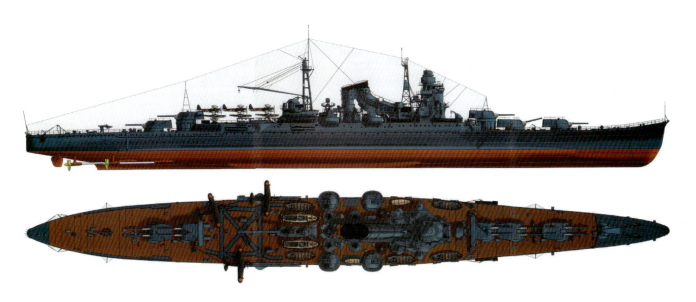

"基洛夫"级巡洋舰

原产国：苏联

入役时间：1938 年

满载排水量：9436 吨

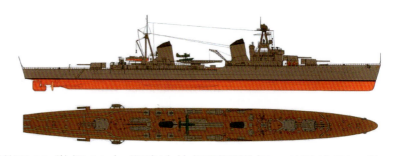

"基洛夫"级巡洋舰是苏联于 20 世纪 30 年代建造的轻型巡洋舰，共建造了 6 艘，分 3 个批次。由于后 4 艘加厚了装甲，所以也单独称为"马克西姆·高尔基"级。该级舰是苏联建国以来第一次新建的大型舰只，设计上得到了意大利安萨尔多公司的帮助。"基洛夫"级巡洋舰装备 3 座三联装 B-1-P 型 180 毫米舰炮，最大射程约 35 千米。副炮是 6 门 B-34 型 100 毫米单管舰炮，属于高平两用炮，最大射程约 16 千米。此外，舰上还装有 3 门 21K 型 45 毫米单管高射炮、5 门 70K 型 37 毫米单管高射炮和 2 座三联装 533 毫米鱼雷发射管等。

"城"级巡洋舰

原产国：英国

入役时间：1937 年

满载排水量：11350 吨

"城"级巡洋舰是英国于 20 世纪 30 年代建造的轻型巡洋舰，共建造了 10 艘。该级舰的舰体长度为 180.3 米，宽度为 19 米，吃水深度为 6.1 米，最大航行速度为 32 节，续航距离为 5300 海里（13 节航速）。舰上有 750 名舰员，主要舰载武器为 4 座三联装 152 毫米舰炮、4 座双联装 102 毫米舰炮、2 座四联装 40 毫米高射炮、8 挺 12.7 毫米机枪和 2 座三联装 533 毫米鱼雷发射管等。

"布鲁克林"级巡洋舰

原产国：美国

入役时间：1937年

满载排水量：12403吨

"布鲁克林"级巡洋舰是美国于20世纪30年代建造的轻型巡洋舰，共建造了9艘。该级舰配备美国新研制的152毫米47倍口径Mk 16型舰炮，共有5座三联装炮塔，炮塔正面装甲厚度达165毫米。副炮为8门127毫米舰炮，防空武器主要为12.7毫米机枪。舰艉装备2具弹射器和4架水上飞机，没有鱼雷发射装置。

"拉加利索尼埃"级巡洋舰

原产国：法国

入役时间：1937年

满载排水量：9120吨

"拉加利索尼埃"级巡洋舰是法国于20世纪30年代建造的轻型巡洋舰，共建造了6艘。该级舰的舰体长度为179米，宽度为17.5米，吃水深度为5.35米，最大航行速度为35节，续航距离为7000海里（12节航速）。舰上有540名舰员，主要舰载武器为3座三联装152毫米舰炮、4座双联装90毫米高射炮、6座四联装40毫米高射炮和2座双联装550毫米鱼雷发射管等。

"利根"级巡洋舰

原产国：日本

入役时间：1938 年

满载排水量：15200 吨

"利根"级巡洋舰是日本于 20 世纪 30 年代建造的重型巡洋舰，共建造了 2 艘。该级舰于太平洋战争开战前竣工，舰上能搭载 6 架水上侦察机，便于进行空中侦察。舰上的主要武器有 4 座双联装 203 毫米舰炮、4 座双联装 127 毫米高射炮、6 座双联装 25 毫米机炮、2 座双联装 13 毫米机枪和 4 座三联装 610 毫米鱼雷发射管。2 艘"利根"级巡洋舰均参加过中途岛海战、莱特湾海战等大规模的海战。

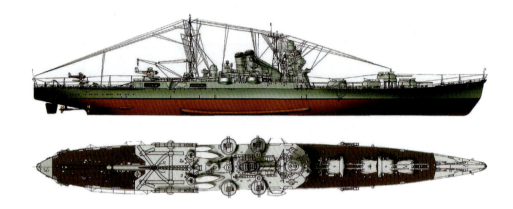

"威奇塔"号巡洋舰

原产国：美国

入役时间：1939 年

满载排水量：13224 吨

"威奇塔"号巡洋舰是美国于 20 世纪 30 年代建造的重型巡洋舰，原本是以"布鲁克林"级轻型巡洋舰第七艘的身份开工建造，但在建造过程中被美国海军选为新式重型巡洋舰的武器测试平台，其设计被修改，取消了原设计中的 5 座三联装 152 毫米炮塔，改为搭载 3 座新式三联装 203 毫米炮塔，使之成为重型巡洋舰。"威奇塔"号巡洋舰在建造与使用过程中积累的经验，成为后来"巴尔的摩"级和"得梅因"级重型巡洋舰的重要设计参考。

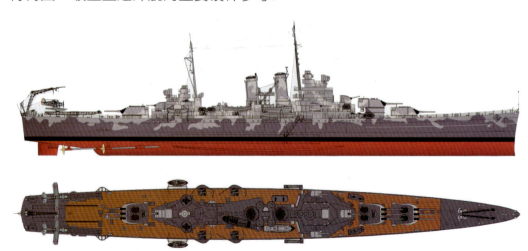

"狄多"级巡洋舰

原产国：英国

入役时间：1940年

满载排水量：7600吨

"狄多"级巡洋舰是英国在二战期间建造的轻型防空巡洋舰，共建造了16艘。最初的设计是装备10门新型133毫米Mark I高射炮担任舰队防空任务，但是由于Mark I高射炮数量的短缺，最初的3艘"狄多"级巡洋舰只装备了8门高射炮，而最后建造的第三批同级舰装备了效果相当的114毫米Mark III高射炮。大多数"狄多"级巡洋舰都有在地中海服役的经历，是由于在地中海水域空中打击是舰队面临的最大威胁。

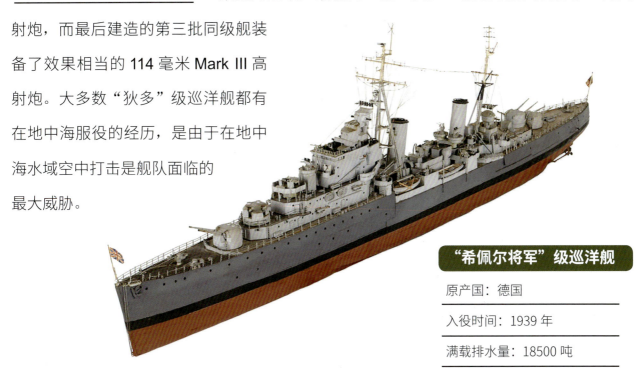

"希佩尔将军"级巡洋舰

原产国：德国

入役时间：1939年

满载排水量：18500吨

"希佩尔将军"级巡洋舰是德国于20世纪30年代建造的重型巡洋舰，共建造了3艘。该级舰装有4座双联装203毫米主炮，高射炮采用与"俾斯麦"级和"沙恩霍斯特"级战列舰同型的105毫米65倍口径高射炮，性能在当时比较先进。"希佩尔将军"级巡洋舰的防护力也达到同时期的较高水平，光学火控系统更是德国的优势。不过，动力设备不可靠的问题一直困扰着德国大型军舰，"希佩尔将军"级巡洋舰也不例外，其蒸汽轮机故障率很高，一定程度上影响了其战斗力。

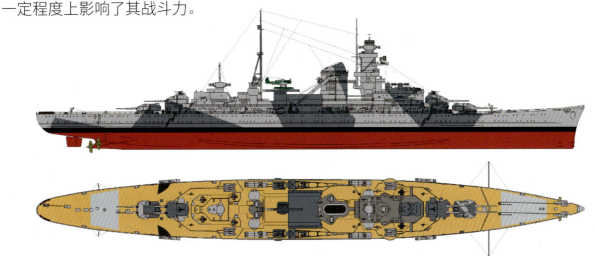

"斐济"级巡洋舰

原产国：英国

入役时间：1940年

满载排水量：10725吨

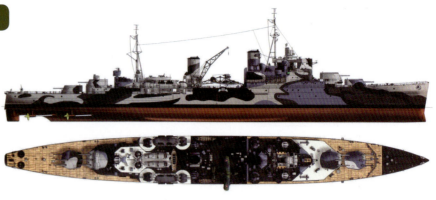

"斐济"级巡洋舰是英国在二战中建造的轻型巡洋舰，共建造了11艘。该级舰的舰体长度为169.3米，宽度为19米，吃水深度为5米，最大航行速度为31.5节，续航距离为10100海里（12节航速）。舰上有730名舰员，主要舰载武器为4座三联装152毫米舰炮、4座双联装102毫米舰炮、2座四联装40毫米高射炮和2座三联装533毫米鱼雷发射管等。

"香取"级巡洋舰

原产国：日本

入役时间：1940年

满载排水量：6279吨

"香取"级巡洋舰是日本在二战中建造的轻型巡洋舰，共建造了3艘。该级舰装备2座双联装140毫米主炮、2座双联装127毫米副炮、4门25毫米防空机炮和2座双联装533毫米鱼雷发射管，动力采用蒸汽机和柴油机混合方式，最大航速为18节。二战中，"香取"级巡洋舰多数用作训练和运输任务。

"亚特兰大"级巡洋舰

原产国：美国

入役时间：1941 年

满载排水量：7400 吨

"亚特兰大"级巡洋舰是美国在二战中建造的轻型巡洋舰，共建造了 8 艘。该级舰的主炮是 8 座双联装 127 毫米高平两用炮，其中 6 座在中轴线上，另外左右舷各 1 座。近程防空由 16 门 28 毫米机炮及 6 门 20 毫米厄利空机炮负责。为了增强对舰火力，左右舷各安装 1 座原属"西姆斯"级驱逐舰的四联装 533 毫米鱼雷发射管。由于设计时计划将其作为驱逐舰队的领舰，舰艉仍装有深水炸弹投放轨，作为必要时的反潜武器。"亚特兰大"级巡洋舰在战争初期就加入美国海军太平洋舰队，几乎参与了美军在太平洋的每一次军事行动，为太平洋战争的胜利立下了功劳。

"克利夫兰"级巡洋舰

原产国：美国

入役时间：1942 年

满载排水量：14131 吨

"克利夫兰"级巡洋舰是美国在二战中参战最多的巡洋舰，共建造了 27 艘，其中有 3 艘在二战后建成服役。二战后，"克利夫兰"级巡洋舰持续服役到 20 世纪 70 年代末期。"克利夫兰"级巡洋舰属于轻型巡洋舰，使用了先进的独立防水隔舱，因而在对鱼雷、水平的防护方面比较优秀，再加上火力强大，因此该级舰经常作为快速航母编队的成员参加战斗。该级舰装有 4 座三联装 Mk 16 型 152 毫米舰炮、6 座双联装 Mk 12 型 127 毫米舰炮、12 门 40 毫米博福斯高射炮和 20 门 20 毫米厄利空机炮。

"巴尔的摩"级巡洋舰

原产国：美国

入役时间：1943 年

满载排水量：17000 吨

"巴尔的摩"级巡洋舰是美国在二战中建造的重型巡洋舰，共建造了 14 艘。该级舰装有 3 座三联装 203 毫米主炮（2 座向前，1 座向后）、6 座双联装 127 毫米副炮、48 门 40 毫米博福斯高射炮和 24 门 20 毫米厄利空机炮，并可搭载 4 架 OS2U "翠鸟"水上侦察机。"巴尔的摩"级巡洋舰的舰体庞大、火力较强，其防空能力仅次于美国当时的快速战列舰，因此"巴尔的摩"级巡洋舰服役后，经常执行快速航母舰队的护航任务。二战期间，"巴尔的摩"级巡洋舰的损失极小，仅"堪培拉"号在 1945 年被一枚条航空鱼雷命中而受损。二战后，部分"巴尔的摩"级巡洋舰被改装为导弹巡洋舰，可发射"狻犬"防空导弹。

"阿贺野"级巡洋舰

原产国：日本

入役时间：1942 年

满载排水量：7590 吨

"阿贺野"级巡洋舰是日本在二战中建造的轻型巡洋舰，共建造了 4 艘。该级舰的舰体长度为 174 米，宽度为 15.2 米，吃水深度为 5.6 米，最大航行速度为 35 节，续航距离为 8000 海里（18 节航速）。舰上有 730 名舰员，主要舰载武器为 3 座双联装 152 毫米舰炮、2 座双联装 76 毫米舰炮、2 座三联装 25 毫米机炮、2 座双联装 13.2 毫米机枪和 2 座四联装 610 毫米鱼雷发射管等。

"大淀"号巡洋舰

原产国：日本

入役时间：1943 年

满载排水量：11616 吨

"大淀"号巡洋舰是日本在二战中建造的轻型巡洋舰，在构造上极具特点，因其是一艘潜水战队的旗舰，拥有旗舰的舰桥设施、高耸的桅杆，通信能力和搜索能力较强。舰上没有搭载鱼雷武器，主炮也是从"最上"级轻型巡洋舰上淘汰下来的三联装 155 毫米主炮，只装备了 2 座（"最上"级有 5 座），而且全都配备在舰艏，因为舰艉必须安装完善的水上飞机起降设备。

"阿拉斯加"级巡洋舰

原产国：美国

入役时间：1944 年

满载排水量：34803 吨

"阿拉斯加"级巡洋舰是美国在二战中建造的大型巡洋舰，共建造了 2 艘。该级舰的设计介于新型战列舰与条约型重型巡洋舰之间，配备 3 座三联装 305 毫米主炮。其造价比美国海军的"巴尔的摩"级重型巡洋舰高出近一倍，相当于"艾奥瓦"级战列舰造价的 70%。有限的用途、昂贵的造价决定了"阿拉斯加"级巡洋舰战后的命运，注定是一种特定条件下带有很强实验性色彩的军舰。

"弥诺陶洛斯"级巡洋舰

原产国:英国

入役时间:1944年

满载排水量:11130吨

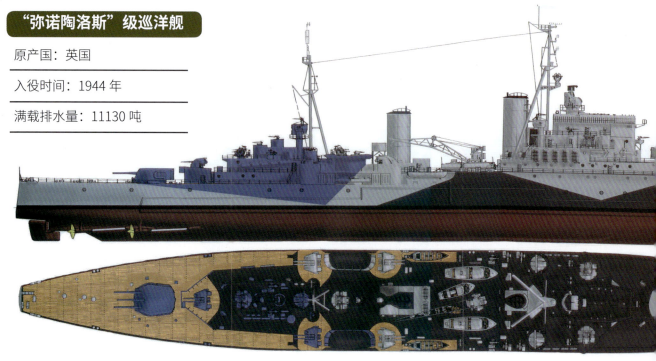

"弥诺陶洛斯"级巡洋舰是英国在二战中建造的轻型巡洋舰,共建造了3艘。该级舰的舰体长度为169.3米,宽度为19米,吃水深度为5.26米,最大航行速度为31.5节,续航距离为8000海里(16节航速)。舰上有867名舰员,主要舰载武器为3座三联装152.4毫米舰炮、5座双联装102毫米舰炮、4座双联装40毫米高射炮、6门单装40毫米高射炮和2座三联装533毫米鱼雷发射管等。

"法戈"级巡洋舰是美国在二战中建造的轻型巡洋舰,共建造了2艘。该级舰是"克利夫兰"级轻型巡洋舰的改进型,主要的区别是上层建筑更紧凑,将2个烟囱合并成一个烟囱,同时也降低了"克利夫兰"级巡洋舰航行时的不稳定性,特别是让它不会出现危险的倾斜。"法戈"级巡洋舰的主炮塔位置降低约0.3米,位于两侧的副炮塔则降低到与甲板相同的高度,放置40毫米防空武器的支架也被降低。

"法戈"级巡洋舰

原产国:美国

入役时间:1945年

满载排水量:14696吨

"朱诺"级巡洋舰

原产国：美国

入役时间：1946年

满载排水量：8450吨

"朱诺"级巡洋舰是美国在二战末期开始建造的轻型巡洋舰，由"亚特兰大"级巡洋舰改进而来，共建造了3艘。该级舰与"亚特兰大"级巡洋舰配置了相同的高平两用主炮，同时加大了防空副炮配置比例。为了减轻船体重量，增加稳定性，去掉了反潜用的深水炸弹和鱼雷发射管。此外，还改装了上层结构。

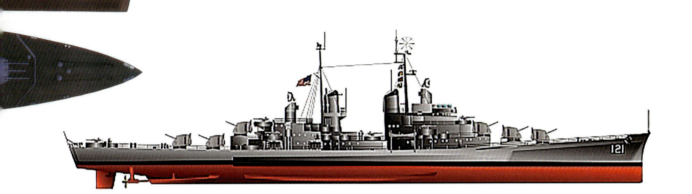

"俄勒冈城"级巡洋舰

原产国：美国

入役时间：1946年

满载排水量：16500吨

"俄勒冈城"级巡洋舰是美国在"巴尔的摩"级巡洋舰基础上改进而来的重型巡洋舰，共有10艘"巴尔的摩"级巡洋舰的舰体移作"俄勒冈城"级建造，但只建成4艘，均在二战后完工。在舰体设计上，"俄勒冈城"级巡洋舰沿用了"巴尔的摩"级巡洋舰的设计，两者极为相似，但"俄勒冈城"级巡洋舰的设计更为紧凑，去掉了后烟囱。"俄勒冈城"级巡洋舰的主炮为3座三联装203毫米炮，副炮为6座双联装Mk 12型127毫米高平两用炮，另外还有48门40毫米博福斯高射炮和20门20毫米厄利空机炮。

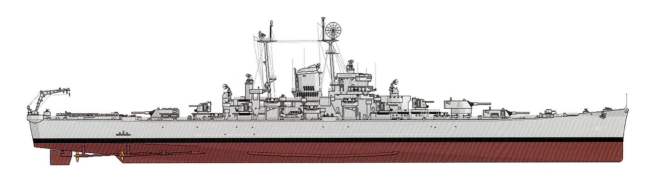

"德梅因"级巡洋舰

原产国：	美国
入役时间：	1948年
满载排水量：	21268吨

"德梅因"级巡洋舰是美国最后一级火炮巡洋舰，原计划建造12艘，但因为日本迅速失败，美军造舰计划大幅调整，最后只有3艘完工，且全部在二战后才服役。"德梅因"级巡洋舰安装了美国新研制的Mk 16型203毫米速射舰炮，以提高巡洋舰在狭窄海域内的使用效能。Mk 16型舰炮是美国海军第一种采用自动装弹机的舰炮，火炮俯仰和旋转都是电力驱动，可以在任意角度装弹。"德梅因"级巡洋舰共装有9门Mk 16型舰炮，分别安装在3个三联装炮塔内。该级舰的副炮采用美军制式Mk 12型127毫米38倍口径高平两用炮，全舰共装备6座双联装炮塔和4部Mk 37型射击指挥仪。此外，舰上还装有24门76毫米防空炮和12门20毫米厄利空机炮。

"伍斯特"级巡洋舰

原产国：	美国
入役时间：	1948年
满载排水量：	17997吨

"伍斯特"级巡洋舰是美国在二战末期开始建造的轻型巡洋舰，共建造了2艘。该级舰装备12门152毫米高平两用炮，为了能跟随设计中的"中途岛"级大型航空母舰作战，最高航速达到33节，远远超越了同样装备有12门152毫米舰炮的"克利夫兰"级轻型巡洋舰，略低于有"最后的重型巡洋舰"之称的"德梅因"级。"伍斯特"级巡洋舰服役期间主要在地中海活动，偶尔开赴太平洋。

2.5 更大更强的驱逐舰

1930年签订的《伦敦海军条约》一度对缔约国——美国、英国、日本的驱逐舰排水量做出限制：排水量不超过1850吨，主炮口径不超过5.1英寸（130毫米）。1936年《伦敦海军条约》到期，各国海军开始建造比以前更大、武备更强的驱逐舰，排水量接近或超过2000吨。英国的"部族"级驱逐舰，美国的"本森"级驱逐舰，日本的"阳炎"级驱逐舰，是这一时期驱逐舰的典型代表。虽然驱逐舰担负的任务日益广泛，但是集群攻击仍然是这些以鱼雷、火炮为主要武器的驱逐舰的主要任务。

二战中，驱逐舰成为名副其实的"海上多面手"，没有任何一种海军战斗舰艇用途比驱逐舰更加广泛。战争期间，由于飞机已经成为重要的海上突击力量，驱逐舰装备了大量中小口径高射炮担当舰队防空警戒和雷达哨舰的任务，还出现了特别加强防空火力的驱逐舰，例如日本的"秋月"级驱逐舰，英国的"战斗"级驱逐舰。战争期间的严重损耗使得驱逐舰被大量建造，例如美国"弗莱彻"级驱逐舰建造了175艘。

"鹰"级驱逐舰

原产国：法国

入役时间：1932年

满载排水量：3140吨

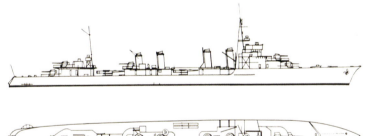

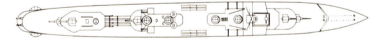

"鹰"级驱逐舰是法国于20世纪30年代建造的大型驱逐舰，共建造了6艘。该级舰的舰体长度为128.5米，宽度为11.8米，吃水深度为4.4米，最大航行速度为36节，续航距离为3650海里（18节航速）。舰上有227名舰员，主要舰载武器为5门138毫米舰炮、1门75毫米高射炮、4门37毫米高射炮和2座三联装550毫米鱼雷发射管和2条深水炸弹投放轨等。

"沃克兰"级驱逐舰

原产国：法国

入役时间：1933年

满载排水量：3120吨

"沃克兰"级驱逐舰是法国于20世纪30年代建造的大型驱逐舰，共建造了6艘。该级舰的舰体长度为129.3米，宽度为11.8米，吃水深度为4.97米，最大航行速度为36节，续航距离为3000海里（14节航速）。舰上有236名舰员，主要舰载武器为5门138毫米舰炮、4门37毫米高射炮、2座双联装13.2毫米防空机枪、1座三联装550毫米鱼雷发射管和2座双联装550毫米鱼雷发射管等。

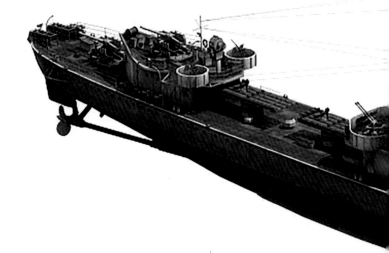

"初春"级驱逐舰

原产国：日本

入役时间：1933年

满载排水量：1683吨

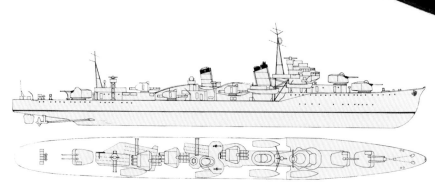

"初春"级驱逐舰是日本于20世纪30年代建造的驱逐舰，共建造了6艘。该级舰是日本继"吹雪"级驱逐舰之后的主力驱逐舰，但排水量受《伦敦海军条约》限制，在舰体上搭载了相对较重的武器，重心过高导致复原性不足，友鹤事件发生后，日本调查发现"初春"级驱逐舰存在设计不良的问题，所以在建造了6艘后紧急中止。该级舰完工时的舰载武器为2座双联装127毫米舰炮、1门单装127毫米舰炮、2门40毫米机炮和3座三连装610毫米鱼雷发射管。

"白露"级驱逐舰

原产国：日本

入役时间：1933 年

满载排水量：2294 吨

"白露"级驱逐舰是日本于 20 世纪 30 年代建造的驱逐舰，共建造了 10 艘。该级舰的舰体长度为 109.6 米，宽度为 9.9 米，吃水深度为 3.5 米，最大航行速度为 34 节，续航距离为 4000 海里（18 节航速）。舰上有 180 名舰员，主要舰载武器为 2 座双联装 127 毫米舰炮、1 门单装 127 毫米舰炮、2 挺 13 毫米机枪和 2 座四联装 610 毫米鱼雷发射管等。

"法拉格特"级驱逐舰

原产国：美国

入役时间：1934 年

满载排水量：1700 吨

"法拉格特"级驱逐舰是美国海军于 20 世纪 30 年代建造的驱逐舰，8 艘同级舰中有 3 艘在二战中沉没，另外 5 艘在战后退役拆毁。该级舰舰次采用大型箱式舰岛，在驱逐舰发展史上具有重要意义。舰上安装了 5 座单装 127 毫米主炮，其中舰艉的两门主炮安装在装甲炮塔里，其余主炮只有单面装甲保护。其他武器还有 2 座四联装 533 毫米鱼雷发射管、4 门深水炸弹发射炮和 2 个深水炸弹投掷槽等。该级舰服役时没有安装防空机炮和反潜武器，直到 1938 年才开始加装。

"马汉"级驱逐舰

原产国：美国

入役时间：1936 年

满载排水量：2137 吨

"马汉"级驱逐舰是美国于 20 世纪 30 年代建造的驱逐舰，共建造了 18 艘。该级舰的主炮为 4 门 127 毫米单管炮，其中 A、B 主炮有炮塔，X、Y 主炮无炮塔。舰上的鱼雷武器较强，装有 3 座四联装 533 毫米鱼雷发射管。"马汉"级驱逐舰还配备了 4 挺 12.7 毫米机枪，用作近距离防空武器。此外，该级舰还设有 2 条深水炸弹投放轨，用于对付敌方潜艇。

"拉墨尔波墨涅"级驱逐舰

原产国：法国

入役时间：1936 年

满载排水量：834 吨

"拉墨尔波墨涅"级驱逐舰是法国于 20 世纪 30 年代建造的驱逐舰，共建造了 12 艘。该级舰的舰体长度为 81 米，宽度为 10.5 米，吃水深度为 2.65 米，最大航行速度为 34.5 节。舰上有 102 名舰员，主要舰载武器为 2 门 100 毫米舰炮、2 门 37 毫米高射炮、2 挺 13.2 毫米机枪和 3 座 550 毫米鱼雷发射管等。

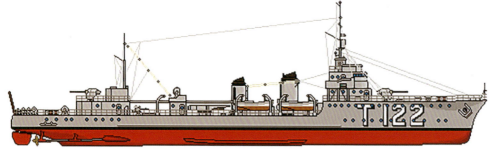

"波特"级驱逐舰

原产国：美国

入役时间：1936 年

满载排水量：2663 吨

"波特"级驱逐舰是美国于 20 世纪 30 年代建造的驱逐舰，共建造了 8 艘。该级舰装有 4 座双联装 127 毫米高平两用炮（皆为封闭式的 Mk 22 型，舰艏、舰艉各 2 座），并搭配 2 座四联装 28 毫米防空机炮、2 座四联装 533 毫米鱼雷发射管和 2 条深水炸弹投放轨（备弹 14 枚）。二战中，原来的 28 毫米机炮换为 3 座四联装 40 毫米博福斯高射炮和 2 座三联装 20 毫米厄利空机炮，防空火力大幅加强。此外，"波特"级驱逐舰还是当时美国海军唯一载有备用鱼雷的驱逐舰。

"空想"级驱逐舰

原产国：法国

入役时间：1935 年

满载排水量：3417 吨

"空想"级驱逐舰是法国于 20 世纪 30 年代建造的驱逐舰，共建造了 6 艘。该级舰的排水量、武器和航速等都比同时期其他国家的驱逐舰更强，除了续航能力和装甲防护力颇为薄弱外，其他性能几乎和轻型巡洋舰不相上下，因此这种法国独有的舰种往往被称为超级驱逐舰、大型驱逐舰。该级舰的主要武器为 5 门 138.6 毫米 45 倍口径单装炮、2 门 37 毫米 M33 防空机炮、3 座三联装 550 毫米鱼雷发射管和 4 挺 13.2 毫米机枪。

"格里德利"级驱逐舰

原产国：美国

入役时间：1937年

满载排水量：2219吨

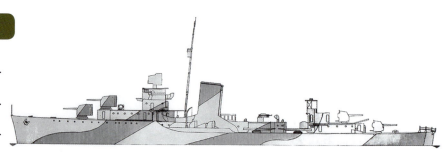

"格里德利"级是美国于20世纪30年代中后期建造的高速鱼雷驱逐舰，共建造了4艘。该级舰是在"马汉"级驱逐舰的基础上改进而来，在试航时创下42.8节的航速纪录。"格里德利"级驱逐舰装有4门127毫米主炮、4门20毫米高射炮和4座四联装533毫米鱼雷发射管。太平洋战争期间，"格里德利"级驱逐舰一直在一线作战并且无一战沉，取得了不小的战绩。

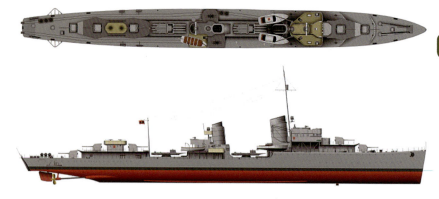

1934年型驱逐舰

原产国：德国

入役时间：1937年

满载排水量：3207吨

1934年型驱逐舰是德国于20世纪30年代建造的驱逐舰，共建造了4艘。该级舰的舰体长度为119米，宽度为11.31米，吃水深度为4.23米，最大航行速度为36节，续航距离为1530海里（19节航速）。舰上有325名舰员，主要舰载武器为5门127毫米舰炮、4门37毫米高射炮、6门20毫米防空机炮、2座四联装533毫米鱼雷发射管和4条深水炸弹投放轨。

"萨默斯"级驱逐舰

原产国：美国

入役时间：1937年

满载排水量：2767吨

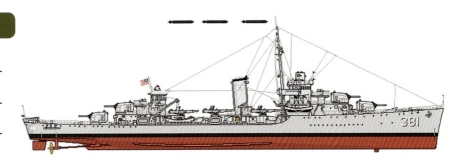

"萨默斯"级驱逐舰是美国于20世纪30年代建造的驱逐舰，共建造了5艘。该级舰是"波特"级驱逐舰的改进型，主炮为4座双联装127毫米舰炮。为了减轻重量，主炮仅能平射，防空火力由12.7毫米机枪和22毫米高射炮补足。进入二战后，为了加强防空火力，所有"萨默斯"级驱逐舰都将第三炮塔拆除，改装40毫米高射炮。部分舰只后来将主炮改装为高平两用，将第一和第四炮塔改为与"基林"级驱逐舰相同的双联装炮塔，第三炮塔改为与"弗莱彻"级驱逐舰相同的单装式，第二炮塔被拆除，改为40毫米高射炮及20毫米厄利空机炮。

"巴格利"级驱逐舰

原产国：美国

入役时间：1937年

满载排水量：2245吨

"巴格利"级驱逐舰是美国于20世纪30年代建造的驱逐舰，共建造了8艘。该级舰的基本设计依照"格里德利"级驱逐舰，但使用"马汉"级驱逐舰的轮机系统，因此航速略有下降。主炮是4门127毫米单装高平两用炮，前2座是炮塔设计，后2座是开放式。舰上有4座四联装鱼雷发射管，左右舷各2座。二战期间，加装了1座双联装40毫米高射炮。

1936 年型驱逐舰

原产国：德国

入役时间：1938 年

满载排水量：3470 吨

1936 年型驱逐舰是德国于 20 世纪 30 年代建造的驱逐舰，共建造了 6 艘。该级舰的舰体长度为 125.1 米，宽度为 11.75 米，吃水深度为 4.5 米，最大航行速度为 36 节，续航距离为 2050 海里（19 节航速）。舰上有 323 名舰员，主要舰载武器为 5 门 127 毫米舰炮、2 座双联装 37 毫米高射炮、6 门 20 毫米防空机炮和 2 座四联装 533 毫米鱼雷发射管等。

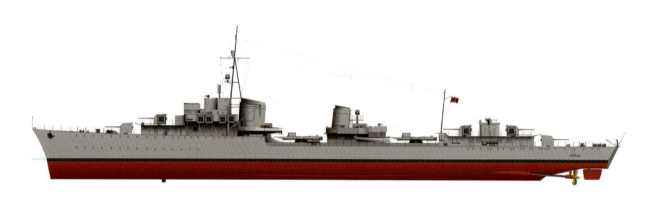

"愤怒"级驱逐舰

原产国：苏联

入役时间：1938 年

满载排水量：2400 吨

"愤怒"级驱逐舰是苏联于 20 世纪 30 年代建造的驱逐舰，共建造了 28 艘。舰上的武器包括 4 门 130 毫米舰炮、2 门 76.2 毫米高射炮、2 门 45 毫米高射炮、2 座三联装 533 毫米鱼雷发射管、2 挺 12.7 毫米高射机枪和 2 座深水炸弹投放器等。"愤怒"级驱逐舰在服役初期就暴露出了舰只在高速航行中震动严重的技术缺陷，且该级舰没有分舱布置锅炉与发动机，一旦遭遇打击就会非常危险。

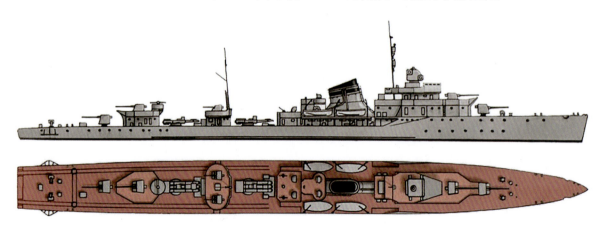

"贝纳姆"级驱逐舰

原产国：美国

入役时间：1939年

满载排水量：2250吨

"贝纳姆"级驱逐舰是美国于20世纪30年代建造的驱逐舰，共建造了10艘。该级舰的整体设计依照"格里德利"级以及"巴格利"级驱逐舰，锅炉型号与"巴格利"级相同，但是提升了蒸汽压，因此数量减少了一座。主炮是4门127毫米高平两用炮，前2门是炮塔设计，后2门是开放式设计。舰上有4座四联装鱼雷发射管，左右舷各2座。1942年，在太平洋战场服役的"贝纳姆"级驱逐舰加装了20毫米机炮以及雷达；次年，又加装了40毫米高射炮。

"西姆斯"级驱逐舰

原产国：美国

入役时间：1939年

满载排水量：2293吨

"西姆斯"级驱逐舰是美国于20世纪30年代建造的驱逐舰，共建造了12艘。该级舰延续"贝纳姆"级驱逐舰的设计，仍为单轮机室、单烟囱，但是舰体长度增加，并首次安装Mk 37射控系统，安装于舰体内部的Mk 1射控计算机提供即时瞄准计算弹道功能。主炮为5门127毫米高平两用炮，最初安装3座四联装鱼雷发射管，但服役后因舰体重心过高，于是拆除了1座鱼雷发射管。

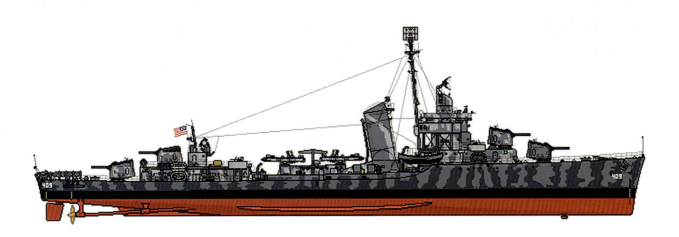

"朝潮"级驱逐舰

原产国:	日本
入役时间:	1939 年
满载排水量:	2635 吨

"朝潮"级驱逐舰是日本于 20 世纪 30 年代建造的驱逐舰，共建造了 10 艘。该级舰的大小与"吹雪"级驱逐舰相近，但该级舰的排水量较大，这是因为增强了舰体强度。3 座双联装 127 毫米主炮的配置也和"吹雪"级驱逐舰相同，鱼雷发射管则延续"白露"级驱逐舰的 2 座四联装设计。"朝潮"级驱逐舰的舰内电力系统采用交流电，可从陆上直接供应电源。

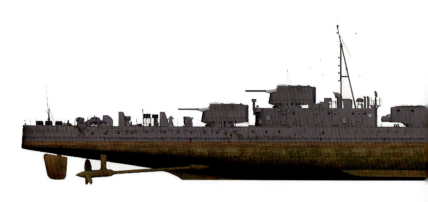

"阳炎"级驱逐舰

原产国:	日本
入役时间:	1939 年
满载排水量:	2752 吨

"阳炎"级驱逐舰是日本于 20 世纪 30 年代建造的驱逐舰，共建造了 19 艘。该级舰的武器包括 3 座双联装三年式 C 型 127 毫米舰炮、2 座双联装 25 毫米高射炮、2 座四联装 610 毫米鱼雷发射管，最初还配有 1 条深水炸弹投放轨、6 条布雷轨道和扫雷具等装备。1942 年至 1943 年，大部分"阳炎"级驱逐舰拆除舰艉主炮塔，25 毫米高射炮增至 14 门，舰艉的布雷轨道与扫雷具被移除，改为 4 条深水炸弹投放轨。1944 年，25 毫米高射炮增至 28 门，另外加装 4 挺 12.7 毫米高射机枪。

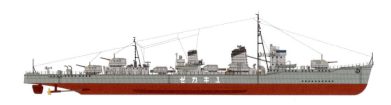

"本森"级驱逐舰

原产国：美国

入役时间：1940 年

满载排水量：2474 吨

"本森"级驱逐舰是美国在二战中建造的驱逐舰，共建造了 30 艘。该级舰是"西姆斯"级驱逐舰的改进型，最大的改变是从单烟囱改为双烟囱。"本森"级驱逐舰装有 5 座 127 毫米高平两用炮，防空武器为 2 座双联装 40 毫米博福斯高射炮和 7 门 20 毫米厄利空机炮，反舰武器为 2 座五联装 533 毫米鱼雷发射管，反潜武器为 12 枚深水炸弹。

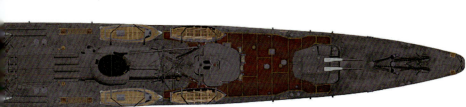

"格里维斯"级驱逐舰

原产国：美国

入役时间：1940 年

满载排水量：2395 吨

"格里维斯"级驱逐舰是美国在二战中建造的驱逐舰，共建造了 66 艘。该级舰的基本设计与"本森"级驱逐舰相同，唯一区别是该级舰是由多家造船厂承建，使用海军标准的轮机系统，而"本森"级驱逐舰使用的则是造船厂自己选择的轮机系统。舰载武器方面，与"本森"级驱逐舰相同。二战中，"格里维斯"级驱逐舰共损失 13 艘。

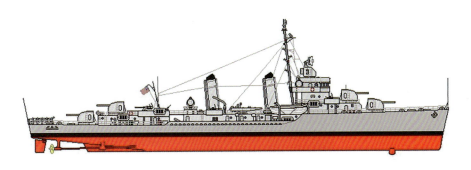

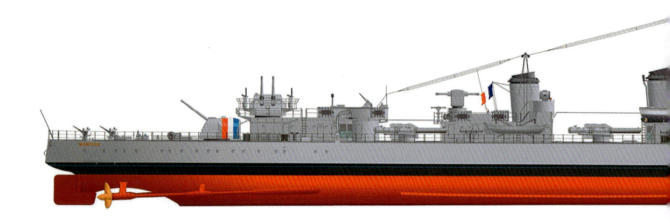

"勇敢"级驱逐舰

原产国：法国	
入役时间：1940 年	
满载排水量：2577 吨	

"勇敢"级驱逐舰是法国于20世纪30年代建造的驱逐舰，共建造了7艘。该级舰的舰体长度为117.2米，宽度为11.1米，吃水深度为3.8米，最大航行速度为37节，续航距离为3100海里（10节航速）。舰上有187名舰员，主要舰载武器为3座双联装130毫米舰炮、1座双联装37毫米高射炮、2座双联装13.2毫米机枪、1座三联装550毫米鱼雷发射管和2座双联装550毫米鱼雷发射管等。

"弗莱彻"级驱逐舰是二战中后期美国海军的主力驱逐舰，也是二战中美国最著名的驱逐舰。二战结束后，幸存的"弗莱彻"级驱逐舰被改装，部分舰只重新定级为护航驱逐舰（DDE）和雷达哨驱逐舰（DDR）。"弗莱彻"级驱逐舰装有5门127毫米高平两用炮，担负打击水面舰艇和远距离空中目标的双重任务。该级舰的中近程防空武器为3座双联装40毫米博福斯高射炮、7～10座单管20毫米厄利空机炮。此外，"弗莱彻"级驱逐舰还装有1～2座五联装533毫米鱼雷发射管，作为反舰武器。

"弗莱彻"级驱逐舰

原产国：美国	
入役时间：1941 年	
满载排水量：2500 吨	

Chapter 2　二战前后

"夕云"级驱逐舰

原产国：日本

入役时间：1941年

满载排水量：2520吨

"夕云"级驱逐舰是日本在二战中建造的驱逐舰，共建造了19艘。该级舰是"阳炎"级驱逐舰的改进型，更改了推进器设计，但由于舰体长度增加，航速提升有限。主炮从平射专用的C型更换为最大仰角75度的D型，舰桥相应配备用于对空射击的测距仪，然而因127毫米舰炮在仰角75度时无法填装弹药，必须降下炮管，从而影响连续射击效率，暴露出已落后于时代发展的问题。

"秋月"级驱逐舰

原产国：日本

入役时间：1942年

满载排水量：3759吨

"秋月"级驱逐舰是日本在二战中建造的驱逐舰，共建造了12艘。该级舰完工时成为日本联合舰队最大、最好的防空驱逐舰，在1942年6月中途岛海战后投入使用，是首先配备雷达的日本军舰之一。"秋月"级驱逐舰生产技术复杂、生产速度缓慢，二战结束前日本只生产了12艘，无法扭转美军舰载机在数量方面的优势。在战争中，有6艘"秋月"级驱逐舰被击沉。

"岛风"级驱逐舰

原产国：日本

入役时间：1943年

满载排水量：3400吨

"岛风"级驱逐舰是日本在二战中建造的驱逐舰，其预计于1941年通过，注重高速以及强大的鱼雷攻击能力。不过在太平洋战争开始以后，日本海军对舰战术变更，使用鱼雷攻击的可能性大大降低，加上生产复杂，因此原计划建造的16艘最后只建造了首舰"岛风"号。该舰有267名舰员，主要舰载武器为3座双联装127毫米舰炮、2座双联装25毫米防空机炮、1座双联装13毫米机枪和3座五联装610毫米鱼雷发射管。

"艾伦·M.萨姆纳"级驱逐舰是美国在二战时期建造的驱逐舰，由"弗莱彻"级驱逐舰增大而来。该级舰原计划建造70艘，其中有12艘在建造过程中改为快速布雷舰，还有3艘是在二战后才完工的。"艾伦·M.萨姆纳"级驱逐舰的主炮为3座Mk 32双联装127毫米高平两用炮，防空武器为2座四联装40毫米博福斯高射炮、2座双联装40毫米博福斯高射炮和11门单管20毫米厄利空机炮，反潜武器为2座深水炸弹投掷槽和4～6座刺猬弹发射器。此外，还装有2座五联装533毫米鱼雷发射管（部分舰只减少为1座）。20世纪60年代初，有33艘"艾伦·M.萨姆纳"级驱逐舰进行了现代化改装，可搭载反潜直升机。

"艾伦·M.萨姆纳"级驱逐舰

原产国：美国

入役时间：1943年

满载排水量：3515吨

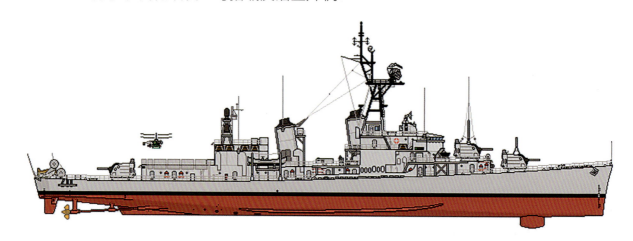

"战斗"级驱逐舰

原产国：英国

入役时间：1944 年

满载排水量：3430 吨

"战斗"级驱逐舰是英国在二战中建造的驱逐舰，共建造了 26 艘。该级舰开了防空型驱逐舰发展的先河，在现代海军装备发展史上有着独特的地位和意义。"战斗"级驱逐舰外形美观大方，是英国海军第一批装备稳定鳍的舰艇，航行时十分平稳，并具有良好的操纵性能。作为防空型舰艇，"战斗"级驱逐舰的武器以防空火炮为主，包括 4 门 114 毫米速射炮、1 门 100 毫米高平两用炮、8 门 40 毫米博福斯高射炮和 6 门 20 毫米厄利空防空机炮等。除火炮外，还安装有 2 座四联装鱼雷发射管。

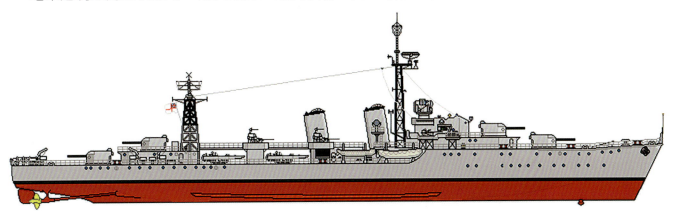

"松"级驱逐舰

原产国：日本

入役时间：1944 年

满载排水量：1530 吨

"松"级驱逐舰是日本在二战中建造的驱逐舰，共建造了 18 艘。该级舰的舰体长度为 100 米，宽度为 9.35 米，吃水深度为 3.3 米，最大航行速度为 27.8 节，续航距离为 3500 海里（18 节航速）。舰上有 211 名舰员，主要舰载武器为 1 座双联装 127 毫米舰炮、1 门单装 127 毫米舰炮、4 座三联装 25 毫米防空机炮、12 门单装 25 毫米防空机炮、1 座四联装 610 毫米鱼雷发射管。

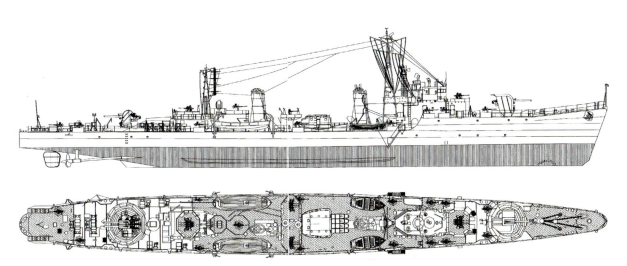

"基林"级驱逐舰

原产国：美国

入役时间：1945年

满载排水量：3460吨

"基林"级驱逐舰是美国于20世纪40年代中后期建造的驱逐舰，原计划建造156艘，最终在1944年至1945年建成了98艘，大部分赶在二战结束前完工，但未能参加实战。"基林"级驱逐舰比"艾伦·M.萨姆纳"级驱逐舰的尺寸略大，最初装有3座Mk 32双联装127毫米高平两用炮和2座五联装533毫米鱼雷发射管，防空武器为2座四联装40毫米博福斯机炮、2座双联装40毫米博福斯机炮和11座单管20毫米厄利空机炮。20世纪50年代，"基林"级驱逐舰的三号舰"基阿特"号重新定级为导弹驱逐舰，成为美国海军第一艘导弹驱逐舰。改装后的"基阿特"号的主要武器为4～5座双联装127毫米火炮，导弹发射装置安装在原先舰艉127毫米主炮的炮座位置上。

"兵器"级驱逐舰

原产国：英国

入役时间：1947年

满载排水量：2825吨

"兵器"级驱逐舰是英国于1944年开始建造的驱逐舰，原计划建造20艘，但由于战争的结束，仅有4艘完工，后来经过现代化改装，但并不彻底，均于20世纪60年代退役。该级舰是一种防空、反潜武器并重，并能在较小的船厂建造的驱逐舰。由于采用两个独立锅炉的设计，"兵器"级驱逐舰再次回到了双烟囱的造型，这是自1936年"部族"级驱逐舰之后的第一回。

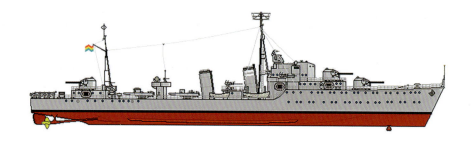

传奇舰船鉴赏："部族"级驱逐舰

基本参数	
满载排水量	2560 吨
船体长度	115 米
船体宽度	11.13 米
吃水深度	3.43 米
最大航速	36 节
续航距离	5700 海里

"部族"级驱逐舰是二战中英国海军最著名的一级驱逐舰，其设计目的是对抗其他国家的大型驱逐舰。

研发历程

20世纪30年代，英国海军发现其舰队驱逐舰标准已经落后于其他国家正在建造或已经服役的新型驱逐舰。日本的"吹雪"级、法国的"空想"级和美国的"波特"级驱逐舰都拥有更多更强的火炮和鱼雷，在拥有高速的同时排水量为1750～2500吨。1934年下半年，新型驱逐舰的设计开始摆上台面，要求拥有更强力的武装以应付水面战斗。英国海军要求新型驱逐舰执行的任务包括："巡逻，追击，包抄，对驱逐舰中队的近距离支援，与巡洋舰共同执行侦察和护航任务。"而根据以上任务制定的设计要求包括：5座双联装低仰角的4.7英寸（120毫米）火炮；良好的通信和指挥能力；最高航速35节；15节航速下要有5500海里的续航力；一座轻型的鱼雷发射管，用于在低能见度和夜间进行攻击；根据《伦敦海军条约》的限制，标准排水量为1850吨。

改为博物馆舰的"部族"级驱逐舰

1935年11月，英国海军部批准了最后的设计方案，其中标准排水量1959吨，最大航速36节，编制舰员190人。以往英国海军建造的驱逐舰，每一级都造一艘尺寸、排水量较大，装备不同武器的舰只作为驱逐领舰,而"部族"级驱逐舰取消了这个做法,领舰与其余舰只在尺寸、排水量和武备上无任何差别,仅在舰员编制上有所不同。二战期间,英国海军装备了16艘"部族"级驱逐舰。此外,澳大利亚海军装备了3艘,加拿大海军装备了8艘。

"部族"级驱逐舰螺旋桨

整体构造

"部族"级驱逐舰的设计师科尔认为,一艘漂亮的军舰会提高舰员的自豪感,所以设计过程中特别考虑了"部族"级驱逐舰的外形。得益于此,"部族"级驱逐舰被认为是二战时期英国外形最美观的一级驱逐舰。该级舰最初计划采用直线型前倾艏,后来改为飞剪型舰艏,目的是减少海浪对舰艏火炮的影响。

作战性能

"部族"级驱逐舰的动力装置是3座海军型三锅筒式锅炉,分装在三个锅炉舱中。锅炉舱之后隔着一重防水隔壁的是机舱,2座帕森斯齿轮传动式蒸汽轮机能够为两轴螺旋桨提供33000千瓦的功率,使军舰达到计划的36节最大航速,在最恶劣的海况下也能达到32.5节左右。燃油搭载量为520吨,提供的续航力为15节速度航行5700海里。"部族"级驱逐舰的动力装置相当可靠,能够长时间维持高速行驶,但由于锅炉蒸汽温度和压力较低,和其他国家的新型驱逐舰比起来,其功率和经济性仍然较差。

"部族"级驱逐舰装有4座双联装102毫米舰炮、1座四联装40毫米高射炮、2座四联装12.7毫米防空机枪、1座四联装533毫米鱼雷发射管和2座深水炸弹投放轨。当战争后期英国拥有足够的雷达提供时,"部族"级驱逐舰也装备了雷达。

"部族"级驱逐舰的防空武器

2.6 默默发展的护卫舰

护卫舰是一种古老的舰种，早在 16 世纪时，人们就把一种三桅武装帆船称为护卫舰。初期的护卫舰排水量为 240～400 吨。第一次工业革命后，西方各国在非洲、亚洲、美洲、大洋洲各地获得了为数众多的殖民地，为保护自身殖民地的安全，西方各国建造了一批排水量较小，适合在殖民地近海活动，用于警戒、巡逻和保护己方商船的中小型舰只，这也是护卫舰的前身之一。

20 世纪初日俄战争后，俄国建造了世界上第一批专用护卫舰。最初的护卫舰排水量小（400～600 吨），火力弱，抗风浪性差，航速低，只适合在近海活动，这时期的护卫舰，虽然已经是海军的战斗舰艇，但还是更加类似海上巡逻舰。

一战时，由于德国潜艇肆虐海上，对协约国舰艇和商船的威胁极大，为了保护海上交通线的安全，协约国一方开始大量建造护卫舰，用于反潜和护航。新的护卫舰吨位、火力、续航性等方面都有了提高，主要装备中小口径火炮、鱼雷和深水炸弹。当时最大的护卫舰的排水量已达 1000 吨、航速达 16 节，具有一定的远洋作战的能力。这个时期的护卫舰，基本明确了自己的作战任务和使命，找到了在海军中的定位，已经有了现代护卫舰的基本功能。

到了二战时期，具有现代护卫舰特征的舰艇主要有两类：一类是欧洲国家所称的护卫舰，另一类是美国所称的护航驱逐舰。二战期间，德国潜艇故技重演，采用"狼群战术"打击同盟国的舰船，飞机对舰队和运输船队的威胁也越来越大，这就使护卫舰的需求量更大，其担负的任务也更加多样化。作为对应策略，根据美英两国协议，美国向英国提供 50 艘旧驱逐舰用于应急护航，同时开始建造新的护航驱逐舰，这标志着现代护卫舰的诞生。著名的护航驱逐舰有英国的"狩猎"级，美国的"埃瓦茨"级、"巴克利"级和"拉德罗"级等。

典型的护航驱逐舰标准排水量约 1500 吨，航速提高到 18～30 节，主要装备 76～127 毫米舰炮或高平两用炮，多门 25～40 毫米机炮用于近程防空，备有数十枚深水炸弹，可以执行防空、反潜、护航等任务。这些舰只的作战任务已经和当代护卫舰相差无几。

"狩猎"级护航驱逐舰

原产国：英国

入役时间：1940 年

满载排水量：1360 吨（Ⅰ型）

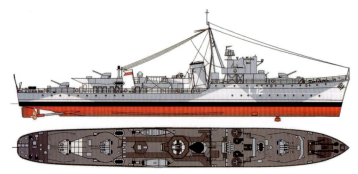

"狩猎"级护航驱逐舰是英国在二战中建造的护航驱逐舰，共建造了 86 艘。1939 年，第一批"狩猎"级护航驱逐舰开建，其首舰上层建筑过于沉重，不得不削减了 1 座双联装 102 毫米主炮和 1 座三联装 533 毫米鱼雷发射管。第一批的缺点很快在第二批建造中得到纠正，它们吨位较小，武器系统也比较简单，因而造价和建造周期也大为缩短。这些驱逐舰在防空作战中非常有效，但由于未装鱼雷发射管，在第二次锡尔特湾海战中，这些驱逐舰无法对付意大利舰队。为此，第三批安装 2 座 533 毫米鱼雷发射管，取代 1 座双联装 102 毫米主炮。第四批则采用较宽的船型，从而增加了续航力、减少了横摇，但最大航速却下降了。

"花"级护卫舰

原产国：英国

入役时间：1940 年

满载排水量：1170 吨

"花"级护卫舰是英国在二战中建造的轻型护卫舰，分为原型（225 艘）与改进型（69 艘），共建造了 294 艘。原型为短艏楼，里面是舰员居住舱，艏楼与开放式舰桥之间的井甲板上立着主桅杆，厨房在艉部，这种布局十分奇特。改进型为长艏楼，一直延伸到烟囱后面，舰桥前方有 1 门 102 毫米舰炮，舰桥后方是主桅，紧接着是动力舱伸出的单烟囱，后方架设防空机炮平台，上面安装 1 门 40 毫米防空机炮。舰桥上左右两侧各有 1 门 20 毫米厄利空机炮。此外，舰上还装有反潜迫击炮和深水炸弹投射器等。

"江河"级护卫舰

原产国：英国

入役时间：1942 年

满载排水量：1860 吨

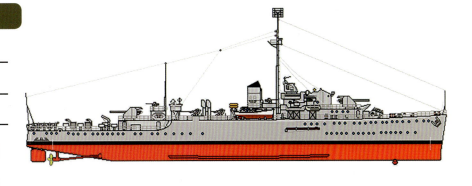

"江河"级护卫舰是英国在二战中建造的护卫舰，共建造了 151 艘，英国海军、澳大利亚海军、加拿大海军、荷兰海军、美国海军均有装备。尽管该级舰的武器较为简陋，但造价较低、实用性较强，而且机械动力性能出众，可以执行远程护航任务，大西洋海战后期成为同盟国主力护航航空母舰之一，同时也是真正意义上的护卫舰。整场战争期间，"江河"级护卫舰击沉了近 30 艘德国潜艇，可谓战功累累，而且损失极小（仅 8 艘被德国潜艇击沉），一度被同盟国海员称为"海上守护神"。

"城堡"级护卫舰

原产国：英国

入役时间：1943 年

满载排水量：1630 吨

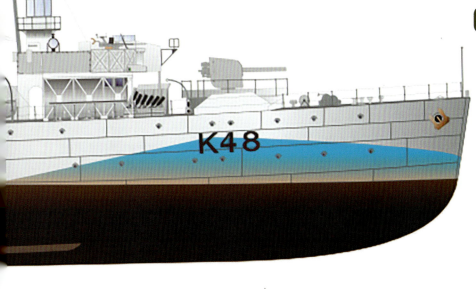

"城堡"级护卫舰是英国在二战中建造的轻型护卫舰，由"花"级轻型护卫舰改进而来，共建造了 44 艘。该级舰用桁架桅取代了"花"级护卫舰的单杆桅，舰部更宽。由于排水量大幅增加但没有更换动力装置，所以"城堡"级护卫舰的动力严重不足。"城堡"级护卫舰的主要舰载武器为 1 门 102 毫米舰炮、1 座三联装反潜迫击炮、1 条深水炸弹投放轨和 2 座双联装 20 毫米厄利空机炮。

"埃瓦茨"级护航驱逐舰

原产国：美国

入役时间：1943年

满载排水量：1360吨

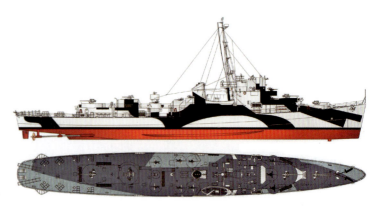

"埃瓦茨"级护航驱逐舰是美国在二战中建造的护航驱逐舰，共建造了97艘。该级舰是美国第一种护航驱逐舰，其舰体长度为88.2米，宽度为10.7米，吃水深度为2.7米，最大航行速度为19节，续航距离为5000海里（15节航速）。舰上装有3门76毫米舰炮和7门20毫米厄利空机炮。由于蒸汽轮机供不应求，因此"埃瓦茨"级护航驱逐舰以柴油机为动力。

"巴克利"级护航驱逐舰

原产国：美国

入役时间：1943年

满载排水量：1740吨

"巴克利"级护航驱逐舰是美国在二战中建造的护航驱逐舰，共建造了148艘。该级舰的舰体长度为93.3米，宽度为11.1米，吃水深度为3.4米，最大航行速度为24节，续航距离为5500海里（15节航速）。舰上装有3门76毫米舰炮、4门28毫米防空机炮、8门20毫米厄利空机炮和3座533毫米鱼雷发射管等。

"坎农"级护航驱逐舰

原产国：美国

入役时间：1943 年

满载排水量：1620 吨

"坎农"级护航驱逐舰是美国在二战中建造的护航驱逐舰，共建造了 72 艘。该级舰的舰体长度为 93.3 米，宽度为 11 米，吃水深度为 3.5 米，最大航行速度为 21 节，续航距离为 10800 海里（12 节航速）。舰上有 216 名舰员，主要舰载武器为 3 门 76 毫米舰炮、1 座双联装 40 毫米高射炮、8 门 20 毫米厄利空机炮和 1 座三联装 533 毫米鱼雷发射管等。

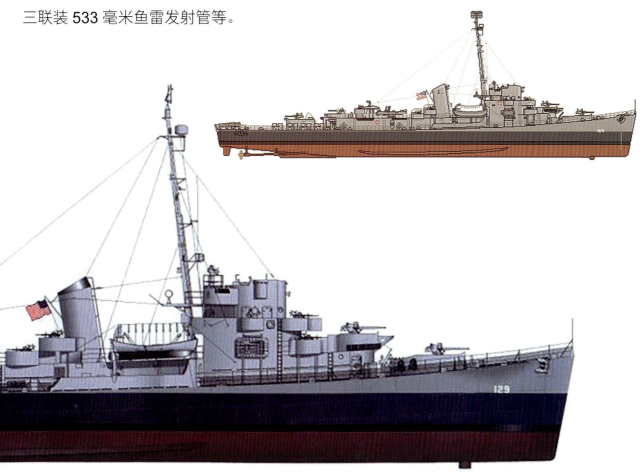

"艾德索"级护航驱逐舰是美国在二战中建造的护航驱逐舰，共建造了 85 艘。该级舰的舰体长度为 93.3 米，宽度为 11.2 米，吃水深度为 3.2 米，最大航行速度为 21 节，续航距离为 10800 海里（12 节航速）。舰上有 186 名舰员，主要舰载武器为 3 门 76 毫米舰炮、1 座双联装 40 毫米高射炮、8 门 20 毫米厄利空机炮和 1 座三联装 533 毫米鱼雷发射管等。

"艾德索"级护航驱逐舰

原产国：美国

入役时间：1943 年

满载排水量：1590 吨

"塔科马"级护卫舰

原产国：美国

入役时间：1943 年

满载排水量：2454 吨

"塔科马"级护卫舰是美国在二战中建造的护卫舰，共建造了 96 艘。该级舰的舰体长度为 92.63 米，宽度为 11.43 米，吃水深度为 4.17 米，最大航行速度为 20.3 节。舰上有 190 名舰员，主要舰载武器为 3 门 76 毫米舰炮、2 条双联装 40 毫米高射炮、9 门 20 毫米厄利空机炮和 2 条深水炸弹投放轨等。

"湖泊"级护卫舰

原产国：英国

入役时间：1944 年

满载排水量：2260 吨

"湖泊"级护卫舰是英国在二战中建造的护卫舰，共建造了 28 艘。该级舰的舰体长度为 93.8 米，宽度为 11.8 米，吃水深度为 2.7 米，最大航行速度为 20 节，续航距离为 9500 海里（12 节航速）。舰上有 114 名舰员，主要舰载武器为 1 门 102 毫米舰炮、1 座四联装 40 毫米防空机炮、2 座双联装 20 毫米厄利空机炮、2 门单装 20 毫米厄利空机炮和 2 座三联装反潜迫击炮等。

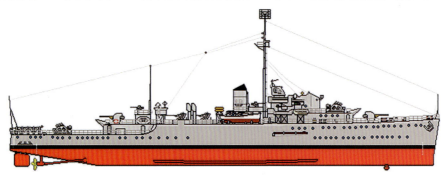

"约翰·C.巴特勒"级护航驱逐舰

原产国：美国

入役时间：1944 年

满载排水量：1773 吨

"约翰·C.巴特勒"级护航驱逐舰是美国在二战中建造的护航驱逐舰，共建造了 83 艘。该级舰的舰体长度为 93.3 米，宽度为 11.3 米，吃水深度为 4.1 米，最大航行速度为 24 节。舰上有 198 名舰员，主要舰载武器为 2 门 127 毫米舰炮、2 座双联装 40 毫米高射炮和 3 座 533 毫米鱼雷发射管等。

"拉德罗"级护航驱逐舰

原产国：美国

入役时间：1944 年

满载排水量：1740 吨

"拉德罗"级护航驱逐舰是美国在二战中建造的护航驱逐舰，共建造了 22 艘。该级舰的舰体长度为 93.3 米，宽度为 11.1 米，吃水深度为 3.4 米，最大航行速度为 24 节，续航距离为 5500 海里（15 节航速）。舰上有 213 名舰员，主要舰载武器为 2 门 127 毫米舰炮、2 座双联装 40 毫米高射炮、10 门 20 毫米厄利空机炮和 3 座 533 毫米鱼雷发射管等。

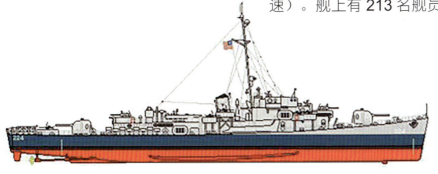

"海湾"级护卫舰

原产国：英国

入役时间：1945 年

满载排水量：2571 吨

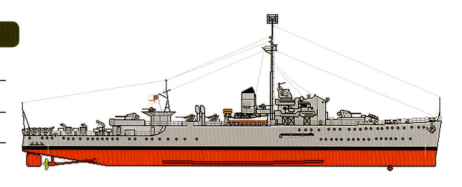

"海湾"级护卫舰是英国在二战中建造的护卫舰，共建造了 26 艘。该级舰是"湖泊"级护卫舰的姊妹型，与"湖泊"级护卫舰相比，"海湾"级护卫舰减少了反潜武器，加强了防空火力。两者在舰体设计上大同小异，仅在舰载武器上存在区别。"海湾"级护卫舰原定用于在英吉利海峡反潜与防空任务，但仅有数艘在战争结束前才入役。

2.7 纵横大洋的潜艇

一战后，各海军强国更加重视建造和发展潜艇，潜艇的种类增多，数量不断增加，到二战前夕，各海军强国共有 600 余艘潜艇。到了二战期间，潜艇战术技术性能有很大改进，排水量增加到 2000 余吨，下潜深度为 100～200 米，水下最大航速为 7～10 节，水面航速为 16～20 节，续航距离超过 10000 海里，装有 6～10 座鱼雷发射管，可携带 20 余枚鱼雷，并安装 1～2 门甲板炮。

二战期间，德国企图采用潜艇切断盟军的远洋补给，主要目标是英国的大西洋补给线。它供应英国本土食物、工业品，从美国与加拿大来的资源和武器，攸关着英国生死。德国海军运用长程无线电与本土单位传输指令，恩尼格玛密码机保障传输难以被盟军解读，再加上"狼群"战术，让潜艇变成杀伤力空前的武器。德国潜艇先部署于某些海域搜寻敌方运输队，发现时不立即攻击，而是通报其他潜艇聚拢，再如同狼群一般围攻，且基本在夜间进行。多数情况下，运输队都无法抵挡德国潜艇的攻击，尤其是规模不大的运输队。1939—1943 年，德国潜艇的"狼群"战术空前成功，击沉美英运输船只总吨位超过 800 万吨。不过到了战争后期，英国开发出空中巡逻反潜战术，同时增强水面运输舰队的护航能力，破解德国无线电加密技术，盟军猎杀德国潜艇的成功率逐渐增加，德国潜艇部队逐渐力不从心，但直到德国战败前仍然被盟军视为重大威胁。

大正时代（日本大正天皇在位的时期，1912年至1926年），日本潜艇发展迅速。因《华盛顿海军条约》与战术指导，日本潜艇走上吨位大型化的方向（舰队型潜艇）。在二战开战前，日本海军已拥有相当大的威力及种类广泛的潜艇。相对于德国的潜艇是对抗无抵抗力的勤务舰艇或是货运船只，日本的潜艇设计更强调在太平洋上与水面舰队协同运用，搜索、击沉敌方军舰。日本还研发了各种类型的潜艇，如航空潜艇、运输潜艇、水上飞机补给潜艇和微型潜艇等。然而，日本潜艇的战绩却并不如意，毕竟战斗舰只的防御力量强，航速也较快。战争后期，日本潜艇除了战斗之外，也开始进行一些岛屿间的物品运输工作。

太平洋战场上，美军潜艇部队可谓战果辉煌。潜艇部队只占了全部海军人员的2%，却共击沉了全部日军损失船只的51%。其中最大的胜利还包括由"射水鱼"号潜艇创下的潜艇击沉单舰最大吨位纪录——日本航空母舰"信浓"号。而面对这一切，日本直到战争后期才开始为商船提供护航，这也使得美国潜艇的攻击屡屡得手。

与一战相似，英国海军的潜艇在二战中仍扮演着封锁港口和保护己方港口的角色。所以英国潜艇与德国潜艇不同，它们大多运作于英伦三岛、德国、挪威以及地中海浅海区域。二战中，英国潜艇击沉了200万吨级的敌国舰艇，其中包括57艘敌国军舰。英国则损失了74艘潜艇，其中一半可能是被水雷击沉的。战争中英国潜艇创下了铭记史册的事件——英国潜艇"冒险者"号击沉2艘德国潜航潜艇，这是全世界第一次潜航潜艇击沉潜航潜艇的战例。"冒险者"号的艇员成功计算出了攻击目标的三维数据并计算出了正确的开火位置，这些算法也成为日后现代潜艇计算机和现代化鱼雷系统的计算原理。

"彩虹"级潜艇

原产国：英国

入役时间：1930年

潜航排水量：2060吨

"彩虹"级潜艇是英国于20世纪20年代后期开始建造的常规潜艇，共建造了4艘。该级艇的艇体长度为87米，宽度为9.1米，最大水上速度为17.5节，最大潜航速度为8.6节。艇上有53名艇员，主要武器为1门120毫米甲板炮和8座533毫米鱼雷发射管。

"蓝宝石"级潜艇

原产国：法国

入役时间：1930 年

潜航排水量：940 吨

"蓝宝石"级潜艇是法国于 20 世纪 20 年代中期开始建造的常规潜艇，共建造了 6 艘。该级艇的艇体长度为 66 米，宽度为 7.1 米，最大水上速度为 12 节，最大潜航速度为 9 节，最大潜深为 76 米，续航距离为 7000 海里（水上 7.5 节航速）。艇上有 42 名艇员，主要武器为 1 门 75 毫米甲板炮、2 挺 13.2 毫米机枪、2 挺 8 毫米机枪、3 座 550 毫米鱼雷发射管和 2 座 400 毫米鱼雷发射管。

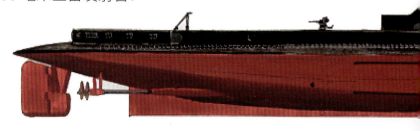

"可畏"级潜艇

原产国：法国

入役时间：1931 年

潜航排水量：2000 吨

"可畏"级潜艇是法国于 20 世纪 20 年代中期开始建造的常规潜艇，共建造了 31 艘。该级艇的艇体长度为 92.3 米，宽度为 8.2 米，最大水上速度为 20 节，最大潜航速度为 10 节，最大潜深为 80 米，续航距离为 14000 海里（水上 7 节航速）。艇上有 84 名艇员，主要武器为 1 门 100 毫米甲板炮、2 挺 13.2 毫米机枪、9 座 550 毫米鱼雷发射管和 2 座 400 毫米鱼雷发射管。

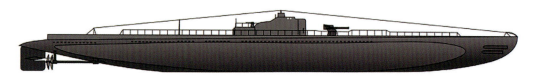

"列宁主义者"级潜艇是苏联于 20 世纪 30 年代建造的常规潜艇，也称为 L 级潜艇，共建造了 25 艘。该级艇的艇体长度为 83.3 米，宽度为 7 米，最大水上速度为 18 节，最大潜航速度为 10 节。艇上有 53 名艇员，主要武器为 1 门 100 毫米舰炮、1 门 45 毫米舰炮和 6 座 533 毫米鱼雷发射管。

"列宁主义者"级潜艇

原产国：苏联

入役时间：1931 年

潜航排水量：1416 吨

"斯古卡"级潜艇

原产国：苏联

入役时间：1932 年

潜航排水量：704 吨

"斯古卡"级潜艇是苏联于 20 世纪 30 年代建造的常规潜艇，共建造了 88 艘。该级艇的艇体长度为 57 米，宽度为 6.2 米，最大水上速度为 12.5 节，最大潜航速度为 6.3 节，最大潜深为 91 米。艇上有 38 名艇员，主要武器为 6 座 533 毫米鱼雷发射管和 2 门 45 毫米舰炮。

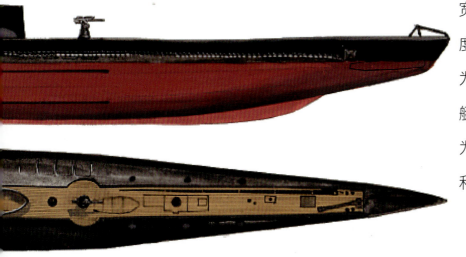

S 级潜艇

原产国：英国

入役时间：1932 年

潜航排水量：935 吨

S 级潜艇是英国于 20 世纪 30 年代建造的常规潜艇，共建造了 62 艘。首批潜艇的艇体长度为 61.72 米，宽度为 7.3 米，最大水上速度为 13.75 节，最大潜航速度为 10 节。艇上有 36 名艇员，主要武器为 1 门 76 毫米甲板炮、1 挺 7.7 毫米机枪和 6 座 533 毫米鱼雷发射管。

"河流"级潜艇

原产国：英国

入役时间：1932 年

潜航排水量：2680 吨

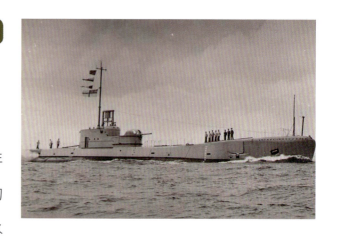

"河流"级潜艇是英国于 20 世纪 30 年代建造的常规潜艇，共建造了 3 艘。该级艇的艇体长度为 105 米，宽度为 8.61 米，最大水上速度为 22 节，最大潜航速度为 10 节。艇上有 61 名艇员，主要武器为 1 门 102 毫米甲板炮和 6 座 533 毫米鱼雷发射管。

"抹香鲸"级潜艇

原产国：美国

入役时间：1933 年

潜航排水量：1680 吨

"抹香鲸"级潜艇是美国于 20 世纪 30 年代建造的常规潜艇，共建造了 2 艘。该级艇的艇体长度为 84 米，宽度为 7.34 米，最大水上速度为 17 节，最大潜航速度为 7 节，最大潜深为 76 米。艇上有 45 名艇员，主要武器为 1 门 76 毫米甲板炮、2 挺 7.62 毫米机枪和 6 座 533 毫米鱼雷发射管。

"阿尔戈英雄"级潜艇

原产国：法国

入役时间：1932 年

潜航排水量：798 吨

"阿尔戈英雄"级潜艇是法国于 20 世纪 30 年代建造的常规潜艇，共建造了 5 艘。该级艇的艇体长度为 63.4 米，宽度为 6.4 米，最大水上速度为 14 节，最大潜航速度为 9 节，最大潜深为 80 米，续航距离为 4000 海里（水上 10 节航速）。艇上有 41 名艇员，主要武器为 1 门 75 毫米甲板炮、1 挺 8 毫米机枪、6 座 550 毫米鱼雷发射管和 2 座 400 毫米鱼雷发射管。

"虎鲸"级潜艇

原产国：英国

入役时间：1933 年

潜航排水量：2157 吨

"虎鲸"级潜艇是英国于 20 世纪 30 年代建造的常规潜艇，共建造了 6 艘。该级艇的艇体长度为 89 米，宽度为 7.77 米，最大水上速度为 15.5 节，最大潜航速度为 8.75 节。艇上有 59 名艇员，主要武器为 1 门 102 毫米甲板炮和 6 座 533 毫米鱼雷发射管。此外，还可携带 50 枚水雷。

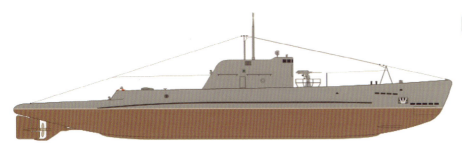

"玛留卡"级潜艇

原产国：苏联

入役时间：1933 年

潜航排水量：198 吨

"玛留卡"级潜艇是苏联于 20 世纪 30 年代建造的近岸小型常规潜艇，也称为 M 级潜艇，共建造了 141 艘，分为 4 个批次。该级艇是苏联第一次采用分段式建造的潜艇，在设计时考虑到能够比较方便地利用铁路和内河航运送往各海军舰队。该级艇的鱼雷装填方式可谓独具匠心，由于艇体很小，所以艇上并没有设计鱼雷装填口，鱼雷是在潜艇艉倾时从艇艏的 2 座 533 毫米鱼雷发射管装填。

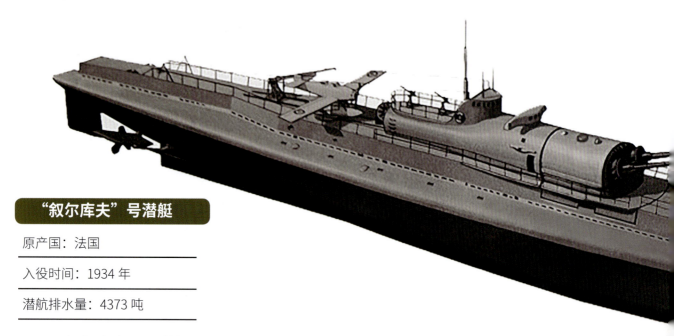

"叙尔库夫"号潜艇

原产国：法国

入役时间：1934 年

潜航排水量：4373 吨

"叙尔库夫"号潜艇是法国于 20 世纪 30 年代建造的常规潜艇，主要任务为破坏敌方的海上交通，艇上搭载拥有动力的小艇，用于运送从其他船只上被捕的船员，并可以收容 40 名俘虏。该艇的突出特征是舰桥前部的 203 毫米双联装火炮，这种火炮一般只有巡洋舰或战列舰才会搭载，其最大射程为 24000 米，有效射程为 11000 米，使用时需上浮后做炮击准备，准备时间为 2 分 30 秒。该炮并没有在实战中使用，一般认为其实用性低。除火炮外，艇上还有 8 座 550 毫米鱼雷发射管和 4 座 400 毫米鱼雷发射管。

"真理"级潜艇

原产国：苏联

入役时间：1935 年

潜航排水量：1870 吨

"真理"级潜艇是苏联于 20 世纪 30 年代建造的常规潜艇，也称为 P 级潜艇，共建造了 3 艘。该级艇的设计思想怪异，为配合地面部队行动，装备了 1 座双联装 100 毫米舰炮，被认为是最不成功的苏联潜艇。艇上除 100 毫米舰炮外，还有 1 门 45 毫米舰炮和 6 座 533 毫米鱼雷发射管等。

"鼠海豚"级潜艇

原产国：美国

入役时间：1935 年

潜航排水量：1965 吨

"鼠海豚"级潜艇是美国于 20 世纪 30 年代建造的常规潜艇，共建造了 10 艘。该级艇的艇体长度为 92 米，宽度为 7.59 米，最大水上速度为 18 节，最大潜航速度为 8 节，最大潜深为 80 米。艇上有 55 名艇员，主要武器为 1 门 76 毫米甲板炮、2 挺 12.7 毫米机枪、4 挺 7.62 毫米机枪和 6 座 533 毫米鱼雷发射管。

"密涅瓦"级潜艇

原产国：法国

入役时间：1936 年

潜航排水量：870 吨

"密涅瓦"级潜艇是法国于 20 世纪 30 年代建造的常规潜艇，共建造了 6 艘。该级艇的艇体长度为 68.1 米，宽度为 5.6 米，最大水上速度为 14.2 节，最大潜航速度为 9 节，最大潜深为 80 米，续航距离为 2000 海里（水上 10 节航速）。艇上有 42 名艇员，主要武器为 1 门 75 毫米甲板炮、2 挺 13.2 毫米机枪、6 座 550 毫米鱼雷发射管和 3 座 400 毫米鱼雷发射管。

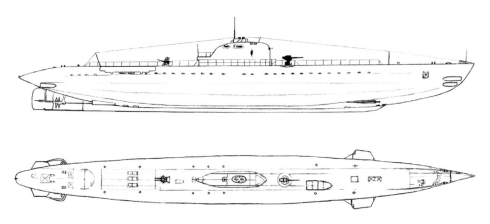

"鲑鱼"级潜艇

原产国：美国

入役时间：1937 年

潜航排水量：2233 吨

"鲑鱼"级潜艇是美国于 20 世纪 30 年代建造的常规潜艇，共建造了 6 艘。该级艇的艇体长度为 94 米，宽度为 7.96 米，最大水上速度为 21 节，最大潜航速度为 9 节，最大潜深为 76 米。艇上有 55 名艇员，主要武器为 1 门 76 毫米甲板炮、2 挺 12.7 毫米机枪、2 挺 7.62 毫米机枪和 8 座 533 毫米鱼雷发射管。

U 级潜艇

原产国：英国

入役时间：1938 年

潜航排水量：730 吨

U 级潜艇是英国于 20 世纪 30 年代建造的常规潜艇，共建造了 49 艘。该级艇的艇体长度为 58 米，宽度为 4.9 米，最大水上速度为 11.25 节，最大潜航速度为 10 节，续航距离为 4500 海里。艇上有 31 名艇员，主要武器为 1 门 76 毫米火炮和 6 座 533 毫米鱼雷发射管。

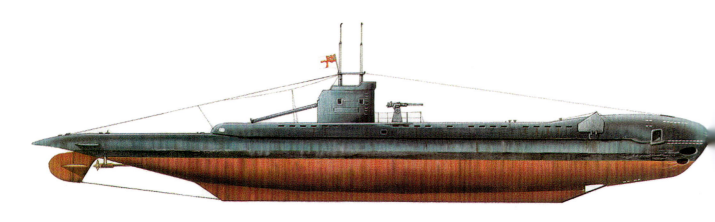

T 级潜艇	
原产国：英国	
入役时间：1938 年	
潜航排水量：1560 吨	

T 级潜艇是英国于 20 世纪 30 年代建造的常规潜艇，共建造了 53 艘。该级艇的艇体长度为 84.28 米，宽度为 7.77 米，最大水上速度为 15.5 节，最大潜航速度为 9 节，续航距离为 8000 海里。艇上有 48 名艇员，主要武器为 1 门 100 毫米甲板炮和 10 座 533 毫米鱼雷发射管。

IX 型潜艇是德国于 20 世纪 30 年代建造的常规潜艇，共建造了 194 艘。该型艇是一种远洋潜艇，与 VII 型潜艇是同时期的产品，但是 IX 型潜艇更大，耐海性更佳，续航距离也更远。IX 型潜艇在二战期间曾远征美国领海、印度洋和太平洋。与 VII 型潜艇的单艇壳相比，IX 型潜艇采用了双艇壳，其水箱全都在双壳结构之内，部分油箱也可设在外壳和压力壳之间。不过，IX 型潜艇的下潜速度比 VII 型潜艇更慢。

IX 型潜艇	
原产国：德国	
入役时间：1938 年	
潜航排水量：1152 吨	

"斯列德尼亚亚"级潜艇

原产国：苏联

入役时间：1939年

潜航排水量：1050吨

"斯列德尼亚亚"级潜艇是苏联于20世纪30年代建造的常规潜艇，也称为S级潜艇或"斯大林主义者"级潜艇，共建造了56艘。该级艇的艇体长度为77.8米，宽度为6.4米，最大水上速度为19.5节，最大潜航速度为9节，最大潜深为100米。艇上有45名艇员，主要武器为1门100毫米舰炮、1门45毫米舰炮和6座533毫米鱼雷发射管。

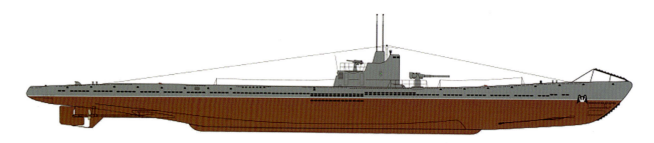

"重牙鲷"级潜艇

原产国：美国

入役时间：1939年

潜航排水量：2388吨

"重牙鲷"级潜艇是美国于20世纪30年代建造的常规潜艇，共建造了10艘。该级艇的艇体长度为94.64米，宽度为8.18米，最大水上速度为21节，最大潜航速度为8.75节，最大潜深为76米。艇上有59名艇员，主要武器为1门76毫米甲板炮、2挺12.7毫米机枪、2挺7.62毫米机枪和8座533毫米鱼雷发射管。

"极光"级潜艇

原产国：法国

入役时间：1939年

潜航排水量：1170吨

"极光"级潜艇是法国于20世纪30年代建造的常规潜艇，共建造了7艘。该级艇的艇体长度为73.5米，宽度为6.5米，最大水上速度为15节，最大潜航速度为9节，最大潜深为100米，续航距离为5600海里（水上10节航速）。艇上装有1门100毫米甲板炮、2挺13.2毫米机枪和9座550毫米鱼雷发射管。

"鼓鱼"级潜艇

原产国：美国

入役时间：1940年

潜航排水量：2410吨

"鼓鱼"级潜艇是美国在二战期间建造的常规潜艇，共建造了12艘。该级艇的艇体长度为93.62米，宽度为8.31米，最大水上速度为20.4节，最大潜航速度为8.75节，最大潜深为76米。艇上有60名艇员，主要武器为1门76毫米甲板炮和10座533毫米鱼雷发射管。

K 级潜艇

原产国：	苏联
入役时间：	1940 年
潜航排水量：	2600 吨

　　K 级潜艇是苏联在二战期间建造的常规潜艇，共建造了 12 艘。该级艇的艇体长度为 97.65 米，宽度为 7.4 米，最大水上速度为 22.5 节，最大潜航速度为 10 节，最大潜深为 70 米。艇上有 67 名艇员，主要武器为 2 门 100 毫米舰炮、2 门 45 毫米舰炮和 10 座 533 毫米鱼雷发射管。

"鲭鱼"级潜艇

原产国：	美国
入役时间：	1941 年
潜航排水量：	1209 吨

　　"鲭鱼"级潜艇是美国在二战期间建造的常规潜艇，共建造了 2 艘。该级艇的艇体长度为 74.09 米，宽度为 6.73 米，最大水上速度为 16 节，最大潜航速度为 11 节，最大潜深为 76 米。艇上有 37 名艇员，主要武器为 1 门 76 毫米甲板炮和 6 座 533 毫米鱼雷发射管。

"猫鲨"级潜艇

原产国：	美国
入役时间：	1941 年
潜航排水量：	2463 吨

　　"猫鲨"级潜艇是美国在二战期间建造的常规潜艇，共建造了 77 艘。该级艇的艇体长度为 95.05 米，宽度为 8.31 米，最大水上速度为 21 节，最大潜航速度为 9 节，最大潜深为 90 米，续航距离为 11000 海里（水上 10 节航速）。艇上有 60 名艇员，主要武器为 1 门 76 毫米甲板炮和 10 座 533 毫米鱼雷发射管。

X 型潜艇

原产国：德国

入役时间：1941 年

潜航排水量：2177 吨

X 型潜艇是德国在二战期间建造的常规潜艇，共建造了 8 艘。该型艇最初设计为远航布雷潜艇，但在战争后期也兼任了远洋运输的工作。X 型潜艇是德国建造的最大的潜艇，也因此限制了速度与机动性。其艇体长度为 89.8 米，宽度为 9.2 米，最大水上速度为 17 节，最大潜航速度为 7 节，最大潜深为 220 米。8 艘 X 型潜艇有 6 艘在战争中损失，仅 2 艘在二战后幸存。

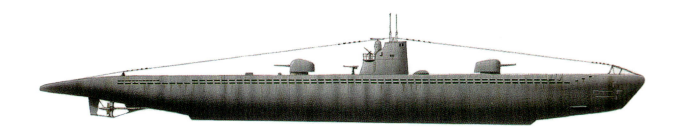

XIV 型潜艇

原产国：德国

入役时间：1941 年

潜航排水量：1932 吨

XIV 型潜艇是德国在二战期间建造的常规潜艇，共建造了 10 艘。该型艇是以 IX 型潜艇作为基础设计的运输潜艇，其艇身相对比较短粗，负责为其他德国海军潜艇补给，能一次性为 4～5 艘潜艇补给燃料，以及鱼雷和食物等补给物资，故德国海军称其为"乳牛"。

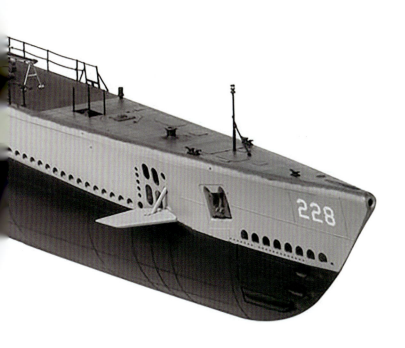

"巴劳鱥"级潜艇

原产国：美国

入役时间：1943 年

潜航排水量：2463 吨

"巴劳鱥"级潜艇是美国在二战期间建造的常规潜艇，共建造了 120 艘。该级艇的艇体长度为 95 米，宽度为 8.3 米，最大水上速度为 20.25 节，最大潜航速度为 8.75 节，最大潜深为 120 米，续航距离为 11000 海里（水上 10 节航速）。艇上有 81 名艇员，主要武器为 1 门 127 毫米甲板炮和 10 座 533 毫米鱼雷发射管。

V 级潜艇是英国在二战期间建造的常规潜艇，共建造了 22 艘。该级艇的艇体长度为 62.33 米，宽度为 4.9 米，最大水上速度为 11.25 节，最大潜航速度为 10 节。艇上有 33 名艇员，主要武器为 1 门 76 毫米火炮和 4 座 533 毫米鱼雷发射管。

V 级潜艇

原产国：英国

入役时间：1943 年

潜航排水量：740 吨

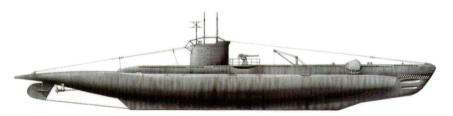

X 级潜艇

原产国：英国

入役时间：1943 年

潜航排水量：30 吨

X 级潜艇是英国在二战期间建造的小型常规潜艇，共建造了 20 艘。该级艇的艇体长度为 15.62 米，宽度为 1.75 米，最大水上速度为 6.5 节，最大潜航速度为 5.5 节，潜航深度为 91.5 米，续航距离为 500 海里。艇上有 4 名艇员，主要武器为 2 枚可拆卸炸弹（内部填装阿马托炸药）。

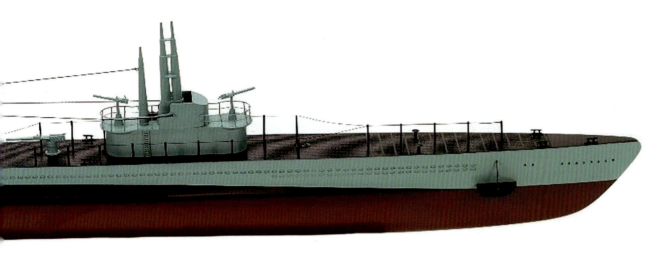

"丁鲷"级潜艇

原产国：美国

入役时间：1944 年

潜航排水量：2468 吨

"丁鲷"级潜艇是美国在二战期间建造的常规潜艇，共建造了 29 艘。该级艇的艇体长度为 95 米，宽度为 8.3 米，最大水上速度为 20.25 节，最大潜航速度为 8.75 节，最大潜深为 120 米，续航距离为 16000 海里（水上 10 节航速）。艇上有 81 名艇员，主要武器为 1 门 127 毫米甲板炮和 10 座 533 毫米鱼雷发射管。

XVII 型潜艇是德国在二战期间建造的常规潜艇，共建造了 7 艘。该型艇的艇体长度为 39.05 米，宽度为 4.5 米，最大水上速度为 9 节，最大潜航速度为 25 节，续航距离为 2910 海里（水上 8.5 节航速）。艇上有 12 名艇员，主要武器为 2 座 533 毫米鱼雷发射管，配备 4 枚鱼雷。

XVII 型潜艇

原产国：德国

入役时间：1944 年

潜航排水量：337 吨

XXI 型潜艇

原产国：德国

入役时间：1944 年

潜航排水量：1819 吨

XXI 型潜艇是德国在二战期间建造的常规潜艇，共建造了 118 艘。该型艇是世界上第一种完全为水下作战设计，而非以往为攻击和躲避水面舰攻击才下潜的潜艇，为近代潜艇的雏形。XXI 型潜艇的生产采用了与以往不同的方法，以模组化生产，将整艘潜艇分为 8 个部分，由多家造船厂负责生产，再集中到部分造船厂进行组装，生产速度大幅提升，每半年就能下水 1 艘。不过由于量产时间较晚，XXI 型潜艇对二战战况没有影响。

XXIII 型潜艇

原产国：德国

入役时间：1944 年

潜航排水量：258 吨

XXIII 型潜艇是德国在二战期间建造的常规潜艇，共建造了 63 艘。与 XXI 型潜艇用于大西洋海战作为猎杀商船主力不同，XXIII 型潜艇主要用于近海与浅水区，包括黑海、北海和地中海。XXIII 型潜艇的体积较小，因此仅能携带 2 枚鱼雷（艇外装填），然而它拥有通气管和大量电池，潜航时间和速度都优于以往的潜艇。二战后，XXIII 型潜艇和 XXI 型潜艇皆成了近代潜艇的设计雏形。

"安菲翁"级潜艇

原产国：英国

入役时间：1945 年

潜航排水量：1620 吨

"安菲翁"级潜艇是英国在二战末期建造的常规动力潜艇，也称"阿克隆"级或"冥河"级，计划建造 46 艘，实际建成 18 艘。该级艇在 1943 年至 1946 年建造完成，战后进行过现代化改装，外形上也接近战后的"奥伯龙"级。"安菲翁"级潜艇装有 10 座 533 毫米鱼雷发射管，艇艏 6 座、艇艉 4 座。此外，还有 1 门 133 毫米火炮、1 门 20 毫米机炮和 3 挺 7.7 毫米机枪，并可携带 26 枚水雷。

传奇舰船鉴赏：VII 型潜艇

基 本 参 数	
满载排水量	871 吨
船体长度	67.1 米
船体宽度	6.2 米
吃水深度	4.74 米
最大航速	17.7 节
续航距离	8500 海里

VII 型潜艇是二战期间德国海军广泛使用的潜艇，贯穿整场战争，第一艘击沉敌船的 U-30 与最后一艘被击沉的 U-320 皆属于 VII 型潜艇。

研发历程

VII 型潜艇的设计源于一战后期德国海军使用的 UB III 级潜艇，一战后由于《凡尔赛和约》限制德国不得拥有潜艇，德国军方转而资助本国造船公司在荷兰建立的空壳公司——船舶建设工程局，秘密研究新型潜艇，并以他国造船厂建造试验。在德国军方为芬兰和西班牙设计建造潜艇的过程中，产生了 VII 型潜艇的部分设计理念。这些设计除了衍生出 VII 型潜艇外，还产生了 I 型潜艇，然而后者因为政治上的考量与技术问题而停止生产。之后 I 型潜艇的设计结合到 VII 型与 IX 型潜艇上。VII 型潜艇也是历史上生产量最多的潜艇，共建造了 703 艘，还拥有许多种型号。

整体构造

VIIA 型是 VII 型潜艇的基本型，基本设计采用单壳体结构，燃油储存于耐压壳体内，能防止深水炸弹攻击导致外漏。艇身中部有主压载水舱，耐压壳体外部前后方各有 2 个副压载水舱，两侧各有 1 个储水舱，艇艉有类似一战德国潜艇的锯齿状构造。

由于 VIIA 型装载燃料的空间十分有限，VIIB 型在储水舱加装存放燃油的空间，令燃油储量从 67 吨提升至 108 吨，在以 10 节速度于水面航行时，活动半径可达 8700 海里，比 VIIA 型要长 2500 海里。水面航行速度也略有提升，达 17.2 节。除了在航程上大有改善外，方向舵也从原本的 1 个变为 2 个。

VIIC 型是德军潜艇部队的主力，也是最著名的型号。VIIC 型使用与 VIIB 型相同的引擎和动力，体积和排水量比后者稍大，除了修改乘员略嫌狭小的舰桥（令艇员难以操作机枪和担任卫兵的工作），将前望塔宽度增加了6厘米、长度增加了30厘米外，还将操纵室的空间加大，以便安装新型声音探测装置。更大的舰体也使得VIIC型的速度稍慢于VIIB型。

作战性能

VIIA型装有1门88毫米甲板炮（220发炮弹）和5座533毫米鱼雷发射管（装载11枚鱼雷），艇内可储放22枚TMA型水雷或33枚TMB型水雷。VIIA型在海平面上的航行十分灵活，紧急下潜只需要20秒即可完成。VIIA型的航程约6200海里，水面航速约16节，潜航速度为8节。

VIIB型将舰艉的鱼雷发射管改装到耐压壳体内部，可在两个方向舵之间发射。此外，还在舰艉、舰内水密舱腾出空间另外存放3枚鱼雷，变成可装载14枚鱼雷。VIIC型也与VIIB型拥有相同的鱼雷发射管配置。

改装成海军纪念馆的VIIC型潜艇

VIIC型潜艇螺旋桨

VIIC型潜艇舰桥

2.8 不容忽视的水雷战舰艇

水雷战是海战的一种样式,是用水雷作为主要武器的海战。水雷是一种布设在水中的爆炸性武器,可以由舰船的机械碰撞或由其他非接触式因素(如磁性、噪声、水压等)的作用引起爆,用于毁伤敌方舰船或阻碍其活动。水雷具有价格低廉、威力巨大、布放简便、发现和扫除困难、作用灵活的特点。

水雷战有布雷与扫雷两部分内容。主要是使用各种水面舰艇、潜艇、飞机布设水雷障碍,打击敌方布雷兵力和扫除水雷障碍等作战行动。水雷战的目的是毁伤敌方舰船,阻碍敌方军事行动,保障己方舰船的安全。

西方最早出现水雷是在 1769 年的俄土战争期间,当时俄国工兵初次尝试使用漂雷,炸毁了土耳其通向杜那依的浮桥。此后,各型水雷不断地被研制和改进,并广泛使用,在美国南北战争和 1905 年的日俄战争中,水雷战果颇佳。从此,各国更加重视水雷战,投入大量人力物力加紧研究和制造各种水雷。一战期间,双方共布设各型水雷 31 万枚,共击沉水面舰艇 148 艘,击沉潜艇 54 艘,击沉商船 586 艘,总计 122 万吨。

二战期间,水雷的使用达到高峰,各国共布设了上百万枚水雷。战争期间,出现了磁性水雷、音响水雷和水压水雷。这种水雷沉在海底,靠舰艇航行时产生的磁场、音响和水压的变化使水雷感应而爆炸,属非接触式水雷。

在水雷不断发展的同时,扫雷舰艇所使用的扫雷具也在持续进化。二战期间,英国发明了一种浮水扫雷电缆,而德国有一种浮舟式扫雷具,其基本原理都是在大面积范围内产生电磁场,以引爆磁性水雷。由于音响水雷分为中频音响水雷和低频音响水雷,因而扫雷具也有与之相对的两种。早期的音响扫雷具是一种发音弹,在距水雷 1000～2000 米距离内爆炸,以响声引爆音响水雷,称为爆发式音响扫雷具。

"狩猎"级扫雷舰

原产国：	英国
入役时间：	1918 年
满载排水量：	721 吨

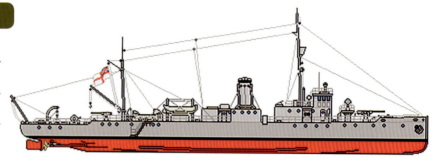

"狩猎"级扫雷舰是英国于 20 世纪初建造的扫雷舰，共建造了 88 艘。该级舰的舰体长度为 70.4 米，宽度为 8.5 米，吃水深度为 2.4 米，最大航行速度为 16 节，续航距离为 1500 海里（10 节航速）。舰上有 74 名舰员，主要舰载武器为 1 门 102 毫米舰炮、1 门 76 毫米舰炮和 2 挺 7.7 毫米机枪。

"田凫"级扫雷舰

原产国：	美国
入役时间：	1918 年
满载排水量：	1400 吨

"田凫"级扫雷舰是美国于 20 世纪初建造的扫雷舰，共建造了 49 艘。该级舰的舰体长度为 57.25 米，宽度为 10.8 米，吃水深度为 4.6 米，最大航行速度为 14 节。舰上有 75 名舰员，主要舰载武器为 2 门 76 毫米舰炮和 2 挺 7.62 毫米机枪。

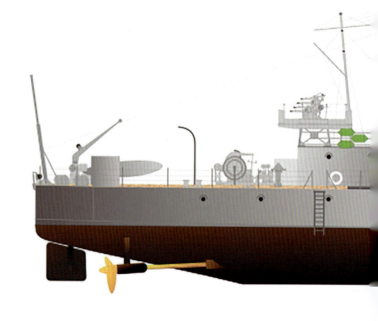

"哈尔西恩"级扫雷舰

原产国：英国	
入役时间：1934 年	
满载排水量：1370 吨	

"哈尔西恩"级扫雷舰是英国于 20 世纪 30 年代建造的扫雷舰，共建造了 21 艘。该级舰的舰体长度为 74.9 米，宽度为 10.21 米，吃水深度为 2.7 米，最大航行速度为 17 节，续航距离为 7200 海里（10 节航速）。舰上有 80 名舰员，主要舰载武器为 2 门 102 毫米舰炮和 8 挺 7.7 毫米机枪。

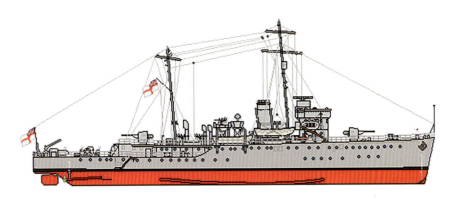

"班格尔"级扫雷舰

原产国：英国	
入役时间：1940 年	
满载排水量：615 吨	

"班格尔"级扫雷舰是英国在二战期间建造的扫雷舰，共建造了 59 艘。该级舰的舰体长度为 49.4 米，宽度为 8.5 米，吃水深度为 2.51 米，最大航行速度为 16 节。舰上有 60 名舰员，主要舰载武器为 1 门 76 毫米舰炮和 1 座四联装 12.7 毫米机枪等。

"乌鸦"级扫雷舰

原产国：美国

入役时间：1940 年

满载排水量：1040 吨

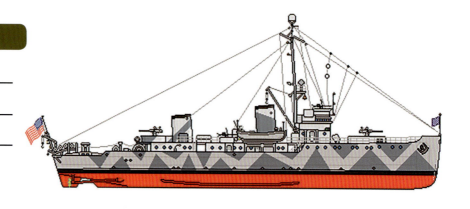

"乌鸦"级扫雷舰是美国在二战期间建造的扫雷舰，共建造了 2 艘。该级舰的舰体长度为 67.21 米，宽度为 9.8 米，吃水深度为 2.84 米，最大航行速度为 18 节。舰上有 105 名舰员，主要舰载武器为 1 门 76 毫米舰炮和 2 门 40 毫米高射炮。

"阿布迪尔"级布雷舰

原产国：英国

入役时间：1941 年

满载排水量：3475 吨

"阿布迪尔"级布雷舰是英国在二战中建造的快速布雷舰，共建造了 6 艘。该级舰设有全通布雷甲板，所装载的水雷分四列安置在甲板上。甲板上设置有交叉轨道及回转板，用以转运水雷。两舷侧设有贯通前后的布雷轨，直达舰艉两侧的水雷投放口。投放口设有滑动式舱门。为确保"阿布迪尔"级布雷舰的高速性能，舰上装有 4 台三鼓锅炉和 2 台帕森斯涡轮机，双轴推进，驱动 2 具直径 3.5 米、螺距 4.6 米的螺旋桨，最高航速可达 39.75 节。

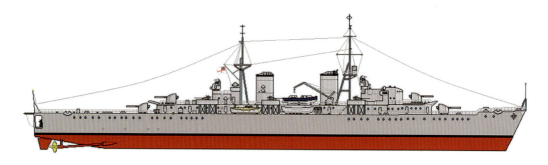

"海雀"级扫雷舰

原产国：美国

入役时间：1942 年

满载排水量：1100 吨

"海雀"级扫雷舰是美国在二战期间建造的快速扫雷舰，共建造了 95 艘，其中 20 艘根据《租借法案》移交给英国，英国海军将其命名为"凯瑟琳"级，其舷号以字母"J"开头。该级舰的舰体长度为 67.41 米，宽度为 9.75 米，吃水深度为 3.35 米，最大航行速度为 18 节。舰上有 100 名舰员，主要舰载武器为 1 门 76 毫米舰炮、2 门 40 毫米博福斯机炮、8 门 20 毫米厄利空机炮和 2 条深水炸弹投放轨。据统计，二战期间一共有 11 艘"海雀"级扫雷舰沉没，其中 6 艘是在交战中被击沉的。

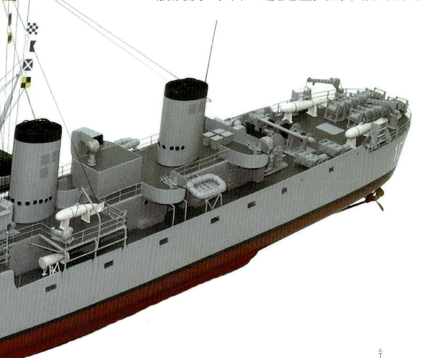

"阿尔及利亚"级布雷舰

原产国：英国

入役时间：1942 年

满载排水量：1346 吨

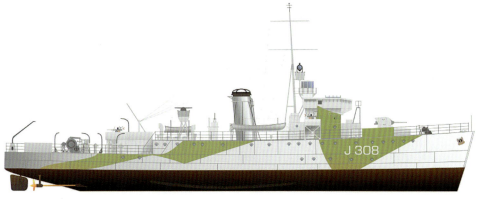

"阿尔及利亚"级布雷舰是英国在二战期间建造的布雷舰，共建造了 110 艘。该级舰的舰体长度为 69 米，宽度为 10.82 米，吃水深度为 3.73 米，最大航行速度为 16.5 节，续航距离为 5000 海里（10 节航速）。舰上有 85 名舰员，主要舰载武器为 1 门 102 毫米舰炮和 4 座双联装 20 毫米厄利空机炮等。

"可佩"级扫雷舰

原产国：美国

入役时间：1943年

满载排水量：840吨

"可佩"级扫雷舰是美国在二战期间建造的扫雷舰，共建造了123艘，主要装备美国海军和苏联海军。该级舰的舰体长度为56.24米，宽度为10米，吃水深度为3米，最大航行速度为15节。舰上有104名舰员，主要舰载武器为1门76毫米舰炮、4门40毫米博福斯高射炮和6门20毫米厄利空机炮等。

"罗伯特·H·史密斯"级布雷舰

原产国：美国

入役时间：1944年

满载排水量：3515吨

"罗伯特·H.史密斯"级布雷舰是美国在二战期间建造的快速布雷舰，共建造了12艘。该级舰原属"艾伦·M.萨姆纳"级驱逐舰，在建造过程中被改为快速布雷舰。其舰体长度为114.76米，宽度为12.45米，吃水深度为5.74米，最大航行速度为34节，续航距离为4600海里（15节航速）。舰上有363名舰员，主要舰载武器为3座双联装127毫米舰炮、12门40毫米博福斯高射炮、11门20毫米厄利空机炮等。

Chapter 3
冷战前后

　　冷战时期,导弹武器快速发展,舰船武器由传统舰炮与机载炸弹转变为高精度的导弹。美国和苏联为争夺海上霸权,在核技术实用化后开发了核动力的航空母舰、巡洋舰和潜艇,海军舰艇的航程与作战时间可以趋近于无限地延长,同时又因为双方装备了具有相互保证毁灭原则的长程核导弹而并未发生大规模的战斗。这一时期,世界各国海军舰艇走向自动化与电子化,隐身设计也大量出现,从护卫舰到巡洋舰都开始往降低雷达反射面、噪声与红外线辐射方面设计。此外,导弹的强大火力也使美国与法国构想了以此为全部武装的"武库舰"概念,用以取代航空母舰战斗群的高维护成本。

1948—1999 年

1954 年	世界上第一艘实际运作服役的核动力潜艇"鹦鹉螺"号开始服役
1955 年	美国海军首批为配合装备喷气式飞机而专门设计建造的航空母舰"福莱斯特"级开始服役
1959 年	美国海军"乔治·华盛顿"级弹道导弹核潜艇开始服役
1960 年	美国研制出内燃式弹射器,并将其安装在"企业"号航空母舰上
1961 年	美国建造的世界上第一艘核动力水面战斗舰艇——"长滩"号巡洋舰开始服役
1963 年	埃及海军两艘苏联提供的导弹艇使用反舰导弹击沉以色列"艾略特"号驱逐舰
1975 年	苏联第一种固定翼航空母舰"基辅"级开始服役
1980 年	首创"滑跃"甲板技术的英国"无敌"级航空母舰开始服役
1982 年	英国海军两艘"谢菲尔德"级驱逐舰在马岛战争中被击沉
1983 年	装备"宙斯盾"作战系统的美国海军"提康德罗加"级导弹巡洋舰开始服役
1996 年	采用 AIP 技术的瑞典"哥特兰"级潜艇开始服役

3.1 强者恒强的航空母舰

二战后，各国海军均无实力挑战美国海军的航空母舰部队，当时其航空母舰数量为世界其他国家航空母舰总和的数倍，相关科技与使用经验也最为丰富。轴心国战败与核武器的出现而促使美国将大量航空母舰封存，其中不乏新造舰只。当时世界上流行"核武器改变海军本质"的观点，认为战争将决胜于空军轰炸机投掷的核武器，花费大量成本所建立的航空母舰部队将会瞬间被消灭。除了核武器外，喷气式飞机开始普及，令舰载机体积与重量大幅增加，因此美国着手设计巨型的航空母舰，为日后"超级航空母舰"标准的前身。在此时期，受到"核武器优势论"的影响，美国海军计划运用大型航空母舰上的舰载轰炸机来投射核武器，最终研制出了"美国"号航空母舰，然而新成立的美国空军也坚持战略轰炸机的决定性，最终在会议中航空母舰方辩论失败，"美国"号计划也流产。

虽然二战后航空母舰的地位一度降到了最低点，但是20世纪50年代爆发的局部战争，大量的喷气式舰载机以其为基地投入战争，令航空母舰的重要性又受到了重新评价，也让直升机有了新的发挥空间。这个时期，英国研发了诸多航空母舰新技术——光学助降装置、蒸汽弹射器与斜角飞行甲板，成为日后大型航空母舰的典范，美国海军也结合上述技术特征建造了"福莱斯特"级航空母舰。此外，随着"鹦鹉螺"号核潜艇的核动力军舰试验的成功，美国海军也开始于航空母舰上使用核动力，第一艘核动力航空母舰"企业"号便于1960年下水服役。

20世纪60年代初期，美国服役了第一批弹道导弹潜艇，美国海军不需要航空母舰继续维持对预先设定的目标进行核武器的攻击计划，因此在1976年不再将航空母舰列入《单一整合作战计划》中，而是担任核打击任务的预备部队。同时美国也为了应对苏联舰队的威胁，将大批的旧式"埃塞克斯"级改装为"反潜航空母舰"。随着世界核技术的进步，核动力舰艇的建造成本逐年下降，经过慎重考虑后，美国自1975年起建造新设计的"尼米兹"级航空母舰，以替换大量旧式航空母舰。随后30年，多艘"尼米兹"级航空母舰接连完工服役。尽管每一艘"尼米兹"级航空母舰与前一艘相比都有所改良，但基本设计始终不变。

美国以外的航空母舰拥有国——英国与法国，由于经历二战和殖民地纷纷独立而国力大减。英国将航空母舰大量卖给其他中小国家，这些旧式航空母舰本身于二战期间赶工建造，其设计到了20世纪50年代早已无法应付喷气式舰载机的需求，很快就从他国中退役。由于国防预算不断地缩减，英国甚至一度想完全放弃建造航空母舰，只为了应对苏联潜艇威胁与护航所需而建造了3艘轻型的"无敌"级航空母舰。该级舰采用新式的"滑跃甲板"技术，并搭载垂直/短程起降战斗机与直升机作为主要战力。"无敌"级航空母舰影响了其他资源与经费较少的国家（包括意大利、西班牙与泰国等）来发展类似的轻型航空母舰，同样建造了设有滑跃甲板，也以直升机和垂直/短程起降飞机为舰载机的航空母舰。

法国则在二战后从英国与美国租借轻型航空母舰，将其投入法越战争中，而后于20世纪50年代研制了2艘"克莱蒙梭"级航空母舰。

至于美国的主要竞争对手——苏联的航空母舰发展之路较为复杂。苏联领导人执着于导弹与核武器，对航空母舰抱持鄙夷态度并抵制其发展，一直到美军将核打击任务交付潜艇后，才发展舰载反潜直升机的军舰。到了1964年古巴导弹危机后，苏联领导人才开始正视航空母舰的价值，结合先前海军内部暗中研究出的设计，建造了"基辅"级航空母舰。该级舰除了搭载垂直起降战机与反潜直升机外，本身还有强大的对空、对潜、对舰武装，但与西方国家的航空母舰相比，也只能说是重型载机巡洋舰。苏联较为常规的航空母舰一直到1991年才出现，即"库兹涅佐夫"号，采用大型滑跃甲板，仍保有许多导弹武器，与西方设计思维有所不同。

冷战期间，航空母舰主要参与了世界各地的军事行动与代理战争，包括第二次中东战争、越南战争、黎巴嫩内战、第三次印巴战争、福克兰岛战争、海湾战争等，皆展现了其强大的远洋作战能力。

"中途岛"级航空母舰

原产国：美国

入役时间：1945年

满载排水量：60100吨

"中途岛"级航空母舰是美国在二战期间研制的航空母舰，共建造了3艘。"中途岛"号于1945年9月开始服役，"富兰克林·罗斯福"号于1945年10月开始服役，"珊瑚海"号于1947年10月开始服役。由于"中途岛"级各舰都没能参加二战，因此也常常称"中途岛"级为美国二战后的第一代常规动力航空母舰，与"福莱斯特"级航空母舰和"小鹰"级航空母舰一起构成了美国战后的三代常规动力航空母舰。

"宏伟"号航空母舰是加拿大海军曾装备的一艘常规动力航空母舰，原为英国"威严"级航空母舰三号舰"宏伟"号，1948年建成后租借给加拿大海军。1957年，加拿大海军从英国购入"博纳旺蒂尔"号航空母舰，"宏伟"号则被归还给英国。1965年7月，"宏伟"号被拆解。

"宏伟"号航空母舰

原产国：英国、加拿大

入役时间：1948年

满载排水量：20000吨

"悉尼"号航空母舰

原产国：英国、澳大利亚

入役时间：1948 年

满载排水量：20000 吨

"悉尼"号航空母舰是澳大利亚海军曾装备的一艘常规动力航空母舰，原为英国"威严"级航空母舰二号舰"可怖"号，1947 年由澳大利亚海军购买，1948 年建成服役。"悉尼"号最多可以搭载 38 架舰载机，但一般情况下仅搭载 12 架"海怒"战斗机、12 架用于反潜的"萤火虫"攻击机和 2 架"海水獭"水陆两栖救援飞机，均是螺旋桨式飞机。该舰的电子设备有 277Q 测高雷达、961 型对空搜索雷达、293M 水面搜索雷达、281BQ 远程空中预警雷达等。

"大胆"级航空母舰

原产国：英国

入役时间：1951 年

满载排水量：47000 吨

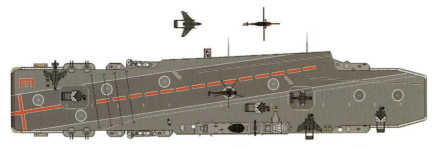

"大胆"级航空母舰是英国在二战期间研制的航空母舰，计划建造 4 艘，实际建成 2 艘。建造期间，首舰"大胆"号改名为"鹰"号，二号舰"无阻"号改名为"皇家方舟"号，均继承了二战期间英国战损航空母舰的舰名。与此前的"怨仇"级航空母舰相比，"大胆"级拥有了更大的吨位和舰体尺寸。飞行甲板延长了约 15 米，新增了侧舷升降机，有效提高了甲板作业效率，但飞行甲板面积依然明显小于同吨位的美国航空母舰。"大胆"级保留了"怨仇"级的双层机库设计，提高了机库高度，有效保证了后续改装潜力，能够搭载尺寸更大的舰载机。

"墨尔本"号航空母舰

原产国：英国、澳大利亚

入役时间：1955 年

满载排水量：20000 吨

"墨尔本"号航空母舰是澳大利亚海军曾装备的一艘常规动力航空母舰，原为英国"威严"级航空母舰首舰"威严"号，1947 年由澳大利亚海军购买，1955 年建成服役。"墨尔本"号的到来对于澳大利亚海军来说本来是提升现代化及提高作战能力的机会，然而其在服役过程中发生了多次重大事故，共造成 155 名澳大利亚军人殉职。由于"墨尔本"号从未参与战事，却造成了大量人员殉职并带来重大损失，澳大利亚海军对其彻底失望，"墨尔本"号于 1982 年进入预备役封存状态。

"博纳旺蒂尔"号航空母舰

原产国：英国、加拿大

入役时间：1957 年

满载排水量：20000 吨

"博纳旺蒂尔"号航空母舰是加拿大海军曾装备的一艘常规动力航空母舰，原为英国"威严"级航空母舰六号舰"强盛"号。该舰于 1945 年 2 月下水，因为二战结束，在 1946 年中断工程，20 世纪 50 年代初期由加拿大海军收购，在英国重新开工并进行现代化改造，并改名为"博纳旺蒂尔"号，1957 年建成服役。1970 年 7 月退役，1971 年 3 月被卖出拆毁。

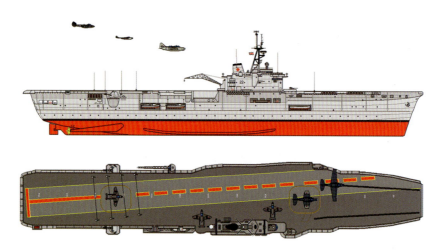

"福莱斯特"级航空母舰

原产国：美国

入役时间：1955 年

满载排水量：80643 吨

"福莱斯特"级航空母舰是二战结束后，美国海军首批为配合喷气式飞机的诞生而建造的航空母舰，共建造了 4 艘。该级舰首次采用蒸汽弹射器，飞行甲板吸取英国航空母舰的设计经验，将传统的直通式飞行甲板变为斜角、直通混合布置的飞行甲板，使整个飞行甲板形成起飞、待机和降落 3 个区域，可同时进行起飞和着舰作业。"福莱斯特"级航空母舰在舰艏甲板与斜向飞行甲板最前端设有 4 具蒸汽弹射器，配合 4 座设在船侧的升降机，这些都是美国之后的航空母舰一直沿用的标准设计。该级舰最多可以搭载 90 架舰载机，自卫武器为 3 座八联装 Mk 29 "海麻雀"舰对空导弹发射器和 3 座 Mk 15 "密集阵"近程防御武器系统。

"半人马"级航空母舰

原产国：英国

入役时间：1953 年

满载排水量：24000 吨

"半人马"级航空母舰原本称为"竞技神"级航空母舰，根据 1943 年战时计划，英国海军原计划建造 8 艘，二战结束后，有 4 艘被取消建造，已建造的 4 艘改称"半人马"级航空母舰。其中，首舰"半人马"号于 1944 年 5 月开工建造，1953 年 9 月服役。四号舰"竞技神"号与其他同级舰差别较大，在服役末期参加了马岛战争，后被售与印度海军并改名为"维拉特"号。

"克莱蒙梭"级航空母舰

原产国：法国

入役时间：1961 年

满载排水量：32780 吨

"克莱蒙梭"级航空母舰是法国自行建造的第一级航空母舰，曾是世界上唯一能起降固定翼飞机的中型航空母舰，具有与美国大型航空母舰相同的斜角甲板和相应设备。该级舰共建造了 2 艘，首舰"克莱蒙梭"号于 1955 年 11 月开工，1961 年 11 月服役。二号舰"福煦"号于 1957 年 2 月开工，1963 年 7 月服役。"克莱蒙梭"号于 1997 年 7 月退役，"福煦"号于 2000 年退役并低价出售给巴西海军，经改装后重新命名为"圣保罗"号。

"小鹰"级航空母舰

原产国：美国

入役时间：1961 年

满载排水量：83090 吨

"小鹰"级航空母舰是"福莱斯特"级航空母舰的大幅强化版，也是美国海军最后一级传统动力航空母舰，共建造了 4 艘。该级舰装有 4 具 C-13 蒸汽弹射器和 4 道 Mk 7 拦阻索，最多可以搭载 90 架舰载机，包括 F-14 战斗机、F/A-18 战斗 / 攻击机、A-6E 攻击机、EA-6B 电子战飞机、KA-6D 加油机、E-2C 预警机、SH-3 直升机、SH-60 直升机等。由于改进了升降机的配置方式，"小鹰"级航空母舰的舰载机从机库运上甲板并抵达前方弹射器的时间大大缩短，提高了作战效率。由于舰员人数众多，"小鹰"级航空母舰的各种生活配套设施也十分完备。

Chapter 3　冷战前后

"维克兰特"号航空母舰

原产国：英国、印度	
入役时间：1961 年	
满载排水量：20000 吨	

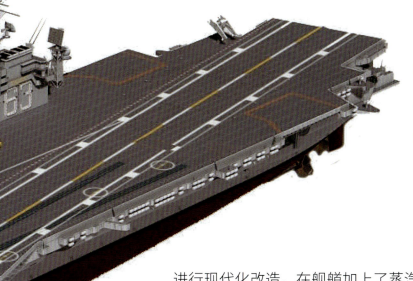

"维克兰特"号航空母舰是印度海军曾装备的一艘常规动力航空母舰，原为英国"威严"级航空母舰五号舰"大力神"号。该舰于 1945 年 9 月下水，因为二战结束而一度中断工程，1957 年由印度购得后在英国重新开工和进行现代化改造，在舰艏加上了蒸汽弹射器和斜向甲板。1961 年，该舰更名为"维克兰特"号并开始服役。1997 年，"维克兰特"号退役，后成为孟买的一间海事博物馆。

"企业"号航空母舰

原产国：美国	
入役时间：1962 年	
满载排水量：94781 吨	

"企业"号航空母舰是美国也是全世界第一艘使用核反应堆作为动力来源的航空母舰，舰上装有 4 具 C-13 蒸汽弹射器、4 道 Mk 7 拦阻索、1 道拦阻网和 4 座升降机。该舰的自卫武器为 2 座 Mk 29 "海麻雀"舰对空导弹发射器、2 座 RIM-116 "拉姆"舰对空导弹发射器和 2 座 Mk 15 "密集阵"近程防御武器系统。"企业"号航空母舰最多可以搭载 90 架舰载机，正常情况下搭载 60 架舰载机，机型包括 F-14 战斗机、F/A-18 战斗/攻击机、EA-18G 电子战飞机、E-2C 预警机、S-3 反潜机、C-2 运输机、SH-3 直升机、SH-60 直升机等。

"圣女贞德"号直升机航空母舰

原产国：法国

入役时间：1964 年

满载排水量：12365 吨

"圣女贞德"号直升机航空母舰是法国海军曾装备的一艘主要用于反潜的直升机航空母舰，舰名源于英法百年战争中的法国传奇人物圣女贞德。由于构型特殊，且曝光率高，该舰成为冷战时期法国海军的象征性军舰。"圣女贞德"号可操作数架直升机进行反潜、两栖垂直登陆或空中扫雷等作战任务，此外还担任法国海军军官学校的训练舰，担负应届毕业生的年度例行远航训练任务。在执行作战任务时，"圣女贞德"号可搭载 8 架 SA-321G "超级大黄蜂"直升机或"山猫"直升机，攻击敌方水面舰艇。而在平时，"圣女贞德"号主要配备"云雀""海豚"或"超级美洲豹"等直升机。

"莫斯科"级直升机航空母舰

原产国：苏联

入役时间：1967 年

满载排水量：17500 吨

"莫斯科"级直升机航空母舰是苏联于 20 世纪 60 年代建造的直升机航空母舰，共建造了 2 艘。该级舰采用混合式舰型，舰体前半部为典型的巡洋舰布置，舰体后半部则是宽敞的直升机飞行甲板。舰艏有 2 座十二联装 RBU-6000 反潜火箭发射器，其后方为 1 座双联装 SUW-N-1 反潜导弹发射器，再后方为 2 具 SA-N-3 防空导弹发射器，舰桥两侧另有 2 座双联装 57 毫米防空炮。此外，还有 5 座双联装 533 毫米鱼雷发射管。该级舰最多可搭载 30 架直升机，主要型号为卡-25 "激素"反潜直升机和米-8 "河马"运输直升机。

"基辅"级航空母舰

原产国：苏联

入役时间：1975 年

满载排水量：43500 吨

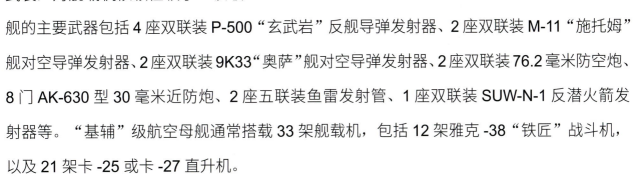

"基辅"级航空母舰是苏联第一级搭载固定翼舰载机的航空母舰，共建造了 4 艘。与美国和西欧国家的航空母舰不同，"基辅"级航空母舰本身就拥有强大的火力，装有标准的巡洋舰武装，对舰载机依赖性较小。该级舰的主要武器包括 4 座双联装 P-500 "玄武岩"反舰导弹发射器、2 座双联装 M-11 "施托姆"舰对空导弹发射器、2 座双联装 9K33 "奥萨"舰对空导弹发射器、2 座双联装 76.2 毫米防空炮、8 门 AK-630 型 30 毫米近防炮、2 座五联装鱼雷发射管、1 座双联装 SUW-N-1 反潜火箭发射器等。"基辅"级航空母舰通常搭载 33 架舰载机，包括 12 架雅克 -38 "铁匠"战斗机，以及 21 架卡 -25 或卡 -27 直升机。

"无敌"级航空母舰

原产国：英国

入役时间：1980 年

满载排水量：22000 吨

"无敌"级航空母舰是英国于 20 世纪 70 年代建造的轻型传统动力航空母舰，共建造了 3 艘。首舰"无敌"号于 1980 年 7 月服役，二号舰"卓越"号于 1982 年 6 月服役，三号舰"皇家方舟"号于 1985 年 11 月服役。"无敌"级航空母舰创造性地应用了滑跃式甲板，并首次采用全燃气轮机动力装置，使航空母舰这一舰种进入了不依赖弹射装置便可以起降战斗机的新时期。这一起飞方式后来被各国的轻型航空母舰普遍采用。

"朱塞佩·加里波第"号航空母舰

原产国：意大利

入役时间：1985 年

满载排水量：14150 吨

"朱塞佩·加里波第"号航空母舰是意大利海军装备的轻型常规动力航空母舰，舰名源于意大利名将朱塞佩·加里波第。该舰的武器配置齐全，反舰、防空及反潜三者兼备，既可作为航空母舰编队的指挥舰，又可单独行动。"朱塞佩·加里波第"号航空母舰的外形与英国"无敌"级航空母舰大致相同，也是直通式飞行甲板，甲板前部有 6.5 度的上翘。该舰的标准载机方式是 8 架 AV-8B "海鹞 II"攻击机和 8 架 SH-3D "海王"直升机，在特殊情况下，也可只搭载 16 架 AV-8B 攻击机或 18 架 SH-3D 直升机。

"维拉特"号航空母舰

原产国：英国、印度

入役时间：1987 年

满载排水量：28700 吨

"维拉特"号航空母舰原是英国"半人马"级航空母舰的四号舰"竞技神"号，1986 年转售给印度。该舰曾是印度海军的旗舰，在"维兰玛迪雅"号航空母舰入役后，印度海军于 2017 年 3 月将其退役，其旗舰地位也由"维兰玛迪雅"号取代。"维拉特"号航空母舰的飞行甲板上共设有 7 个直升机停放区，可供多架直升机同时起降。机库内可搭载 12 架"海鹞"垂直/短距起降战斗机和 7 架"北极星"反潜直升机（或"猎豹"直升机和"海王"直升机）。实际作战时，可将"海鹞"垂直/短距起降战斗机的搭载量增至 30 架，但不能全部进入机库。

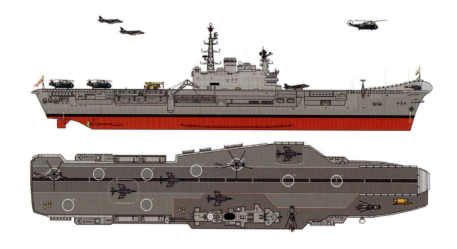

"阿斯图里亚斯亲王"号航空母舰

原产国：西班牙

入役时间：1988 年

满载排水量：16700 吨

"阿斯图里亚斯亲王"号航空母舰是西班牙自行建造的第一艘航空母舰，舰名来自西班牙储君的封号。该舰采用滑跃式甲板设计，上翘角度为 12 度。"阿斯图里亚斯亲王"号的飞行甲板在主甲板之上，从而形成敞开式机库，这在二战后的航空母舰中是绝无仅有的，其他航空母舰都是飞行甲板与主甲板在同一水平面上，机库封闭。该舰只有 2 具燃气轮机，并且是单轴单桨，这在现代航空母舰中也是独一无二的。"阿斯图里亚斯亲王"号通常搭载 12 架 AV-8B "海鹞 II"攻击机、6 架 SH-3"海王"反潜直升机、4 架 SH-3 AEW"海王"预警直升机、2 架 AB-212 通用直升机。

"库兹涅佐夫"号航空母舰

原产国：俄罗斯

入役时间：1991 年

满载排水量：67500 吨

"库兹涅佐夫"号航空母舰是苏联建造的大型常规动力航空母舰，目前是俄罗斯海军唯一的航空母舰，部署于北方舰队。该舰集当时苏联科技发展之大成，是苏联海军历史上第一艘真正意义上的航空母舰。与西方航空母舰相比，"库兹涅佐夫"号航空母舰的定位有所不同，苏联称之为"重型航空巡洋舰"，其没有装备平面弹射器，却可以起降重型战斗机。该舰拥有大量的舰载武器，即便不依赖舰载机，也拥有强大的战斗力量。"库兹涅佐夫"号航空母舰可以防卫和支援战略导弹潜艇及水面舰艇，也可以搭载舰载机进行独立巡弋。一般情况下，"库兹涅佐夫"号航空母舰的载机方案为 20 架苏 -33 战斗机、15 架卡 -27 反潜直升机、4 架苏 -25UGT 教练机和 2 架卡 -31 预警直升机。

"乌里扬诺夫斯克"号航空母舰

原产国：俄罗斯、乌克兰

入役时间：从未服役

满载排水量：75000 吨

"乌里扬诺夫斯克"号航空母舰是苏联建造的第一艘核动力航空母舰，1988 年 11 月动工建造。苏联解体后，由乌克兰继承该舰，但由于乌克兰经济实力不足，该舰于 1991 年 11 月彻底停工，后来以废钢铁出售。该舰的飞行甲板铺设 3 具蒸汽弹射器，机库理论上可容纳近 70 架飞机，具体搭载方案为：27 架苏-27K 战斗机、15 架苏-25 攻击机、20 架卡莫夫系列直升机和若干架 AN-71 预警机以及辅助机种。全舰编制 2300 人，其中包括 1500 名航空勤务人员。主要电子设备为"顶板"三坐标雷达和"双撑面"对空/对海搜索雷达，舰载武器基本上与"库兹涅佐夫"号航空母舰相同。

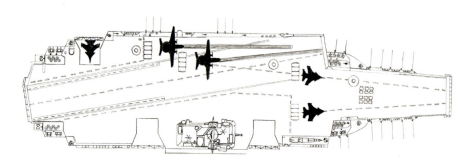

"差克里·纳吕贝特"号航空母舰是泰国第一艘航空母舰，与西班牙海军"阿斯图里亚斯亲王"号航空母舰为同级舰。该舰以泰国曼谷王朝开国君主的名字命名，其舷号为 911，"9"在佛教中有吉祥之意，而"11"表示"上上"的意思。"差克里·纳吕贝特"号采用滑跃式跑道设计，甲板艏部斜坡上翘 12 度。与"阿斯图里亚斯亲王"号相比，"差克里·纳吕贝特"号在多项战术技术性能上有了显著的提高。该舰的满载排水量比"阿斯图里亚斯亲王"号缩小了近三分之一，而载机量仅减少四分之一，单位排水量的载机率有所提高。

"差克里·纳吕贝特"号航空母舰

原产国：西班牙、泰国

入役时间：1997 年

满载排水量：11486 吨

传奇舰船鉴赏："尼米兹"级航空母舰

基本参数	
满载排水量	100020 吨
船体长度	317 米
船体宽度	76.8 米
吃水深度	11.3 米
最大航速	30 节
续航距离	6620 海里

"尼米兹"级航空母舰是美国海军现役的核动力航空母舰，作为美国海军远洋战斗群的核心力量，可搭载多种不同用途的舰载机对敌方飞机、水面舰艇、潜艇和陆地目标发动攻击。

研发历程

1961 年，美国海军第一艘核动力航空母舰"企业"号（CVN-65）服役后，由于其造价太过昂贵，美国一度停止建造核动力航空母舰。直到 1965 年越战爆发以后，美国国防部才又意识到核动力航空母舰无与伦比的持续作战能力，以及寿命周期成本效益。1968 年 6 月，美国开始建造新一级核动力航空母舰，即"尼米兹"级航空母舰。该级舰共建造了 10 艘，均采用核动力推进。首舰"尼米兹"号于 1975 年开始服役，十号舰"布什"号于 2009 年开始服役。

"尼米兹"级航空母舰俯视图

整体构造

"尼米兹"级航空母舰采用封闭式飞机甲板，机库甲板以下的船体是整体的水密结构，由内外两层壳体组成。机库甲板以上共分 9 层，飞行甲板以下为 4 层，飞行甲板上的岛形上层建筑为 5 层。"尼米兹"级航空母舰的斜角飞行甲板长 238 米，斜角甲板与舰体中心线夹角为 9.5 度。

"尼米兹"级航空母舰的防护设计相当优越，抵抗战损的能力远胜于美国在二战时期建造的"埃塞克斯"级航空母舰。该级舰看重防护与损害管制能力，甲板与舰体采用高强度、高张力钢板以提升存活率，从舰底到飞行甲板都采用双层舰壳，内、外层舰壳之间以 X 型构造连接，外层舰壳与舰壳间的 X 型构造能吸收敌方武器命中时造成的冲击能量，降低对舰体内部的破坏。内层舰壳在重要舱室部位设有 76～127 毫米不等的钢质装甲，并构成一个完整的箱型结构，舰体划分了 2000 多个水密舱区，舰内总共设有 23 道横向水密隔舱壁与 10 道防火隔舱壁，水线以下有 4 道纵向防雷舱壁，并大量装备先进灭火系统。

作战性能

"尼米兹"级航空母舰自服役以来一直是美国乃至全世界排水量最大的军舰，综合作战能力在同类舰艇中首屈一指。该级舰可搭载 90 架舰载机，均是美国海军目前最先进的舰载机型，包括 F/A-18 "大黄蜂"战斗/攻击机、EA-18G "咆哮者"电子战飞机、E-2 "鹰眼"预警机、MH-60 "海鹰"直升机、C-2 "灰狗"运输机等。"尼米兹"级航空母舰配置 4 具 C-13-1 蒸汽弹射器，以及由 4 条拦阻索构成的 Mk 7 飞机降落拦阻系统。此外，还有 4 座长 21.3 米、宽 15.8 米、表面积 374 平方米、自重 105 吨、载重 47 吨的大型侧舷升降机。理论上 4 具蒸汽弹射器能以平均每分钟 2 架的速率将所有舰载机弹射升空，但受限于锅炉蒸汽压力，连续高速弹射 8 架舰载机之后必须暂停弹射作业。

自卫武器方面，前两艘"尼米兹"级航空母舰配备 3 套"点防御导弹系统"（BPDMS），每套由 1 座八联装 Mk 25 型防空导弹发射器以及 1 座由人工操作的 Mk 71 雷达/光学瞄准平台控制构成。后续舰则改用 3 套"改良型点防御导弹系统"（IPDMS），包含 Mk 91 火控雷达与八联装 Mk 29 型轻量化发射器，此外还加装 4 座"密集阵"近程防御武器系统。前两艘"尼米兹"级航空母舰在翻修时也换装了"改良型点防御导弹系统"、Mk 91 火控雷达和"密集阵"近程防御武器系统，但"密集阵"近程防御武器系统只装了 3 座。

"尼米兹"级航空母舰舰部视角

"尼米兹"级航空母舰艉部视角

3.2 日薄西山的巡洋舰

二战期间,航空兵与雷达的出现极大地改变了海战的性质。即使最快的巡洋舰也没有飞机快,而飞机的作战范围不断扩大,雷达的搜索能力让舰队监控的死角减少。这使得单艘舰船或者小部队独立作战的机会减小。冷战时期,大规模舰队协同作战成为常态,这样的舰队可以抵挡几乎所有空袭。这使得大多数海军注重设计只完成一类任务的舰船,尤其是反潜和防空舰船。大多数舰队中的大型多功能舰船都消失了。

20世纪70年代,美国设计过多款核动力巡洋舰,例如"加利福尼亚"级和"弗吉尼亚"级,但经过使用被认为性价比并不突出。20世纪90年代,冷战结束,世界各国都出现裁军趋势,巡洋舰又面临一次大的考验。人们发现,两三万吨的大型巡洋舰和几千吨级的驱逐舰所用武器相差不大,都是导弹、舰炮和直升机,所不同的只是携带数量的多少而已。另外,由于海军航空兵也能分担巡洋舰的工作,故大部分国家都不再新建巡洋舰。时至今日,美国海军、俄罗斯海军和秘鲁海军是少数拥有巡洋舰的海军。

"北安普敦"号巡洋舰

原产国:美国

入役时间:1953年

满载排水量:13920吨

"北安普敦"号巡洋舰是美国于20世纪40年代建造的用于核战指挥的巡洋舰,原本是"俄勒冈城"级巡洋舰的第四艘,因二战结束而停工。1947年,美国重新开始了大规模的扩军备战,"北安普敦"号巡洋舰被作为一艘专业旗舰开始重新设计,变为一艘现代化的指挥舰。二战时期为重型巡洋舰设计的三联装203毫米主炮被取消,配备了用于防空的新型127毫米Mk 30舰炮。此外,该舰还装有48门40毫米博福斯高射炮和24门20毫米厄利空机炮。"北安普敦"号巡洋舰是美国迄今为止唯一一艘用于核战指挥的巡洋舰,被誉为"海上移动的国防部",在美国海军中拥有特殊地位。

"德格拉斯"号巡洋舰

原产国：法国

入役时间：1956 年

满载排水量：12350 吨

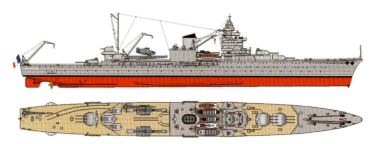

"德格拉斯"号巡洋舰是法国于 20 世纪 30 年代后期设计的轻型巡洋舰，最初规划 3 艘同级舰作为"拉加利索尼埃"级巡洋舰的后继舰种，但另外 2 艘同级舰被取消。1940 年 6 月，仅完成 28% 的"德格拉斯"号巡洋舰于法国沦陷时遭德军俘获。德军计划将其改装成轻型航空母舰，但因所需材料与人力严重不足而取消。战后，未完工的舰体由法国接手继续建造。服役后的"德格拉斯"号巡洋舰主要在地中海舰队中担任防空巡洋舰与旗舰的角色，之后法国海军选择"德格拉斯"号巡洋舰参加在法属波利尼西亚进行的核子试爆试验。

"老虎"级巡洋舰

原产国：英国

入役时间：1959 年

潜航排水量：11700 吨

"老虎"级巡洋舰是英国于 20 世纪 50 年代建造的常规动力巡洋舰，共建造了 3 艘。该级舰的主要武器包括 2 座双联装 152 毫米舰炮和 3 座双联装 76 毫米舰炮。1969 年，二号舰和三号舰被改装为反潜巡洋舰，扩大了后甲板，搭载 1 座双联装 152 毫米主炮、1 门 76 毫米高平两用炮、2 座双联装 533 毫米鱼雷发射管和 1 座"海猫"近程防空导弹发射器。此外，还改装了机库，搭载 1 架"海王"直升机。

"长滩"号巡洋舰

原产国：美国

入役时间：1961 年

满载排水量：15540 吨

"长滩"号巡洋舰是美国建造的世界上第一艘核动力水面战斗舰艇，在 1961 年至 1995 年服役。该舰的动力核心为 2 座与美国首艘核动力潜艇"鹦鹉螺"号相同的西屋电气公司 C1W 压水反应堆。由于导弹和高科技侦测设备的应用，"长滩"号巡洋舰舍弃了以往巡洋舰必备的重型装甲，仅在弹药库设有一层较薄的装甲。该舰的主要武器为 2 座双联装"小猎犬"防空导弹发射器、2 座四联装"鱼叉"反舰导弹发射器、2 座四联装"战斧"巡航导弹发射器和 2 座"密集阵"近程防御武器系统等。

"班布里奇"号巡洋舰

原产国：美国

入役时间：1962 年

潜航排水量：8592 吨

"班布里奇"号巡洋舰是美国于 20 世纪 60 年代初建造的导弹巡洋舰，在 1962 年至 1996 年服役。该舰是继"长滩"号巡洋舰、"企业"号航空母舰之后，美国海军第三艘核动力军舰，也是迄今为止世界上最小的核动力水面舰艇。"班布里奇"号舰体前部和中部的干舷较高，减小了在风浪中航行时甲板的浸湿性。该舰设有直升机起降平台，但没有机库。

"莱希"级巡洋舰

原产国：美国

入役时间：1962年

潜航排水量：8203吨

"莱希"级巡洋舰是美国于20世纪50年代末开始建造的常规动力导弹巡洋舰，共建造了9艘，在1962年至1995年服役。当时普遍认为导弹时代的来临将使火炮走向终点，因此"莱希"级巡洋舰没有配备大口径舰炮，主要武器为1座双联装Mk 10导弹发射器、2座四联装"鱼叉"反舰导弹发射器、2座三联装324毫米鱼雷发射管、1座"阿斯洛克"反潜导弹发射器和2座"密集阵"近程防御武器系统。为了节省空间，"莱希"级巡洋舰的烟囱与桅杆被整合成一个复合结构。

"金达"级巡洋舰

原产国：俄罗斯

入役时间：1962年

满载排水量：5500吨

"金达"级巡洋舰是苏联于20世纪60年代建造的导弹巡洋舰，共建造了4艘。该级舰装有2座四联装SS-N-3反舰导弹发射器，这种导弹的射程可达764千米；2座SS-N-3反舰导弹发射器，可同时攻击2个目标。在上层建筑内还设计了专门的贮弹库，另存有8枚导弹，随时可为SS-N-3反舰导弹发射器进行二次装填。此外，舰上主要武器还有舰艏1座SA-N-1防空导弹双臂发射器、舰艉2座双联装76毫米炮，20世纪80年代早期在前烟囱两侧加装了4门AK-630舰炮。

"贝尔纳普"级巡洋舰

原产国：美国	
入役时间：1964 年	
潜航排水量：7930 吨	

"贝尔纳普"级巡洋舰是美国于 20 世纪 60 年代建造的常规动力导弹巡洋舰，共建造了 9 艘，在 1964 年至 1995 年服役。该级舰是在"莱希"级巡洋舰的基础上改进而来，两者在舰体线型、结构、动力装置等方面基本相同，但舰艉安装的武器差别较大。该级舰的主要武器为 1 门 127 毫米舰炮、1 座双联装 Mk 10 导弹发射器、2 座四联装"鱼叉"反舰导弹发射器、2 座三联装 Mk 46 鱼雷发射管和 2 座"密集阵"近程防御武器系统等。此外，舰上还有 1 架 SH-2 反潜直升机。

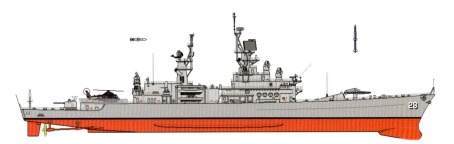

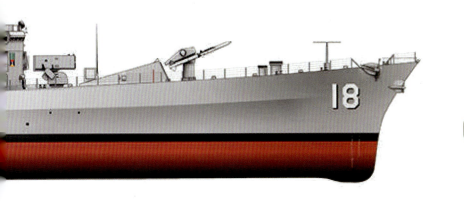

"安德烈娅·多里亚"级巡洋舰

原产国：意大利	
入役时间：1964 年	
满载排水量：6500 吨	

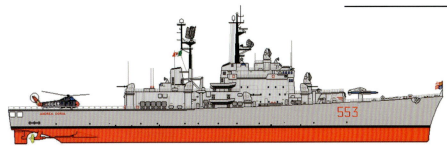

"安德烈娅·多里亚"级巡洋舰是意大利于 20 世纪 50 年代建造的导弹巡洋舰，共建造了 2 艘，在 1964 年至 1992 年服役。该级舰是世界上首批专为反潜直升机设计建造的巡洋舰，艉部设有直升机甲板，可以容纳 4 架舰载直升机。"安德烈娅·多里亚"级巡洋舰的用途很广，反潜作战由舰载直升机完成，防空任务由远程防空导弹系统和舰炮完成，也可作为大型舰队的指挥舰。

"特拉克斯顿"号巡洋舰

原产国：美国	
入役时间：1967 年	
潜航排水量：8659 吨	

"特拉克斯顿"号巡洋舰是美国于 20 世纪 60 年代建造的核动力导弹巡洋舰，在 1967 年至 1995 年服役。该舰属于"贝尔普纳"级常规动力巡洋舰的核动力型，两者的总体布局基本相同。"特拉克斯顿"号巡洋舰的舰体后部干舷较低，岛式上层建筑分为前后两部分。该舰的主要武器包括 1 座双联装 Mk 10 导弹发射器、2 座四联装"鱼叉"反舰导弹发射器和 2 座"密集阵"近程防御武器系统等。

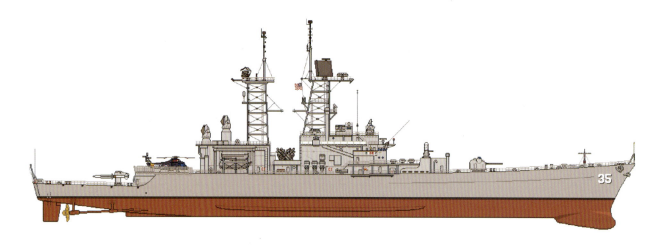

"克里斯塔 I"级巡洋舰是苏联于 20 世纪 60 年代建造的导弹巡洋舰，共建造了 4 艘。该级舰的装甲为焊接钢板，防护能力较为出色。该级舰的主要武器包括 2 座双联装 SS-N-3B 反舰导弹、2 座双联装 SA-N-1 防空导弹、2 座双联装 57 毫米 80 倍径舰炮、2 座 RBU-6000 反潜火箭发射器、2 座 RBU-1000 反潜火箭发射器、2 座五联装 553 毫米鱼雷发射管。此外，还可搭载 1 架卡-25 直升机。

"克里斯塔 I"级巡洋舰

原产国：苏联	
入役时间：1967 年	
满载排水量：7500 吨	

"克里斯塔 II"级巡洋舰

原产国：苏联

入役时间：1968 年

满载排水量：7535 吨

"克里斯塔 II"级巡洋舰是"克里斯塔 I"级巡洋舰的反潜改进型，共建造了 10 艘。该级舰的主要武器包括 2 座四联装 SS-N-14"火石"反潜导弹，2 座双联装 SA-N-3 防空导弹（备弹 72 枚），2 座双联装 57 毫米 70 倍径 AK-725 舰炮，4 座 30 毫米 AK-630 近程防御武器系统，2 座五联装 533 毫米鱼雷发射管。该级舰设有直升机飞行甲板和机库，可搭载 1 架卡-25 直升机。

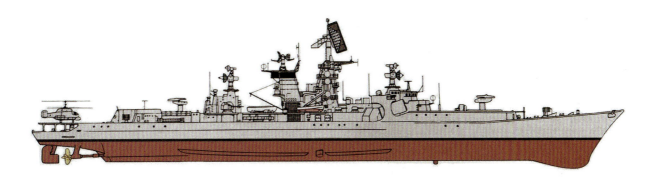

"卡拉"级巡洋舰

原产国：苏联

入役时间：1971 年

满载排水量：9700 吨

"卡拉"级巡洋舰是苏联建造的大型反潜巡洋舰，共建造了 7 艘，苏联解体后在俄罗斯海军持续服役至 2014 年。该级舰由"克里斯塔 II"级巡洋舰改进而来，为了克服后者舰内空间紧张和上甲板面积不足的缺点，在其舰桥和中部塔桅之间插入了 1 个约 15 米长的舰体分段，使其桥楼长度达到"克里斯塔 II"级巡洋舰的 2 倍，甲板的宽度也增大了 1 米。此举不仅大大改善了居住条件，有利于设置指挥舱室和控制舱室，对于增设新武器和传感器也有帮助。因为反潜是"卡拉"级巡洋舰的首要任务，所以它装备的反潜武器比较齐全。此外，还装有必要的防空武器，但没有任何专用的反舰武器。

"加利福尼亚"级巡洋舰

原产国：美国

入役时间：1974年

满载排水量：10800吨

"加利福尼亚"级巡洋舰是美国海军为"尼米兹"级航空母舰编队设计的大型护卫战舰，属于美国海军第三代核动力导弹巡洋舰。舰上武器众多，共有2座四联装"鱼叉"反舰导弹发射器、2座"标准"Ⅱ型防空导弹发射器、1座八联装Mk 16"阿斯洛克"反潜导弹发射器、2座三联装Mk 32反潜鱼雷发射管、2座20毫米Mk 15"密集阵"近程防御武器系统。此外，还装有8座六管Mk 36红外和箔条干扰弹发射器和1座SLQ-25鱼雷诱饵装置。舰上设有直升机起降平台，但没有机库。

"光荣"级巡洋舰

原产国：苏联

入役时间：1982年

满载排水量：12500吨

"光荣"级巡洋舰是苏联建造的大型传统动力巡洋舰，共建成了3艘。该级舰被称为缩小的"基洛夫"级巡洋舰，舰载武器在一定程度上相似。其中，8座双联装P-500"玄武岩"反舰导弹发射器是"光荣"级巡洋舰主要的对舰武器，主要用于打击敌方航空母舰及其他大型舰船。此外，"光荣"级巡洋舰还装有8座八联装S-300PMU防空导弹发射器、1座双联装AK-130舰炮、2座五联装533毫米鱼雷发射管、6座"卡什坦"近程防御武器系统、2座六联装RBU-6000火箭深弹发射器、2座OSA-M短程防空导弹发射器、2座双联装PK-2干扰箔条发射器、8座十联装PK-10干扰箔条发射器等武器。

"基洛夫"级巡洋舰

原产国：苏联

入役时间：1980 年

满载排水量：28000 吨

"基洛夫"级巡洋舰是苏联于 20 世纪 70 年代开工建造的大型核动力巡洋舰，共建造了 4 艘。由于没有装备相控阵雷达，其防空能力稍逊于美国"提康德罗加"级巡洋舰，而且不具备对陆攻击能力。但从俄罗斯巡洋舰的作战使命考虑，"基洛夫"级巡洋舰的综合作战能力并不逊色。该级舰的武器包括 20 座 P-700 "花岗岩"反舰导弹发射器、12 座八联装 S-300F "堡垒"防空导弹发射器、2 座五联装 533 毫米鱼雷发射管、1 座双联装 RPK-3 "风雪"反潜导弹发射器、6 座"卡什坦"近程防御武器系统、1 座双联装 AK-130 舰炮、1 座十联装 RBU-12000 火箭深弹发射器等。此外，还能搭载 3 架卡-27 或卡-25 直升机。

"弗吉尼亚"级巡洋舰

原产国：美国

入役时间：1976 年

满载排水量：11666 吨

"弗吉尼亚"级巡洋舰是美国在 20 世纪 70 年代建造的核动力巡洋舰，共建造了 4 艘。该级舰的主要任务是与核动力航空母舰一起组成强大的特混编队，在危机发生时迅速开赴指定海域，为航空母舰编队提供远程防空、反潜和反舰保护，同时也为两栖作战提供支援。该级舰的主要武器包括 2 门 Mk 45 单管 127 毫米舰炮、2 座四联装"鱼叉"反舰导弹发射器、2 座四联装 Mk 44 箱式"战斧"巡航导弹发射器、2 座双联装 Mk 26 导弹发射器（发射"标准"II 防空导弹和"阿斯洛克"反潜导弹）、2 座三联装 Mk 32 反潜鱼雷发射管和 2 座"密集阵"近程防御武器系统。舰载机方面，可搭载 1 架 SH-2F 直升机。

3.3 用途广泛的驱逐舰

二战结束后，驱逐舰发生了巨大的变化，因其具备多功能性而备受各国海军重视。以鱼雷攻击来对付敌人水面舰队的作战方式已经不再是驱逐舰的首要任务。反潜以及防空作战上升为其主要任务，鱼雷尺寸缩小，并成为反潜作战的主要工具，防空专用的火炮逐渐成为驱逐舰的标准装备，而且各种新装备的重量超越以往鱼雷以及火炮的重量，因此驱逐舰的排水量不断加大。

20世纪60年代以来，随着飞机与潜艇性能的提升（尤其是喷气式飞机与核动力潜艇），以及导弹逐渐逐步应用，防空导弹、反舰导弹及反潜导弹逐步被安装到驱逐舰上，舰载火炮不断减少并且更加轻巧。1967年以色列海军"埃拉特"号驱逐舰被反舰导弹击沉，因此攻击水面舰艇的任务又成为驱逐舰的重要任务。燃气轮机开始取代蒸汽轮机作为驱逐舰的动力装置。为搭载反潜直升机而设置的机库和飞行甲板也被安装到驱逐舰上。为控制导弹武器以及无线电对抗的需要，驱逐舰安装了越来越多的电子设备。例如美国的"查尔斯·F.亚当斯"级驱逐舰、英国的"郡"级驱逐舰、苏联的"卡辛"级驱逐舰，已经演变成较大而又耗费颇多的多用途导弹驱逐舰。

20世纪70年代，作战资讯控制以及指挥自动化系统、灵活配置的导弹垂直发射装置、用来防御反舰导弹的小口径速射炮，开始出现在驱逐舰上，驱逐舰越发复杂而昂贵。英国的"谢菲尔德"级驱逐舰试图降低排水量以及造价，而美国的"斯普鲁恩斯"级驱逐舰、苏联的"现代"级驱逐舰和"无畏"级驱逐舰继续向大型化发展，其舰体逐渐增宽，稳定性大大提高，标准排水量达到6000吨以上，已经接近二战时期的轻型巡洋舰。部分驱逐舰配备了可以攻击陆地目标的长程巡航导弹，赋予了驱逐舰担当进攻任务的能力。

"勇敢"级驱逐舰

原产国：英国

入役时间：1952 年

满载排水量：3820 吨

"勇敢"级驱逐舰是英国在二战后为英国海军和澳大利亚海军建造的驱逐舰，共建造了 11 艘，其中英国海军 8 艘，澳大利亚海军 3 艘。该级舰的舰体长度为 120 米，宽度为 13 米，吃水深度为 3.89 米，最大航行速度为 30 节，续航距离为 4400 海里（20 节航速）。舰上有 297 名舰员，主要舰载武器为 3 座双联装 113 毫米舰炮、3 座双联装 40 毫米高射炮和 2 座 533 毫米鱼雷发射管等。

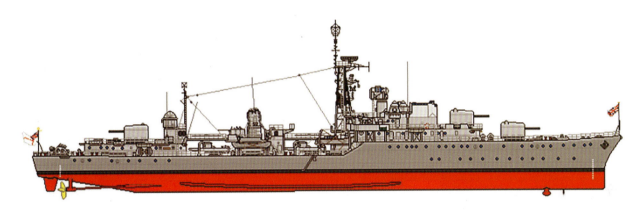

"米切尔"级驱逐舰是美国海军于 20 世纪 50 年代研制的以反潜为主要任务的驱逐舰，共建造了 4 艘，在 1953 年至 1978 年服役。该级舰的主要武器为 2 门 127 毫米单装炮、2 座双联装 76 毫米舰炮、4 座双联装 20 毫米防空炮和 2 座五联装 533 毫米鱼雷发射管。舰上没有机库，只有能够停放 2 架 SH-60 "海鹰"直升机的飞行甲板。"米切尔"级驱逐舰服役后不久就被派往地中海执行前沿部署，紧接着又在加勒比海参加了多场军事演习。20 世纪 60 年代，"米切尔"级被改装为导弹驱逐舰。

"米切尔"级驱逐舰

原产国：美国

入役时间：1953 年

满载排水量：4855 吨

"科特林"级驱逐舰

原产国：苏联

入役时间：1956年

满载排水量：3230吨

"科特林"级驱逐舰是苏联于20世纪50年代建造的驱逐舰，共建造了27艘，包括6艘基本型、12艘反潜型、1艘试验防空型和8艘防空型。该级舰的舰载武器以火炮和鱼雷为主。在舰艏和舰艉各安装1座SM-2-1型双联装130毫米两用舰炮。舰上的副炮为4座SM-20-ZIF型四联装45毫米防空速射炮。2座烟囱后的主甲板上各布置了一组并排式PTA-53-56五联装533毫米鱼雷发射管。反潜方面，舰艉两侧各安装3座BMB-2深水炸弹投掷器。

"福雷斯特·谢尔曼"级驱逐舰

原产国：美国

入役时间：1955年

满载排水量：4050吨

"福雷斯特·谢尔曼"级驱逐舰是美国在20世纪50年代研制的驱逐舰，共建造了18艘，在1955年至1988年服役。该级舰主要为执行反潜任务而设计，在外形布局上仍与二战末期的"基林"级驱逐舰相似，主要武器为3门127毫米单管舰炮、2座双联装76毫米防空炮、2座Mk 15刺猬弹发射器和4座Mk 25固定式鱼雷发射管等。"福雷斯特·谢尔曼"级驱逐舰的后七艘有所改进，上层建筑全部采用铝合金材料。

"基尔丁"级驱逐舰

原产国：苏联

入役时间：1958 年

满载排水量：3230 吨

"基尔丁"级驱逐舰是苏联于 20 世纪 50 年代建造的导弹驱逐舰，共建造了 4 艘。与"科特林"级驱逐舰相比，"基尔丁"级驱逐舰拆除了舰艉主炮、副炮和鱼雷发射管，改为 1 座 SS-N-1"扫帚"反舰导弹发射器和能储存 6 枚导弹的弹库。在进行现代化改装时，"基尔丁"级驱逐舰拆除了"扫帚"反舰导弹发射器，加装 2 座叠加安装的 AK-726 型双联装舰炮、4 座 P-15M 型反舰导弹发射器。

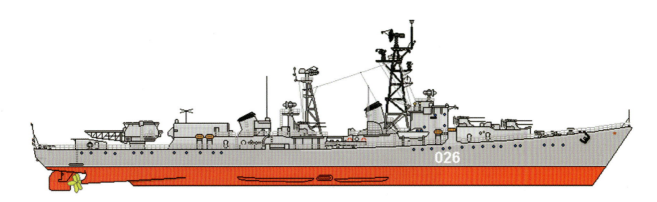

"孔茨"级驱逐舰是美国于 20 世纪 50 年代设计建造的大型导弹驱逐舰，共建造了 10 艘，在 1959 年至 1993 年服役。该级舰原本称为"法拉格特"级，前三艘在建造过程中更改了设计，导致进度延后，而原本在建造序列中排名第四的"孔茨"号后来居上，成为美国海军完工的第一艘新型导弹驱逐舰，所以该级舰被美国海军改称为"孔茨"级。该级舰的主要武器为 2 座四联装"鱼叉"反舰导弹发射器、1 座双联装"标准"防空导弹发射器、1 座"阿斯洛克"反潜导弹发射器、2 门 127 毫米高平两用炮。

"孔茨"级驱逐舰

原产国：美国

入役时间：1959 年

满载排水量：5648 吨

"查尔斯·F. 亚当斯"级驱逐舰

原产国：美国

入役时间：1960 年

满载排水量：4526 吨

"查尔斯·F. 亚当斯"级驱逐舰是 20 世纪 60 年代至 80 年代美国海军的主力防空舰种，共建造了 23 艘。该级舰的外形设计和装备配置等与现代舰艇差异较大，还保有一些二战时期美国驱逐舰的影子。该级舰的上层建筑为铝合金制造，2 门 127 毫米舰炮分别位于舰艏与舰艉，八联装"阿斯洛克"反潜导弹发射器位于舰身中段、2 根老式圆柱状烟囱之间。舰上的主要武器还有 1 座 Mk 10 双臂旋转导弹发射器和 6 座三联装 324 毫米鱼雷发射管等。

"克鲁普尼"级驱逐舰

原产国：苏联

入役时间：1960 年

满载排水量：4500 吨

"克鲁普尼"级驱逐舰是苏联在"科特林"级和"基尔丁"级驱逐舰基础上改进而来的导弹驱逐舰，共建造了 8 艘。该级舰是苏联海军较早有核生化防护设计的舰艇之一，在机舱控制室、火控台等处都设置了密闭室。改装后的"克鲁普尼"级驱逐舰装有 2 座四联装 57 毫米高平两用炮、4 座双联装 30 毫米 AK-230 机炮、1 座双联装 SA-N-1 防空导弹发射器（带弹 32 枚），另外还有 3 座 RBU-6000 反潜火箭深弹发射器和 2 座五联装 533 毫米鱼雷发射管。舰艉处还有一座直升机起降平台，供卡-15 直升机起降。

"卡辛"级驱逐舰

原产国：苏联

入役时间：1962 年

满载排水量：4390 吨

"卡辛"级驱逐舰是苏联在二战后设计建造的导弹驱逐舰，共建造了 25 艘。该级舰的主要武器包括 2 座双联装 76.2 毫米炮，射速 90 发 / 分，射程 15 千米；4 座 6 管 30 毫米炮，射程 2 千米，射速 3000 发 / 分；4 座 SS-N-2C "冥河"反舰导弹发射器，射程 83 千米；2 座双联装 SA-N-1 "果阿"防空导弹发射器，射程 31.5 千米，共载有 32 枚导弹；1 座五联装 533 毫米两用鱼雷发射管；2 座十二联装 RBU-6000 反潜火箭发射器，射程 6 千米，共载有 120 枚火箭。

"郡"级驱逐舰

原产国：英国

入役时间：1962 年

满载排水量：6800 吨

"郡"级驱逐舰是英国在二战后设计的第一种驱逐舰，共建造了 8 艘，前 4 艘和后 4 艘的设计区别较大。首舰于 1959 年 3 月开工，1962 年 11 月服役。"郡"级驱逐舰是英国第一种配备导弹、第一种拥有区域防空能力、第一种可以起降直升机的驱逐舰。舰上的主要武器为 4 具"飞鱼"反舰导弹发射器、2 座三联装 324 毫米鱼雷发射管和 2 门 20 毫米防空炮。20 世纪 80 年代，后 4 艘"郡"级驱逐舰被售与智利海军。1998 年，"郡"级驱逐舰从英国海军退役。

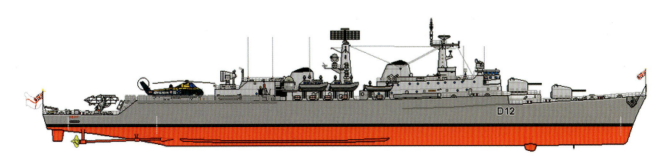

"斯普鲁恩斯"级驱逐舰

原产国：美国

入役时间：1975 年

满载排水量：8040 吨

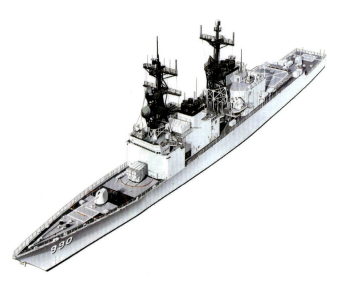

"斯普鲁恩斯"级驱逐舰是美国于 20 世纪 70 年代建造的导弹驱逐舰，曾是美国海军航空母舰战斗群的主要反潜力量。该级舰的主要武器包括 2 门 Mk 45 型 127 毫米舰炮、2 座"密集阵"近程防御武器系统、1 座四联装"拉姆"舰对空导弹发射器、2 座三联装 Mk 32 型鱼雷发射管，可发射 Mk 46-5 型鱼雷或 Mk 50 型鱼雷；2 座"鱼叉"反舰导弹发射器，备弹 8 枚。此外，还安装了 4 挺 12.7 毫米重机枪。

"乔治·莱格"级驱逐舰

原产国：法国

入役时间：1979 年

满载排水量：4350 吨

"乔治·莱格"级驱逐舰是法国建造的反潜驱逐舰，又称为 F70 型驱逐舰，共建造了 7 艘。首舰于 1974 年 9 月开工，1979 年 12 月服役。该级舰是法国海军第一种采用燃气轮机的水面舰艇，续航能力尤为突出，足以伴随航空母舰进行远洋作业。舰上的主要武器包括 1 座八联装"响尾蛇"防空导弹发射器、1 座双联装"西北风"防空导弹发射器、2 座四联装"飞鱼"反舰导弹发射器和 1 门 100 毫米全自动舰炮。

"谢菲尔德"级驱逐舰

原产国：英国

入役时间：1975 年

满载排水量：5350 吨

"谢菲尔德"级驱逐舰是英国于 20 世纪 70 年代建造的导弹驱逐舰，也称为 42 型驱逐舰，共建造了 16 艘。该级舰采用全燃交替动力装置（COGOG），舰载武器包括 2 座四联装"鱼叉"反舰导弹发射器、2 座三联装 STWS-1 324 毫米 AS 鱼雷发射管、1 座双联装 GWS30 "海标枪"防空导弹发射器、2 门 20 毫米 GAM-B01 炮和 2 门 20 毫米 MK7A 炮等。舰艉还设有飞行甲板，可携带 1 架韦斯特兰公司的"大山猫"直升机。

"无畏"级驱逐舰

原产国：苏联

入役时间：1980 年

满载排水量：7570 吨

"无畏"级驱逐舰是苏联于 20 世纪 70 年代后期开始建造的驱逐舰，共建造了 12 艘。该级舰借鉴了西方国家的设计思想，舰体结构紧凑、布局简明，主要的防空、反潜装备集中于舰体前部，中部为电子设备，后部为直升机平台。该级舰的主要任务为反潜，装有 2 座四联装 SS-N-14 反潜导弹发射器、2 座四联装 533 毫米鱼雷发射管、2 座十二联装 RBU-6000 反潜火箭发射器、4 座 30 毫米 AK-630 六管近防炮。舰上可搭载 2 架卡 -27 反潜直升机。"无畏"级驱逐舰还具备一定的防空能力，但不具备反舰能力。

"基德"级驱逐舰

原产国：美国

入役时间：1981年

满载排水量：9783吨

"基德"级驱逐舰是美国于20世纪70年代后期开始建造的导弹驱逐舰，共建造了4艘。该级舰的舰载武器包括2座Mk 45型单管127毫米舰炮；2座Mk 15"密集阵"近程防空系统；2座4管AGM-84"鱼叉"反舰导弹发射器；2座双联装Mk 26双臂导弹发射器，可发射"标准"Ⅱ、"小猎犬"防空导弹和"阿斯洛克"反潜导弹；2座三联装鱼雷发射管，可发射Mk 32鱼雷。此外，还可搭载2架"海鹰"直升机。

"现代"级驱逐舰

原产国：苏联

入役时间：1980年

满载排水量：8480吨

"现代"级驱逐舰是苏联于20世纪70年代后期开始建造的大型导弹驱逐舰，共建造了21艘。该级舰是一种侧重于反舰和防空的驱逐舰，主要武器包括2座AK-130型130毫米舰炮、2座四联装KT-190反舰导弹发射器（发射SS-N-22"日炙"反舰导弹，最大射程可达120千米）、4座AK-630M型30毫米近防炮系统、2座3K90M-22型防空导弹发射器（发射SA-N-7防空导弹，射程25千米）、2座双联装533毫米鱼雷发射管、2座RBU-12000反潜火箭发射器、8座十联装PK-10诱饵发射器和2座双联装PK-2诱饵发射器。此外，还可搭载1架卡-27直升机。

"拉杰普特"级驱逐舰

原产国：印度、俄罗斯

入役时间：1980年

满载排水量：4974吨

"拉杰普特"级驱逐舰是在"卡辛"级驱逐舰的基础上改进而来的导弹驱逐舰，共建造了5艘。该级舰由印度海军提出规格需求，设计与建造均由俄罗斯完成。"拉杰普特"级驱逐舰的舰艏有1门俄制双联装76毫米舰炮，舰炮后方的平台以及第二对烟囱后方各有1座单臂旋转式防空导弹发射器，每座能装填22枚SA-N-1防空导弹。舰桥前方舰炮射控雷达的两侧各有1座十二联装RBU-6000反潜火箭发射器，舰楼底部两侧各装有2座纵列的P-20M反舰导弹发射器，艉楼两侧各装有2座30毫米防空机炮。此外，舰上还装有1座五联装533毫米PTA-533鱼雷发射器。

"初雪"级驱逐舰

原产国：日本

入役时间：1982年

满载排水量：3800吨

"初雪"级驱逐舰是日本于20世纪70年代末开始建造的多用途驱逐舰，共建造了12艘。该级舰采用单桅结构，四脚网架式桅杆较高，顶置弧面形雷达天线，舰楼顶部有金属塔形基座，上置球形雷达天线。"初雪"级驱逐舰的上层建筑尺寸较大，前7艘采用轻质合金制造，后5艘采用钢材制造。舰上的主要武器为1座八联装"海麻雀"导弹发射器、2座四联装"鱼叉"反舰导弹发射器、1座八联装"阿斯洛克"反潜导弹发射器和2座"密集阵"近程防御武器系统。

"旗风"级驱逐舰

原产国：日本

入役时间：1986年

满载排水量：5900吨

"旗风"级驱逐舰是日本第一种使用燃气轮机作为动力的军舰，共建造了2艘。该级舰的隔断式上层甲板位于舰艏后方，贯通式主甲板由舰艏延伸至舰艉。中央上层建筑与其后缘顶部的框架式主桅上装有方形SPS-52C对空搜索雷达，窄小的隔断式上层建筑位于主桅后方。略倾的单烟囱装有黑色顶罩，位于舰体中部后方。舰上的主要武器包括1座Mk 13单臂导弹发射器、2座四联装"鱼叉"反舰导弹发射器和2座"密集阵"近程防御武器系统等。

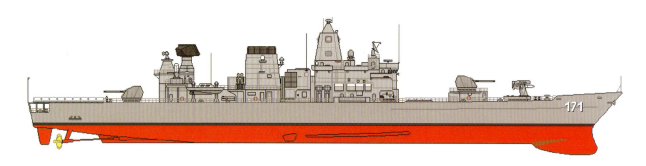

"朝雾"级驱逐舰

原产国：日本

入役时间：1988年

满载排水量：4900吨

"朝雾"级驱逐舰是日本在20世纪80年代中期开始建造的反潜型驱逐舰，共建造了8艘。该级舰采用"飞剪型"舰艏，增强了耐波性并提高了航行速度。由于电子装备增加，桅杆由"初雪"级驱逐舰的1座变为2座。"朝雾"级驱逐舰的烟囱也由一变二，以确保马力增大后的排烟顺畅，也可防止红外线过于集中。舰上的主要武器为1座八联装"海麻雀"防空导弹发射器、2座四联装"鱼叉"反舰导弹发射器、1座"密集阵"近程防御武器系统和2座三联装324毫米鱼雷发射管。

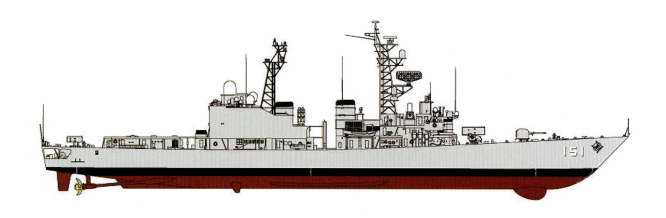

"卡萨尔"级驱逐舰

原产国：法国

入役时间：1988 年

满载排水量：4700 吨

"卡萨尔"级驱逐舰是法国在"乔治·莱格"级驱逐舰基础上改进而来的防空型驱逐舰，共建造了 2 艘。首舰"卡萨尔"号于 1982 年 9 月开工建造，1988 年 7 月开始服役。二号舰"让·巴特"号于 1986 年 3 月开工建造，1991 年 9 月开始服役。在"地平线"级驱逐舰正式加入法国海军服役之前，"卡萨尔"级驱逐舰一直是法国海军最倚重的防空舰艇。该级舰的主要武器包括 1 座 Mk 13 单臂导弹发射器、2 座六联装"西北风"导弹发射器、2 座四联装"飞鱼"导弹发射器和 1 门 100 毫米单管舰炮。

"村雨"级驱逐舰

原产国：日本

入役时间：1996 年

满载排水量：6100 吨

"村雨"级驱逐舰是日本海上自卫队继"朝雾"级驱逐舰后的第三代反潜型驱逐舰，共建造了 9 艘。"村雨"级驱逐舰的外形与"金刚"级驱逐舰类似，上层建筑向内倾斜，两者的主要区别是前甲板主炮为 76 毫米舰炮，炮塔浑圆；四脚网架桅杆塔，底部有平板状三坐标天线；机库顶部平坦，而"金刚"级机库后方呈阶梯状。除 76 毫米舰炮外，"村雨"级驱逐舰的主要武器还包括 2 座四联装"鱼叉"反舰导弹发射器、1 座十六联装"海麻雀"防空导弹发射器、1 座十六联装"阿斯洛克"反潜导弹发射器、2 座"密集阵"近程防御武器系统等。

"德里"级驱逐舰

原产国：印度

入役时间：1997年

满载排水量：6200吨

"德里"级驱逐舰是印度建造的多用途导弹驱逐舰，由俄罗斯"卡辛"级驱逐舰大幅改良而来，共建造了3艘。相较于"卡辛"级驱逐舰，"德里"级驱逐舰的造型更加简练，但是上层结构与舰面装备依然相当复杂，不利于隐身。俄罗斯舰艇的机库和甲板往往比较狭小，而"德里"级驱逐舰为了配合印度海军装备的"海王"反潜直升机，尾部的直升机库较大，飞行甲板也较为宽阔。

"广开土大王"级驱逐舰

原产国：韩国

入役时间：1998年

满载排水量：3900吨

"广开土大王"级驱逐舰是韩国自行设计建造的第一种驱逐舰，共建造了3艘。该级舰大量采用了欧洲与美国舰船使用的科技与装备，其中又以欧洲装备居多。动力系统方面，采用现代西方舰船常见的复合燃气涡轮与柴油机（CODOG）系统。舰体设计方面，拥有核生化防护能力，但是舰体造型并未大量考虑雷达隐身设计。该级舰的主要武器为1座十六联装"海麻雀"防空导弹发射器、2座四联装"鱼叉"反舰导弹发射器、2座"守门员"近程防御武器系统和1门127毫米舰炮等。

"无畏 II"级驱逐舰

原产国：俄罗斯

入役时间：1999 年

满载排水量：7900 吨

"无畏 II"级驱逐舰是苏联于 20 世纪 80 年代末开始建造的驱逐舰，其建造计划受苏联解体的影响较大，原计划首批建造 3 艘，但由于苏联解体后俄罗斯经济状况欠佳，最终只建成了"恰巴年科"号。该舰外观与"无畏"级驱逐舰相似，主要区别在于武器配置。与"无畏"级相比，"无畏 II"级的用途更为广泛，能执行防空、反舰、反潜和护航等多种任务，其主要武器包括 1 座双联装 AK-130 全自动高平两用炮、8 座八联装 SA-N-9"刀刃"导弹垂直发射系统、2 座四联装 SS-N-22"日炙"反舰导弹发射器、2 座四联装 533 毫米多用途鱼雷发射管、2 座"卡什坦"近程防御武器系统、2 座十联装 RBU-12000 反潜火箭发射器等。此外，还可搭载 2 架卡-27 反潜直升机。

传奇舰船鉴赏："勇敢"级驱逐舰

基 本 参 数	
满载排水量	7350 吨
船体长度	152.4 米
船体宽度	21.2 米
吃水深度	5 米
最大航速	27 节

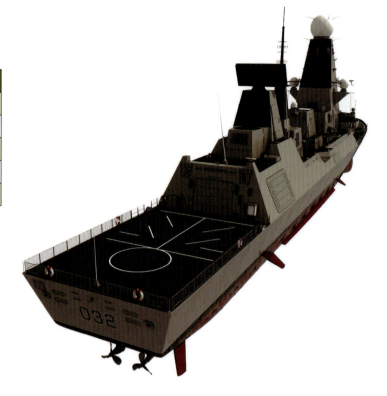

"勇敢"级驱逐舰是英国于 21 世纪初开始建造的导弹驱逐舰，也是英国海军现役的主力驱逐舰，又称为 45 型驱逐舰。

研发历程

1991 年，英国与法国合作展开"未来护卫舰"计划，意大利也在 1992 年年底加入这个团队。由于各国需求不一，英国最终于 1999 年 4 月退出了这一计划。此后，英国决定自行发展新一代驱逐舰，其成果就是"勇敢"级驱逐舰。该级舰原计划建造 12 艘，但由于英国海军经费持续缩减，驱逐舰和护卫舰的规模由原本的 31 艘缩减至 25 艘，"勇敢"级驱逐舰也受到波及，最终建造数量降至 6 艘。

"勇敢"级驱逐舰在大洋中航行

整体构造

"勇敢"级驱逐舰在设计上力求周全，拥有足够的预留空间，可确保其在寿命周期内进行性能提升时不需要大幅修改舰体结构。为了对抗北大西洋上恶劣的风浪，"勇敢"级驱逐舰的舰炮前方设有大型挡浪板，并在垂直发射装置前方和两侧设置一圈颇高的挡墙来隔绝大浪以及导弹发射产生的火焰。"勇敢"级驱逐舰采用模块化建造方式，不仅减少了建造时间和成本，而且在未来进行维修、改良也十分便利。

作战性能

"勇敢"级驱逐舰最重要的武器就是"主防空导弹系统"（PAAMS），这也是欧洲许多新一代海军舰艇的重要武器。PAAMS的雷达系统因使用国不同而异，但导弹都是由法国研发的"阿斯特"防空导弹。"勇敢"级驱逐舰主要依靠"席尔瓦"导弹垂直发射系统发射"阿斯特"15型或"阿斯特"30型防空导弹。反舰方面，"勇敢"级驱逐舰装有2座四联装"鱼叉"反舰导弹发射装置。反潜方面，主要依靠"山猫"直升机（1架）、"阿斯洛克"反潜导弹和324毫米鱼雷。此外，"勇敢"级驱逐舰还装有1门114毫米舰炮、2门30毫米速射炮和2座20毫米近程防御武器系统，也具有一定的对陆攻击、防空和反舰能力。

"勇敢"级驱逐舰右舷视角

"勇敢"级驱逐舰采用了革命性的全电力推进系统（Full Electric Propulsion，FEP），包括2台劳斯莱斯WR-21燃气轮机（总功率为43000千瓦）和2台瓦锡兰12V200辅助柴油发电机（总功率为4000千瓦）。"勇敢"级驱逐舰的最高航速为30节，以18节速度航行时的续航距离为7000海里。

"勇敢"级驱逐舰左舷视角

3.4 侧重反潜的护卫舰

二战后，护卫舰除为大型舰艇护航外，主要用于近海警戒巡逻或护渔护航，舰上装备也逐渐现代化。在舰级划分上，美国和欧洲各国达成一致，将排水量 3000 吨以下的护卫舰和护航驱逐舰统一用护卫舰代替。

20 世纪 50 年代以来，护卫舰向着大型化、导弹化、电子化、指挥自动化的方向发展，现代的护卫舰上还普遍载有反潜直升机。现代护卫舰与现代驱逐舰的区别有的时候并不十分明显，只是通常前者在吨位、火力、续航能力、持续性作战能力上较逊于后者，有些国家发展的大型护卫舰在这些方面甚至还强于某些驱逐舰，还有的国家已经开始慢慢淘汰护卫舰，统一用驱逐舰代替。不过从大国海军来看，护卫舰和驱逐舰仍然有本质区别，护卫舰最普遍的用途是为商船或者大型军舰护航，而驱逐舰是舰队的主力，一般不执行这种任务。

现代护卫舰的主要任务是执行小范围内的点防空和反潜任务，也就是说在舰队行动里，护卫舰担负的任务主要是消灭突破驱逐舰防御的漏网之鱼。护卫舰的防空和反潜能力不像驱逐舰那样突出，绝大部分的护卫舰都同时具有防空能力和反潜能力，但从世界各国一直以来护卫舰的用途来看，护卫舰的主业更偏向于反潜，防空只是其副业。

总而言之，在大国海军，驱逐舰和护卫舰是一种高低搭配的作战方式，前者是舰队的主力，承担主要的防空和反潜任务，后者则作为前者的补充，承担次要的作战任务。

"里加"级护卫舰

原产国：苏联

入役时间：1952 年

满载排水量：1416 吨

"里加"级护卫舰是苏联于 20 世纪 50 年代研制的护卫舰，除装备苏联海军外，还出口到保加利亚、印度尼西亚和芬兰等国。该级舰的主要武器包括 3 门 100 毫米对空 / 对海两用舰炮、2 座双联装 37 毫米舰炮、2 座双联装 25 毫米舰炮、2 座 16 联装反潜火箭发射装置，以及 1 座三联装 533 毫米鱼雷发射装置。另外，舰上还安装了 4 具深水炸弹发射装置。

"迪利"级护卫舰

原产国：美国

入役时间：1954 年

满载排水量：1877 吨

"迪利"级护卫舰是美国在二战后研制的第一级护卫舰，共建造了 13 艘。该级舰装备了 2 座 Mk 33 双管 76 毫米高平两用炮（前面一座有防盾，后面一座为敞露式），反潜武器为 2 座 Mk 11 "刺猬"弹发射器和 2 座 Mk 32 三管 324 毫米鱼雷发射器。不久舰上的"刺猬"弹发射器就被 Mk 108 "斑马"反潜火箭发射器所取代。1962 年，"迪利"级护卫舰又拆去了后主炮，腾出空间装备遥控无人反潜直升机，反潜能力得到了进一步提升。该级舰在美国海军中一直服役到 20 世纪 70 年代中期，退役后有 1 艘售与乌拉圭，1 艘售与哥伦比亚。

"克劳德·琼斯"级护卫舰是美国于 20 世纪 50 年代建造的护卫舰，共建造了 4 艘。该级舰的舰体长度为 95.1 米，宽度为 11.6 米，吃水深度为 3.7 米，最大航行速度为 22 节，续航距离为 7000 海里（12 节航速）。舰上有 175 名舰员，主要舰载武器为 2 门 76 毫米舰炮、2 座三联装 324 毫米鱼雷发射管和 2 门反潜迫击炮等。

"克劳德·琼斯"级护卫舰

原产国：美国

入役时间：1958 年

满载排水量：2000 吨

"别佳"级护卫舰

原产国：苏联

入役时间：1961 年

满载排水量：1150 吨

"别佳"级护卫舰是苏联于 20 世纪 60 年代建造的护卫舰，主要用于近海防御，分为 I 型、II 型和 III 型三种型号。I 型建造了 20 艘，II 型建造了 26 艘，III 型建造了 2 艘。该级舰的主要武器包括 2 座双联装 76 毫米舰炮、1 座三联装 533 毫米鱼雷发射管、2 座五联装 406 毫米鱼雷发射管、4 座 12 管 RBU-6000 回转式反潜深弹发射器、4 座 16 管 RBU-2500 回转式反潜深弹发射器、2 座深水炸弹投掷架，还可携带 22 枚水雷。

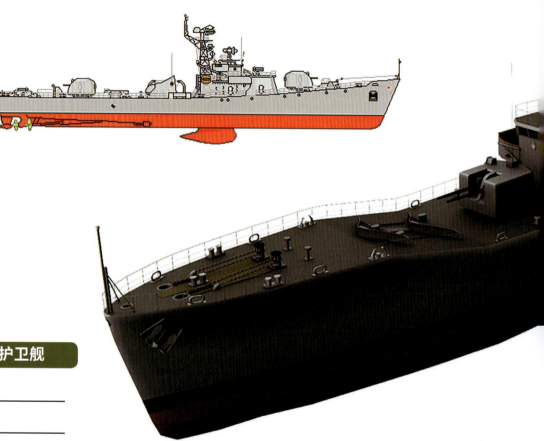

"利安德"级护卫舰

原产国：英国

入役时间：1963 年

满载排水量：3300 吨

"利安德"级护卫舰是英国于 20 世纪 50 年代末开始建造的反潜护卫舰，也称为 12M 型护卫舰。英国海军装备了 26 艘，荷兰海军装备了 4 艘。英国海军装备的"利安德"级护卫舰退役后，部分舰只被出售到新西兰、印度、智利、巴基斯坦和厄瓜多尔等国。该级舰最初装备了双联装 114 毫米主炮、"海猫"防空导弹和"伊卡拉"反潜导弹等武器，直升机甲板长度占了全舰四分之一。此后各个批次都有改进，包括拆除炮塔、增加防空导弹和反舰导弹、增加电子设备等。

"布朗斯坦"级护卫舰

原产国:	美国
入役时间:	1963 年
满载排水量:	2960 吨

"布朗斯坦"级护卫舰是美国于 20 世纪 60 年代建造的护卫舰,共建造了 2 艘。该级舰的舰体长度为 113 米,宽度为 12 米,吃水深度为 7 米,最大航行速度为 26 节,续航距离为 3400 海里(15 节航速)。舰上有 196 名舰员,主要舰载武器为 1 座双联装 76 毫米舰炮、1 门单装 76 毫米舰炮和 2 座 533 毫米鱼雷发射器等。

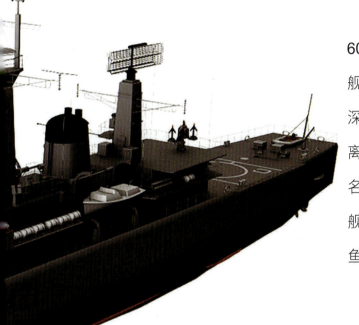

"河"级护卫舰

原产国:	澳大利亚
入役时间:	1961 年
满载排水量:	2560 吨

"河"级护卫舰是澳大利亚于 20 世纪 50 年代后期开始建造的护卫舰,共建造了 6 艘。由于澳大利亚属于英联邦国家,所以该级舰艇的设计参考了英国的技术,与英国"利安德"级护卫舰相似。"河"级护卫舰服役时间较长,其间,各舰都进行了现代化改装,包括改善舰员居住环境、安装新式电子设备和导弹、将锅炉燃料改为烧柴油等。一般来说,"河"级护卫舰装有 2 门 113 毫米 Mk 6 型舰炮、1 座四联装"海猫"舰对空导弹发射装置、1 座"伊卡拉"反潜导弹发射装置,以及 1 门 300 毫米迫击炮。

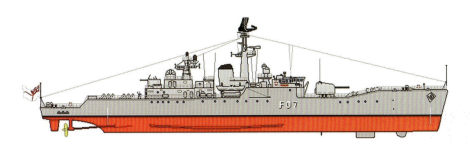

"米尔卡"级护卫舰

原产国：苏联

入役时间：1964 年

满载排水量：1150 吨

"米尔卡"级护卫舰是苏联于 20 世纪 60 年代建造的轻型护卫舰，共建造了 18 艘，I 型和 II 型各有 9 艘。I 型装备了五联装 406 毫米鱼雷发射管、RBU-6000 反潜火箭发射器、双联装 76 毫米对海 / 对空全自动舰炮；电子设备包括"顿河 2"导航雷达、"武仙星座"声呐，以及 2 套电子战设备和 1 部敌我目标识别设备。II 型舰长、舰宽、吃水、动力装置、舰员编制表、航速、续航力等与 I 型相同，区别是增加了 1 座五联装 406 毫米鱼雷发射管，以及舰艉沉水声呐。

"加西亚"级护卫舰

原产国：美国

入役时间：1964 年

满载排水量：2650 吨

"加西亚"级护卫舰是美国于 20 世纪 60 年代建造的护卫舰，共建造了 10 艘，主要担任反潜护航任务。该级舰装有 1 座八联装"阿斯洛克"反潜火箭发射装置（可发射"鱼叉"反舰导弹）、2 座三联装 Mk 32 反潜鱼雷发射装置、2 座 Mk 30 单管 127 毫米炮，还可搭载 1 架 SH-2D "海妖"直升机。20 世纪 90 年代，"加西亚"级护卫舰从美国海军退役，部分舰只被售与巴西和巴基斯坦。

"布鲁克"级护卫舰

原产国：美国

入役时间：1966年

满载排水量：3426吨

"布鲁克"级护卫舰是美国建造的第一代导弹护卫舰，共建造了6艘，在1966年至1989年服役。该级舰装备了"鞑靼人"防空导弹，具备较强的自卫防空能力，还拥有一个可以携带反潜直升机的机库与新型声呐，可以执行远洋反潜作战、护送舰队、反破交战等多样化的任务。此外，舰上的主要武器还有1座八联装"阿斯洛克"反潜导弹发射器、1门127毫米舰炮和2座三联装Mk 32鱼雷发射器等。

"诺克斯"级护卫舰

原产国：美国

入役时间：1969年

满载排水量：4260吨

"诺克斯"级护卫舰是美国于20世纪60年代研制的导弹护卫舰，共建造了46艘，在1969年至1994年服役。该级舰的上层建筑较长，舰艏建筑后方有一个粗大的桅杆塔，上部加粗呈桶形，其上架设各种天线。舰体后部设有机库，机库后方有面积较大的直升机平台。舰上的主要武器包括2座四联装"鱼叉"反舰导弹发射器、1座八联装"阿斯洛克"反潜导弹发射器、1座双联装Mk 32鱼雷发射管和1门127毫米舰炮等。

"克里瓦克"级护卫舰

原产国：苏联

入役时间：1970年

满载排水量：3575吨

"克里瓦克"级护卫舰是苏联于20世纪60年代建造的导弹护卫舰，共建造了40艘。该级舰的主要武器包括2座四联装SS-N-25"明星"舰对舰导弹发射器、2座双联装SA-N-4"壁虎"舰对空导弹发射器、1座四联装SS-N-14"石英"反潜导弹发射器、2座100毫米舰炮、2座六管30毫米舰炮、2座四联装533毫米鱼雷发射管、2座RBU-6000反潜火箭发射器。对抗措施为4座PK16或10座PK10箔条诱饵发射器。

"筑后"级护卫舰

原产国：日本

入役时间：1971年

满载排水量：1800吨

"筑后"级护卫舰是日本于20世纪60年代后期开始建造的护卫舰，共建造11艘。"筑后"级护卫舰采用双桅结构，主桅位于桥楼和烟囱之间，烟囱后为"阿斯洛克"反潜导弹发射装置，副桅低矮，双肩有罐状天线。舰上的主要武器包括1座八联装"阿斯洛克"反潜导弹发射器、2座Mk 33型双管76毫米火炮、2座双管40毫米火炮、2座68型三联装鱼雷发射管（用于发射Mk 46型反潜鱼雷）。

"格里莎"级护卫舰

原产国：苏联

入役时间：1971年

满载排水量：1200吨

"格里莎"级护卫舰是苏联于20世纪70年代研制的导弹护卫舰，分为I型、II型、III型和V型，建造数量分别为15艘、12艘、30艘和23艘。I型装有1座双联装SA-N-4舰空导弹、1座双管57毫米炮、2座双联装533毫米鱼雷发射管、2座12管RBU-6000型火箭深弹等。II型取消了舰艏的SA-N-4型舰空导弹发射器，换装了第二座双管57毫米炮。III型则又恢复了舰艏的SA-N-4舰空导弹发射器，并在舰艉甲板室上加装1座6管30毫米速射炮。V型与III型基本相同，仅将III型舰艉的双管57毫米炮改为单管76毫米炮。

"女将"级护卫舰

原产国：英国

入役时间：1974年

满载排水量：3360吨

"女将"级护卫舰是英国于20世纪70年代建造的护卫舰，也称为21型护卫舰，共建造了8艘。为了控制成本，"女将"级护卫舰的舰体采用民间船舶的规格来建造，各种装备也力求精简。由于一反过去由海军主导的建造方式，"女将"级护卫舰的外形与过去的英国海军舰艇有许多不同，其外形较为简洁流畅，颇有快艇的风格。为了减轻上部重量，以利于航行性能，上层建筑大量采用铝合金材料制造。"女将"级护卫舰采用全燃气涡轮推进，具有主机启动快、加速快、体积轻巧、自动化程度高、节约大量人力等优点。

"科尼"级护卫舰

原产国：苏联

入役时间：1976年

满载排水量：1900吨

"科尼"级护卫舰是苏联于20世纪70年代研制的轻型护卫舰，主要用于出口。舰上的主要武器包括2座AK-726型76毫米双联装两用全自动舰炮、2座AK-230型30毫米双联装全自动高炮、2座RBU-6000反潜火箭发射装置，以及1座采用3HO-122双联装发射装置的防空导弹综合系统，配备20枚SA-N-4"壁虎"防空导弹。此外，舰上配备了12枚BB-1深水炸弹，还有2条布雷滑轨，配有14枚水雷。

"佩里"级护卫舰

原产国：美国

入役时间：1977年

满载排水量：4200吨

"佩里"级护卫舰是美国于20世纪70年代研制的导弹护卫舰，共建造了71艘。该级舰的主要武器包括1座单臂Mk 13导弹发射器，发射"标准"导弹用于防空，或"鱼叉"导弹用于反舰；1座单管Mk 75-0型76毫米舰炮，用于中近程防空、反舰；2座"密集阵"近程防御武器系统，用于近程防空；2艘六管Mk 36"萨布洛克"干扰火箭；2座三联装Mk 32鱼雷发射管，发射Mk 46-5或Mk 50鱼雷用于反潜；1套SQ-25"水精"鱼雷诱饵，用于反潜。此外，还搭载了2架反潜直升机。

"大刀"级护卫舰

原产国：英国

入役时间：1979 年

满载排水量：4800 吨

"大刀"级护卫舰是英国设计建造的多用途护卫舰，也称为 22 型护卫舰，共建造了 14 艘。就当时的护卫舰而言，"大刀"级护卫舰的尺寸与排水量可谓相当庞大，与"谢菲尔德"级驱逐舰不相上下。虽然较大的舰体对于耐海性、舰员舒适性和持续作战能力都很有帮助，但也导致"大刀"级护卫舰的造价较高。

"西北风"级护卫舰

原产国：意大利

入役时间：1981 年

满载排水量：3100 吨

"西北风"级护卫舰是意大利海军于 20 世纪 80 年代装备的多用途护卫舰，共建造了 8 艘。该级舰在设计上基本可以视为其前级"狼"级护卫舰的放大版，不仅将舰体尺寸、排水量放大以增加适航性，侦测能力、电子系统以及反潜能力也经过强化。"西北风"级护卫舰的舰体构型合理，改善了适航性以及高速性能。该级舰的主要武器为 1 座"信天翁"防空导弹发射器、4 座"奥托马特"反舰导弹发射器、1 门 127 毫米全自动舰炮和 2 座双联装 40 毫米舰炮。

"石狩"级护卫舰

原产国：日本

入役时间：1981年

满载排水量：1600吨

"石狩"级护卫舰是日本于20世纪80年代研制的导弹护卫舰，仅有"石狩"号建造完成。该舰于1979年5月开工建造，1980年3月下水，1981年3月开始服役。"石狩"级护卫舰最初规划为反潜巡防舰，但是之后又加装了"鱼叉"导弹作为反舰用途。日本海上自卫队认为"石狩"级护卫舰尺寸太小，无法满足未来需求，所以转而建造"夕张"级护卫舰。2007年10月，"石狩"号护卫舰退役。

"不来梅"级护卫舰

原产国：德国

入役时间：1982年

满载排水量：3800吨

"不来梅"级护卫舰是德国于20世纪70年代研制的多用途护卫舰，共建造了8艘。该级舰具有远洋反潜、对海作战和近程防御能力，主要武器包括2座四联装"鱼叉"反舰导弹发射器、1座八联装Mk 29"海麻雀"中程舰空导弹发射器、2座双联装Mk 32型324毫米鱼雷发射管，以及1座Mk 75型"奥托·梅莱拉"单管76毫米高平两用炮。此外，舰艉设有直升机机库，可搭载2架"山猫"反潜直升机。

"夕张"级护卫舰

原产国：日本

入役时间：1983 年

满载排水量：1690 吨

"夕张"级护卫舰是"石狩"级护卫舰的后继舰种，共建造了 2 艘，在 1983 年至 2010 年服役。"夕张"级护卫舰的舰身比"石狩"级护卫舰增长了 6 米，上层结构改为钢制，后甲板留有加装"密集阵"近程防御武器系统的升级空间，不过最后没有安装。因住舱面积有所增加，"夕张"级护卫舰的居住性大大改善。

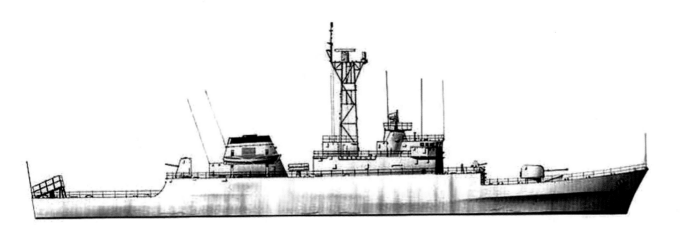

"浦项"级护卫舰

原产国：韩国

入役时间：1984 年

满载排水量：1200 吨

"浦项"级护卫舰是韩国于 20 世纪 80 年代研制的轻型护卫舰，共建造了 24 艘。该级舰是在"东海"级巡逻舰的基础上改进而来，为韩国海军重要的近海防卫力量。"浦项"级护卫舰有反潜型和反舰型两种类型，安装了不同的舰载武器。其中，反舰型的主要武器为 1 座双联装"飞鱼"反舰导弹发射装置、2 座三联装 324 毫米鱼雷发射管、1 门 76 毫米舰炮和 2 座双联装 30 毫米舰炮。

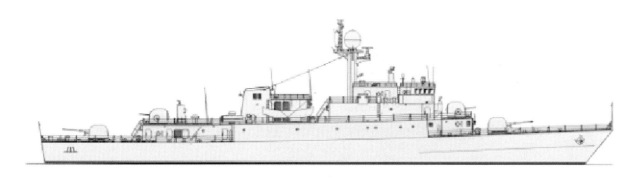

"艾斯波拉"级护卫舰

原产国：阿根廷、德国

入役时间：1985年

满载排水量：1560吨

"艾斯波拉"级护卫舰是阿根廷海军从德国进口的轻型护卫舰，属于著名的"MEKO"（多用途标准护卫舰）系列产品，共建造了6艘。该级舰装有4座法国宇航公司制造的MM 38"飞鱼"反舰导弹发射装置、1门"奥托·梅莱拉"76毫米紧凑型舰炮、2座双联装布雷达40毫米舰炮、2挺12.7毫米机枪、6座324毫米LLAS 3鱼雷发射管。此外，还有2座CSEE"达盖"诱饵发射装置。舰载机方面，可搭载1架SA 319B"云雀Ⅲ"直升机或AS 555"小狐"直升机。

"斯德哥尔摩"级护卫舰

原产国：瑞典

入役时间：1986年

满载排水量：380吨

"斯德哥尔摩"级护卫舰是瑞典于20世纪80年代建造的轻型导弹护卫舰，共建造了2艘，即"斯德哥尔摩"号（K11）和"马尔默"号（K12）。该级舰的主要武器包括4座双联装萨伯RBS-15 Mk2反舰导弹发射装置、1门"博福斯"57毫米Mk 2型舰炮、1门"博福斯"40毫米舰炮、4座400毫米鱼雷发射管、4座埃尔玛LLS-920型9管反潜火箭发射装置，舰上的电子战设备为"秃鹰"CS5460电子支援系统。

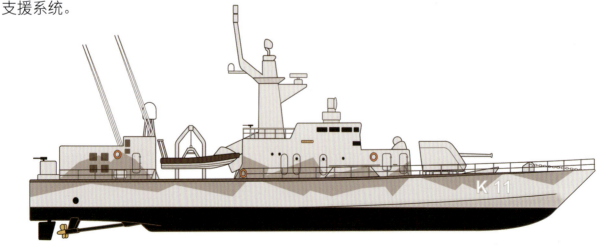

"阿武隈"级护卫舰

原产国：日本

入役时间：1989年

满载排水量：2550吨

"阿武隈"级护卫舰是日本于20世纪80年代末开始建造的通用护卫舰，共建造了6艘。该级舰的隐身效果较好，是日本海上自卫队较早引入舰体隐身设计的战斗舰艇。舰上两舷船体向内倾斜，这样可使雷达波向海面扩散，达到不易被对方雷达捕捉的目的。"阿武隈"级护卫舰采用可变螺距的侧斜螺旋桨，可以降低约四分之一的转数，既减少了噪声，又提高了隐蔽性。该级舰的主要武器为1座八联装"鱼叉"反舰导弹发射器、1座"密集阵"近程防御武器系统、2座三联装324毫米鱼雷发射管和1门76毫米舰炮。

"卡雷尔·多尔曼"级护卫舰

原产国：荷兰

入役时间：1991年

满载排水量：3320吨

"卡雷尔·多尔曼"级护卫舰是荷兰研制的导弹护卫舰，共建造了8艘。该级舰采用平甲板船型，艏舷弧从舰体中部开始出现，直至舰艉，使得整体看去艏舷弧并不明显，但舰艉的高度已增加不少，以减小甲板上浪的机会。舰艏尖瘦，舰体中部略宽，下设减摇鳍。上层建筑位于舰体中部，约占全舰长度的一半以上，但高度较矮。该级舰的主要武器为2座四联装"鱼叉"反舰导弹发射器、1座"守门员"近程防御武器系统、2座双联装324毫米鱼雷发射管和1门76毫米舰炮等。

"花月"级护卫舰

原产国：法国

入役时间：1992 年

满载排水量：2950 吨

"花月"级护卫舰是法国于 20 世纪 90 年代初开始建造的护卫舰，法国海军一共装备了 6 艘。该级舰的舰体粗短，长宽比仅为 6.88∶1，在军舰中极为罕见，这使得其拥有极佳的稳定性，在五级海况下仍能让直升机起降。不过舰体粗短的代价就是航行阻力大增，降低了航速。由于任务上的特性，"花月"级护卫舰的舰体完全没有使用同时期"拉斐特"级护卫舰采用的舰体隐身设计。该级舰的主要武器为 2 座"飞鱼"反舰导弹发射器、1 门 100 毫米全自动舰炮和 2 门 F2 型 20 毫米舰炮。

"不惧"级护卫舰

原产国：苏联 / 俄罗斯

入役时间：1993 年

满载排水量：4400 吨

"不惧"级护卫舰是苏联于 20 世纪 80 年代中期开始建造的护卫舰，共建造了 2 艘。该级舰拥有强大的舰载武器，舰艏设有 1 门单管 100 毫米 AK-100 舰炮，射速达 50 发 / 分，射程为 20 千米，弹药库内备弹 350 发。此外，舰体中段装有 4 座四联装 SS-N-25"弹簧刀"反舰导弹发射器。防空方面，该级舰设有 4 座八联装 3S-95 转轮式垂直发射系统，装填 32 枚 SA-N-9"铁手套"短程防空导弹。"不惧"级护卫舰还装备了 2 座"卡什坦"近程防御武器系统，分别设于机库两侧。

"勃兰登堡"级护卫舰

原产国：德国

入役时间：1994 年

满载排水量：4490 吨

"勃兰登堡"级护卫舰是德国于 20 世纪 90 年代建造的护卫舰，共建造了 4 艘。该级舰采用模块化设计，武器装备和电子设备都使用标准尺寸和接口的功能模块，同型的功能模块可以互换，具有高度的灵活性和适应性，也使舰艇的改装和维修简便易行，并大大降低总采购费用和日常维修费用。舰上的主要武器为 1 座十六联装 Mk 41 垂直发射器、2 座双联装"飞鱼"反舰导弹发射器、2 座"拉姆"防空导弹发射器和 1 门 76 毫米舰炮。

"拉斐特"级护卫舰

原产国：法国

入役时间：1996 年

满载排水量：3600 吨

"拉斐特"级护卫舰是法国于 20 世纪 80 年代末研制的导弹护卫舰，共建造了 20 艘。该级舰的舰体线条流畅，不仅有利于提高隐身性能，也极具艺术美感，充分体现了法国优良的造船工艺和审美观念。"拉斐特"级护卫舰上除了必须暴露的武器装备和电子设备，其他设备一律隐蔽安装；舰体以上甲板异常整洁，除了一座舰炮，几乎没有任何突出物。该级舰的主要武器为 1 座八联装"响尾蛇"防空导弹发射器、2 座四联装"飞鱼"反舰导弹发射器、1 门 100 毫米自动舰炮和 2 门 20 毫米舰炮。

"安扎克"级护卫舰

原产国：澳大利亚、新西兰

入役时间：1996 年

满载排水量：3600 吨

"安扎克"级护卫舰是澳大利亚和新西兰联合研制的护卫舰，共建造了 10 艘，其中 8 艘为澳大利亚海军建造、2 艘为新西兰海军建造。"安扎克"级护卫舰的武器系统、电子系统、控制台，甚至桅杆等设备都是按照标准尺寸制成的独立模块，在岸上由分包商在厂房内组装测试，然后被运送到船厂，安装到标准底座上。这种建造方式不仅可以节省安装时间，最大限度地避免失误，也更容易进行改装或升级。

传奇舰船鉴赏："公爵"级护卫舰

基 本 参 数	
满载排水量	4900 吨
船体长度	133 米
船体宽度	16.1 米
吃水深度	7.3 米
最大航速	28 节

"公爵"级护卫舰是英国于 20 世纪 80 年代研制的导弹护卫舰，也称为 23 型护卫舰，共建造了 16 艘。

研发历程

"公爵"级护卫舰最初设计用于替代"利安德"级护卫舰，承担深海反潜任务。随着冷战的结束，并吸取马岛战争的教训，英国海军要求"公爵"级护卫舰更多地承担支援联合远征作战、投送海上力量等任务，最终形成了一型反潜能力突出，并兼具防空、反舰和火力支援能力的护卫舰。截至 2021 年 1 月，该级舰的其中 13 艘在英国海军服役，其余 3 艘在退役后被智利海军购买。

最初英国海军只打算让"公爵"级护卫舰服役 18 年，服役期间不进行任何大规模更新翻修，但由于"公爵"级护卫舰的后继者——26 型护卫舰一再推迟，故英国海军只好将"公爵"级护卫舰的役期延长为 22 年，并从 2005 年起陆续展开翻修与改良作业。英国海军剩下的 13 艘"公爵"级护卫舰要效力至 2020 年以后，才会有新一代舰艇接替，2036 年左右才能全数退役。

整体构造

"公爵"级护卫舰生命力较强，消防和通风等方面的设计比较先进，全舰分为 5 个独立的消防区，使用燃烧时不产生有害气体的舾装材料，指挥室和操纵室等重要区域实施了多种防护。该级舰的隐身性

航行中的"公爵"级护卫舰

能也比较出色，通过各种措施将噪声、雷达反射、红外信号等大幅降低。由于大量采用自动化装置，"公爵"级护卫舰所需的舰员人数大大减少，因此每名士兵都拥有充分的居住面积。

作战性能

"公爵"级护卫舰的主要武器包括 2 座四联装"鱼叉"舰对舰导弹发射器、1 座三十二联装"海狼"防空导弹垂直发射器、1 门 114 毫米 Mk 8 舰炮、2 门 30 毫米舰炮、2 座双联装 324 毫米鱼雷发射管。

"海狼"防空导弹使用指挥至瞄准线（CLOS）方式导引，先由搜索雷达侦获目标位置，再由计算机将火控雷达对准目标并发射导弹接战。火控雷达同时追踪来袭目标与"海狼"导弹，

将资料传至火控计算机计算两者的相位差，对"海狼"导弹发出航向修正的指令，指挥导弹朝着火控雷达与目标之间的瞄准线飞去，直到命中目标。

"公爵"级护卫舰拥有多功能的"普莱西"996型3D中程对空/平面搜索雷达（E/F频），除用于对空、对海监视之外，还兼作舰上"海狼"防空导弹的目标导引雷达。996型雷达性能优异，在高强度噪声与电子干扰的环境中仍能精确锁定小型目标。之后，996型雷达被更换为997型雷达，性能进一步提升。

"公爵"级护卫舰艏部视角

"公爵"级护卫舰艉部视角

3.5 攻防俱佳的"宙斯盾"军舰

"宙斯盾"作战系统是美国研制装备的一种自动化指挥作战系统，既可防御作战也可反击进攻。该系统的研制始于20世纪70年代初，时值海军战舰走向导弹化和远洋化的初期，美军迫切需要一种能够抗击各类空中威胁饱和攻击的防空系统装备舰艇。该系统从1969年12月起开始正式研制，1973年完成样机，于1981年正式装舰服役。"宙斯盾"作战系统体现了美国20世纪80年代的科技水平。随后，一直与世界先进的科学技术同步发展。

"宙斯盾"作战系统的核心是一套电脑化的指挥决策与武器管制系统。通过武器管制系统的整合与指挥，舰上的作战系统得以发挥最大的能力进行必要的攻击与防御措施。武器管制系统辖下包括轻型空载多用途系统（LAMPS）、AGM-84"鱼叉"反舰导弹、"标准"Ⅲ防空导弹、"密集阵"近程防御武器系统、鱼雷发射系统以及"海妖"反鱼雷装置等。"宙斯盾"作战系统最重要也最显眼的就是AN/SPY-1相控阵雷达，这一套雷达共有4片，成八角形，分别装置在舰艇上层结构的4个方向上，以相位雷达波重绘的方式判断目标，取代传统的旋转式回波雷达。

最初，"宙斯盾"作战系统由于体积过大以及技术问题，美国仅授权给一级盟国，例如日本。进入21世纪，"宙斯盾"作战系统成功小型化，使其可以装备在5000吨级别的舰艇上，因此获得多国采用，包括韩国、西班牙、澳大利亚和挪威等。

"提康德罗加"级巡洋舰

原产国：美国

入役时间：1983年

满载排水量：9800吨

"提康德罗加"级巡洋舰是美国海军现役唯一一级巡洋舰，配备了"宙斯盾"作战系统。前5艘"提康德罗加"级巡洋舰（CG-47～51）在舰艏与舰艉各安装1座Mk 26 Mod 5双臂导弹发射器，每座可装填44枚导弹，除了主要的"标准"Ⅱ防空导弹之外，也能填入"阿斯洛克"反潜导弹。此外，舰艉左侧设有2座四联装"鱼叉"反舰导弹发射器，艉楼两侧内部各有1座三联装Mk 32鱼雷发射管。舰炮方面，舰艏和舰艉各装有1门127毫米Mk 45舰炮。自"邦克山"号（CG-52）以后的"提康德罗加"级巡洋舰都将Mk 26双臂发射器换成Mk 41垂直发射系统（16座八联装发射器，舰身前、后部各装8座），应对饱和空中攻击的能力大增，更能发挥"宙斯盾"作战系统一次性处理大量目标的实力。

"阿利·伯克"级驱逐舰

原产国：美国

入役时间：1991 年

满载排水量：9217 吨

"阿利·伯克"级驱逐舰是美国于 20 世纪 80 年代开始建造的导弹驱逐舰，目前是美国海军的主力驱逐舰，也是世界各国现役驱逐舰中建造数量最多的一级。该级舰具有对陆、对海、对空和反潜的全面作战能力，配备了 2 座 Mk 41 导弹垂直发射系统，可视作战任务决定"战斧"导弹、"标准"Ⅱ导弹、"海麻雀"导弹和"阿斯洛克"导弹的装弹量。此外，该级舰还装有 1 门 127 毫米全自动舰炮、2 座四联装"鱼叉"反舰导弹发射器、2 座"密集阵"近程防御武器系统、2 座 Mk 32 型 324 毫米鱼雷发射管（发射 Mk 46 或 Mk 50 反潜鱼雷）。后期型号还可搭载 2 架 SH-60B/F 直升机，主要用于反潜作战。

"金刚"级驱逐舰

原产国：日本

入役时间：1993 年

满载排水量：9485 吨

"金刚"级驱逐舰是日本第一种装备"宙斯盾"作战系统的驱逐舰，共建造了 4 艘。该级舰的主要技术都是从美国引进的，从总体的布局到重要装备的配置，基本上与"阿利·伯克"级驱逐舰相似，但也做了一些变动和发展。"金刚"级驱逐舰的舰型为高干舷的平甲板型，改用了垂直的较笨重的桁架桅，在一定程度上破坏了"阿利·伯克"级驱逐舰的雷达隐身性设计。"金刚"级驱逐舰的主要武器为 2 座 Mk 41 导弹垂直发射器、2 座四联装"鱼叉"反舰导弹发射器、2 座"密集阵"近程防御系统和 2 座三联装 324 毫米鱼雷发射管。

"阿尔瓦罗·巴赞"级护卫舰

原产国：西班牙

入役时间：2002 年

满载排水量：5800 吨

"阿尔瓦罗·巴赞"级护卫舰是西班牙研制的"宙斯盾"护卫舰，又称 F-100 型护卫舰，共建造了 5 艘。该级舰的单舰防空能力较强，具有区域性对空防御，以及反弹道导弹的侦测能力。该级舰的主要武器包括 1 座四十八联装 Mk 41 垂直发射系统，发射"标准"导弹或改进型"海麻雀"导弹；1 门 127 毫米 Mk 45 Mod 2 舰炮，用于防空、反舰；2 座四联装"鱼叉"反舰导弹发射器，用于反舰；2 座双联装 Mk 32 鱼雷发射管，发射 Mk 46 Mod 5 轻型鱼雷；2 门 20 毫米机炮。

"南森"级护卫舰

原产国：挪威

入役时间：2006 年

满载排水量：5290 吨

"南森"级护卫舰是挪威设计建造的导弹护卫舰，共建造了 5 艘。该级舰使用了美国设计的"宙斯盾"作战系统，其核心是舰桥顶部的一体化桅杆，上面装置了四面被动式相位阵列雷达，但是雷达的数列比其他使用"宙斯盾"作战系统的舰船更少，意味着其搜索距离极为有限。因舰体较小，不能携载大功率发电机和相应的燃料。受限供电系统，四面相位阵列雷达只可以轮流开启，导致"南森"级护卫舰的战场空中资料更新速度较慢。而且，其"宙斯盾"作战系统缺乏区域防空和拦截弹道导弹的能力，以及没有装备"战斧"巡航导弹的射控软件。

"爱宕"级驱逐舰

原产国：日本

入役时间：2007年

满载排水量：10000吨

"爱宕"级驱逐舰是日本设计建造的重型防空导弹驱逐舰，共建造了2艘。该级舰的主要武器包括2座Mk 41导弹垂直发射系统、2座"密集阵"近程防御系统、2座三联装324毫米HOS-302型旋转式鱼雷发射管、2座四联装90式反舰导弹发射器、1门采用隐身设计的Mk 45 Mod 4型127毫米全自动舰炮、4挺12.7毫米机枪，以及4座六管130毫米Mk 36型箔条诱饵发射器。"爱宕"级驱逐舰在舰艉增设了直升机库，搭载1架SH-60K反潜直升机，并在机库内设有防空导弹和反潜武器库，比"金刚"级驱逐舰在直升机的运用上更具灵活性。

"世宗大王"级驱逐舰

原产国：韩国

入役时间：2008年

满载排水量：7200吨

"世宗大王"级驱逐舰是韩国自行设计建造的第三种驱逐舰，配备了"宙斯盾"作战系统，韩国也因此成为世界上第六个拥有"宙斯盾"军舰的国家。该级舰装有1门Mk 45 Mod 4型127毫米舰炮、1座"拉姆"近程防空导弹系统、1座"守门员"近程防御武器系统、10座八联装Mk 41垂直发射系统、6座八联装K-VLS垂直发射系统、4座四联装SSM-700K"海星"反舰导弹发射器、2座三联装324毫米"青鲨"鱼雷发射管。此外，还可搭载2架"超山猫"反潜直升机。

"霍巴特"级驱逐舰

原产国：澳大利亚、西班牙

入役时间：2017年

满载排水量：7000吨

"霍巴特"级驱逐舰是澳大利亚海军装备的搭载"宙斯盾"驱逐舰，其设计由西班牙纳凡蒂亚公司承担，是纳凡蒂亚公司旗下西班牙海军主力舰艇"阿尔瓦罗·巴赞"级护卫舰的改进版本。该级舰的主要武器包括1门Mk 45 Mod 4型127毫米舰炮、48管Mk 41垂直发射器、2座四联装"鱼叉"反舰导弹发射器、2座双联装Mk 32 Mod 9型324毫米鱼雷发射管、1座"密集阵"近程防御武器系统、1座"台风"遥控武器站等。此外，还可搭载1架MH-60R反潜直升机。

3.6 毁灭性的弹道导弹核潜艇

20世纪50年代开始，随着核动力技术的发展，核动力化的潜艇开始逐渐替代传统的柴电动力潜艇，而氧气也可以通过设备电解海水补充。这两项革新使得潜艇的潜航续航力从仅仅几小时增加到了数周乃至数月。同时伴随材料学和焊接技术的进步，使得以前从不敢想的海下航行得以实现。1954年，美国研制的世界上第一艘核动力潜艇"鹦鹉螺"号下水服役。1958年，该艇成为世界上第一艘抵达北极点和北极冰盖的潜艇。1960年，美国核潜艇"海神"号完成了环球潜航。对于现代潜艇来说，动力燃料和氧气不再是限制条件，最大的限制条件变成了舰艇提供的食物和淡水限制以及封闭空间对于艇员的心理影响。

让潜艇这种武器发生质变的是1959年开始服役的"乔治·华盛顿"级潜艇和1960年开始服役的"旅馆"级潜艇。这两种潜艇都是弹道导弹核潜艇，服役后都参与了战略值班。自此之后，以潜艇为主力的"第二次核反击力量"诞生，这可以说是"相互保证毁灭"理论发展的顶峰。

弹道导弹核潜艇是三维核打击的重要一环，其发射导弹的作业深度通常在水下50米。弹道导弹核潜艇与攻击型核潜艇和巡航导弹核潜艇最大的不同是前者是用于在战略上实施二次核打击。所以这些弹道导弹核潜艇更注重如何不被发现，而不是攻击其他舰艇的能力。常见的隐蔽手段包括长时间潜航、铺设销声瓦、使用最安静的推进系统和减少各种机器的震动与噪声传递到艇身，等等。为了携带与发射弹道导弹以及长时间隐藏于海面下，弹道导弹核潜艇的吨位与尺寸会比其他核潜艇大得多。

冷战期间，美国共发展了四代弹道导弹核潜艇，与美国抗衡的苏联，也发展了四代弹道导弹核潜艇。英国和法国都只发展了二代弹道导弹核潜艇。

"乔治·华盛顿"级潜艇

原产国：美国

入役时间：1959 年

潜航排水量：6880 吨

"乔治·华盛顿"级潜艇是美国第一代弹道导弹核潜艇，共建造了 5 艘，在 1959 年至 1985 年服役。该级艇庞大的上层建筑，是其外观上最明显的特征，从指挥台围壳前一直向艇艉延伸，覆盖着 16 具弹道导弹发射装置。潜艇内部有 7 个舱室，依次是鱼雷舱、指挥舱、导弹舱、第一辅机舱、反应堆舱、第二辅机舱和主机舱。"乔治·华盛顿"级潜艇的建成，标志着潜射弹道导弹第一次构成了真正的全球性威慑力量。

"旅馆"级潜艇是苏联研制的第一种弹道导弹核潜艇，共建造了 8 艘。尽管"旅馆"级潜艇对于当时的苏联来说是一个飞跃，但其整体性能仍逊色于美国"乔治·华盛顿"级潜艇。"旅馆"级潜艇最初携带 16 枚 SS-N-4 "萨克"弹道导弹，这种导弹有很大缺陷，只能在水面发射。为了提高"旅馆"级潜艇的生存能力，苏联对其进行了改进，后期使用 SS-N-5 弹道导弹和 SS-N-8 弹道导弹。

"旅馆"级潜艇

原产国：苏联

入役时间：1960 年

潜航排水量：5300 吨

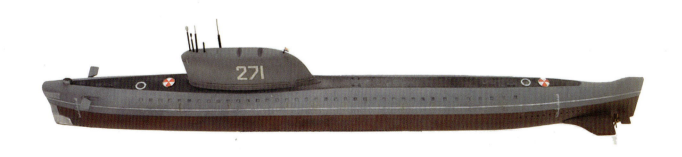

"伊桑·艾伦"级潜艇

原产国：美国

入役时间：1961 年

潜航排水量：7900 吨

"伊桑·艾伦"级潜艇是美国第二代弹道导弹核潜艇，共建造了 5 艘，在 1961 年至 1992 年服役。该级艇在美国海军弹道导弹核潜艇的发展中，起到了承上启下的作用。"伊桑艾伦"级潜艇的耐压艇体采用了 HY-80 高强度钢，使其最大下潜深度达到 300 米。这一深度成为其后美国海军各种型号弹道导弹核潜艇的标准下潜深度。

"拉斐特"级潜艇

原产国：美国

入役时间：1963 年

潜航排水量：8250 吨

"拉斐特"级潜艇是美国研制的第三代弹道导弹核潜艇，共建造了 31 艘。前 8 艘装备的是 16 枚"北极星"A2 型导弹，最大射程 2800 千米。从第九艘开始装备的是"北极星"A3 型导弹，最大射程 4600 千米，可携带 3 个爆炸当量为 20 万吨的集束式热核弹头，圆概率误差为 927 米。除弹道导弹外，"拉斐特"级潜艇还携载了 22 枚鱼雷用于自卫，通过位于艇艏的 4 具 533 毫米水压式鱼雷发射管发射。鱼雷以 Mk 37 或 Mk 45 线导反潜鱼雷为主，也可以使用 Mk 14、Mk 16 和 Mk 48 鱼雷。

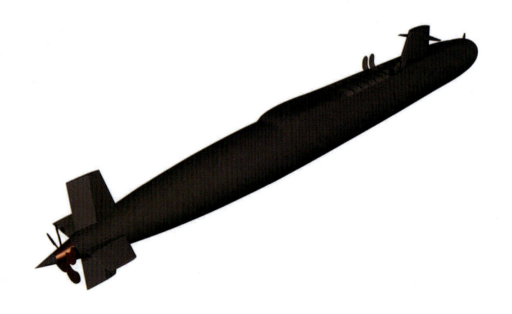

"扬基"级潜艇

原产国：	苏联
入役时间：	1967 年
潜航排水量：	10020 吨

"扬基"级潜艇是苏联于20世纪60年代研制的弹道导弹核潜艇，共建造了34艘。该级艇采用指挥围壳舵，并取消艇艏水平舵，使潜艇能够在无倾斜的情况下改变下潜深度，从而简化潜艇深度控制操作，以利于导弹的发射。该级艇是苏联第一种能够与美国战略潜艇导弹在装载量上相媲美的弹道导弹核潜艇，可以携带16枚弹道导弹。"扬基"级潜艇安装了销音装置，比"旅馆"级潜艇更安静，但是噪声依然比当时的北约潜艇大。

"决心"级潜艇是英国研制的第一代弹道导弹核潜艇，共建造了4艘，在1968年至1996年服役。该级艇的艇体采用近似拉长的水滴形，有利于水下航行。艇艏水线以下设有6具鱼雷发射管，呈双排纵列布置。指挥台围壳相对较小，其后是弹道导弹垂直发射装置，左、右舷各一排，每排8具。"决心"级潜艇主要发射英国从美国购买的"北极星"A3弹道导弹。

"决心"级潜艇

原产国：	英国
入役时间：	1968 年
潜航排水量：	8500 吨

"德尔塔 I" 级潜艇

原产国：苏联

入役时间：1972 年

潜航排水量：10000 吨

"德尔塔 I"级潜艇是苏联建造的第二代弹道导弹核潜艇，共建造了 18 艘。该级艇是苏联第一种不用通过北约反潜带就能够发射导弹打击到美国本土的潜艇，可凭借 D-9 型垂直发射管搭载 12 枚 SS-N-8 潜射弹道导弹。此外，还有 4 座 533 毫米鱼雷发射管（携带 12 枚鱼雷）和 2 座 400 毫米鱼雷发射管（携带 6 枚鱼雷）。

"可畏" 级潜艇

原产国：法国

入役时间：1971 年

潜航排水量：9000 吨

"可畏"级潜艇是法国建造的弹道导弹核潜艇，共建造了 6 艘，在 1971 年至 2008 年服役。该级艇的建造服役使法国真正拥有了水下战略核力量，在法国海军史上具有举足轻重的地位。"可畏"级潜艇的外形和总体布置等方面与美国"拉斐特"级潜艇十分相似，艇体近似水滴形，长宽比为 12∶1。该级艇没有沿用法国潜艇传统的双壳体设计，采用了单壳体结构。

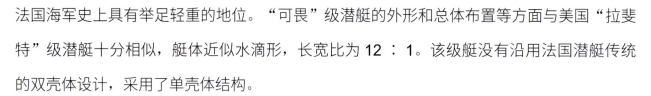

"德尔塔 II" 级潜艇

原产国：苏联

入役时间：1975 年

潜航排水量：10500 吨

"德尔塔 II"级潜艇是"德尔塔 I"级潜艇的改进型，共建造了 4 艘。两者在设计上基本相同，但"德尔塔 II"级潜艇的艇体长度增加了 16 米，并增加了 4 个导弹发射管，共可搭载 16 枚 SS-N-8 潜射弹道导弹。与"德尔塔 I"级潜艇一样，"德尔塔 II"级潜艇也铺设了销声瓦和轮机减震，以降低工噪。

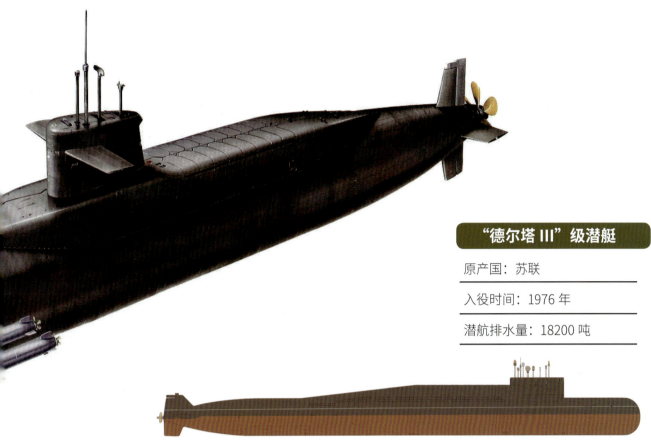

"德尔塔 III" 级潜艇

原产国：苏联

入役时间：1976 年

潜航排水量：18200 吨

"德尔塔 III" 级潜艇是 "德尔塔 II" 级潜艇的改进型，艇身略微加长，共建造了 14 艘。该级艇是苏联第一种能够连续发射所有导弹的潜艇，同时也是第一个装备多弹头分导弹道导弹的潜艇。"德尔塔 III" 级潜艇大幅增加了导弹发射管的高度，共可携带 16 发 SS-N-18 Mod 1 潜射弹道导弹，每发携带 3 个分导弹头，最大射程为 6500 千米。

"德尔塔 IV" 级潜艇

原产国：苏联

入役时间：1984 年

潜航排水量：18200 吨

"德尔塔 IV" 级潜艇是 "德尔塔" 系列弹道导弹核潜艇的最后一个级别，共建造了 7 艘。该级艇的总体设计与前三级大致相同，都使用了苏联潜艇普遍使用的双壳体结构，在指挥围壳上安装了水平舵。"德尔塔 IV" 潜艇搭载 16 发 SS-N-23A 潜射弹道导弹，装载在 D-9PM 型发射管内。此外，还有 4 座 533 毫米鱼雷发射管，并配备了自动鱼雷装填系统。该级艇可在 6～7 节航速、55 米深度的情况下连续发射全部导弹。

"台风"级潜艇

原产国：苏联

入役时间：1981 年

潜航排水量：48000 吨

"台风"级潜艇是苏联设计建造的弹道导弹核潜艇，共建造了 6 艘。该级艇是人类历史上建造的排水量最大的潜艇，至今仍保持着最大体积和吨位的世界纪录。该级艇装有 20 个导弹发射管、2 座 533 毫米鱼雷发射管、4 座 650 毫米鱼雷发射管，可发射 SS-N-16 反潜导弹、SS-N-15 反潜导弹、SS-N-20 弹道导弹，以及常规鱼雷和"风暴"空泡鱼雷等。其中，SS-N-20 导弹是三级推进式潜射洲际弹道导弹，可携带 10 个分弹头，射程为 8300 千米。"台风"级潜艇可以同时发射两枚 SS-N-20 弹道导弹，这在弹道导弹潜艇中是极为罕见的。

"前卫"级潜艇

原产国：法国

入役时间：1993 年

潜航排水量：15900 吨

"前卫"级潜艇是英国于 20 世纪 80 年代设计建造的弹道导弹核潜艇，共建造了 4 艘。该级艇借鉴了美国"俄亥俄"级潜艇的设计，并采用了英国首创的泵喷射推进技术，有效降低辐射噪声，安静性和隐蔽性尤为出色。"前卫"级潜艇配备从美国引进的"三叉戟Ⅱ"弹道导弹，一共 16 枚。此外，"前卫"级潜艇还装有 4 座 533 毫米鱼雷发射管，可发射"旗鱼"鱼雷和"鱼叉"反舰导弹。

"凯旋"级潜艇

原产国：法国

入役时间：1997 年

潜航排水量：14335 吨

"凯旋"级潜艇是法国设计建造的弹道导弹核潜艇，共建造了 4 艘。该级艇装有 16 个导弹发射管，可发射 M51 弹道导弹。该导弹是法国自主研制的潜射弹道导弹，具有射程远、攻击能力强、突防手段多、抗毁伤能力强、弹头小型化水平高等优点，射程超过 10000 千米。此外，"凯旋"级潜艇还装有 4 座 533 毫米鱼雷发射管，可发射 L5-3 型两用主/被动声自导鱼雷或"飞鱼"SM39 反舰导弹，鱼雷和反舰导弹可混合装载 18 枚。

传奇舰船鉴赏："俄亥俄"级潜艇

基 本 参 数	
潜航排水量	18750 吨
船体长度	170 米
船体宽度	13 米
吃水深度	11.8 米
最大航速	20 节

"俄亥俄"级潜艇是美国海军装备的第四代弹道导弹核潜艇，一共建造了 18 艘。

研发历程

1967 年，美国制订了"水下远程导弹系统"（ULMS）计划。1972 年年初，ULMS-Ⅰ型导弹研制成功，命名为"三叉戟"Ⅰ型导弹。同时，美国开始发展新型弹道导弹潜艇以供"三叉戟"导弹使用，"俄亥俄"级潜艇的建造计划因此浮出水面。该级艇首艇"俄亥俄"号（SSGN-726）于 1976 年 4 月开工，1979 年 4 月下水，1981 年 11 月开始服役。

冷战结束后，根据美俄达成的削减进攻性战略武器条约，美国战略导弹潜艇的数量将被限制在 14 艘。因此，从 2002 年 11 月起，"俄亥俄"号、"密歇根号"号、"佛罗里达"号和"佐治亚"号陆续被改装为巡航导弹核潜艇。目前，"俄亥俄"级潜艇是美国核威慑的重要力量，目前仍作为弹道导弹潜艇用途的 14 艘潜艇所携带的战略核弹头数量约占美国核弹头总数的 50%。

"俄亥俄"级潜艇浮出水面

整体构造

"俄亥俄"级潜艇是美国海军建造过的最大型的潜艇，其排水量和体积在全球范围内仅次于俄罗斯"台风"级潜艇（俄罗斯"北风之神"级潜艇的潜航排水量大于"俄亥俄"级潜艇，但是水上排水量则较小）。"俄亥俄"级潜艇为单壳型舰体，外形近似于水滴形，长宽比为 13：1。舰体艏、艉部是非耐压壳体，舯部为耐压壳体。耐压壳体从舰艏到舰艉依次分为指挥舱、导弹舱、反应堆舱和主辅机舱四个大舱。其中指挥舱分上、中、下三层，上层包括指挥室、无线电室和航海仪器室。中层前部为生活舱，后部为导弹指挥室。下层布置4具鱼雷发射管。

作战性能

"俄亥俄"级潜艇设有24具导弹垂直发射器，最初发射"三叉戟"Ⅰ型导弹，后升级为"三叉戟"Ⅱ型导弹。被改装成巡航导弹核潜艇的4艘"俄亥俄"级潜艇，则改用"战斧"常规巡航导弹。除导弹外，各艇另有4座533毫米鱼雷发射管，可携带12枚Mk 48多用途线导鱼雷，用于攻击潜艇或水面舰艇。

"俄亥俄"级潜艇的声呐系统比较先进，美国海军以往的"拉斐特"级弹道导弹核潜艇的声呐系统较为简陋，体积较小，因此鱼雷管可以置于舰艏。而"俄亥俄"级潜艇则如同美国海军攻击型核潜艇一般拥有艇艏大型球形声呐，鱼雷管被挤到艇身底侧。"俄亥俄"级潜艇使用的BQQ-6声呐系统除了省略艇艏球形阵列声呐的主动拍发功能（仍保留听音阵列）之外，其余部件均与同一时期的"洛杉矶"级潜艇的BQQ-5声呐系统相当，搭配的计算机为MK-118型。

"俄亥俄"级潜艇在近海航行

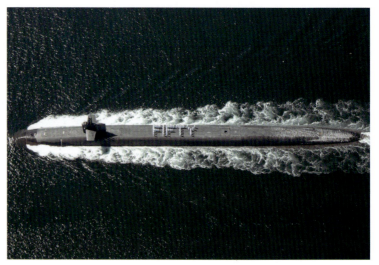

"俄亥俄"级潜艇俯视图

3.7 强大的攻击型核潜艇

自从"海龟"号尝试攻击敌舰之后，潜艇就一直被视为一种海下攻击的利器。所谓攻击型潜艇其实是区别于战略型潜艇而论的。这种潜艇以攻击敌方船只、潜艇等海上及海下目标为主要任务，通常很少具备对陆、对空能力。

随着二战的结束和冷战铁幕的落下，攻击型潜艇以其相对廉价，稳定性强以及其本身的攻击性成为当时美苏双方侦察情报、探寻追踪敌方战略潜艇（弹道导弹潜艇）的重要武器。尤其在核动力登上潜艇之后，攻击型潜艇可以说进入了一个新纪元，美国"鹦鹉螺"号潜艇下水服役之后参与的演习，让当时所有反潜专家惊讶其性能，二战时期的大多数反潜方式都无法对抗"鹦鹉螺"号潜艇。自此之后，美国宣布不再建造任何常规动力潜艇。相对于美国来说，苏联的潜艇安静度一直与美国潜艇有一定差距。世界上普遍认为美国建造的"海狼"级核潜艇和苏联建造的"阿库拉"级核潜艇都代表了当前单壳体攻击型潜艇和双壳体攻击型潜艇的最高水平。

冷战时期，美、俄、英、法等国共建造了320余艘攻击型核潜艇。冷战结束后，世界局势趋于缓和，在役的攻击型核潜艇数量逐年减少。这些艇体一般采用水滴形艇体，采用单壳体、双壳体和混合壳体结构形式。排水量为2600～14000吨，装备压水反应堆1～2座，汽轮机1～2座，总功率7000～90000千瓦，潜航速度25～35节，自给力70～90天。导弹可用鱼雷发射管或专用的导弹发射筒发射，专用导弹发射筒采用垂直或倾斜布置。为满足全球海域活动需要，装备惯性导航、卫星导航、天文导航等多种导航设备，以及超低频、甚低频、高频、短波、超短波、卫星通信等多种通信手段。装备艇壳声呐、舷侧阵声呐及拖线阵声呐等多型先进声呐，有的攻击型核潜艇可以携带无人水下航行器、特种运载器等特种装备。

"鹦鹉螺"号潜艇

原产国：美国

入役时间：1954 年

潜航排水量：4200 吨

"鹦鹉螺"号潜艇是世界上第一艘实际运作服役的核动力潜艇，也是第一艘实际航行穿越北极的舰艇，在 1954 年至 1980 年服役。该艇装有 1 座 S2W 核反应堆，整个核动力装置占艇身的一半左右。"鹦鹉螺"号潜艇可在 23 节最高潜航速度下连续航行 50 天，全程 30000 千米而不需要加任何燃料。其近乎无限的续航力和动力，开启了冷战后核潜艇的新时代。

"鳐鱼"级潜艇是美国海军继"鹦鹉螺"号潜艇之后研发的攻击型核潜艇，共建造了 4 艘，在 1957 年至 1989 年服役。该级艇将核动力装置和先进的水滴形艇体结合，最高潜航速度可达 22 节。"鳐鱼"级潜艇的动力装置采用了美国当时新研制的 S4W 压水反应堆，该反应堆采用蒸汽透平减速齿轮推进方式，噪声较小。

"鳐鱼"级潜艇

原产国：美国

入役时间：1957 年

潜航排水量：2850 吨

"长尾鲨"级潜艇

原产国：美国

入役时间：1961 年

潜航排水量：4312 吨

"长尾鲨"级潜艇是美国研制的第三代攻击型核潜艇，共建造了 13 艘，在 1961 年至 1994 年服役。该级艇采用水滴形艇体，装有三种推进装置：主动力装置、应急动力装置和辅助推进装置，机舱噪声较小。"长尾鲨"级潜艇装有形状独特的七叶螺旋桨，有效降低了螺旋桨的空泡噪声。

Chapter 3　冷战前后

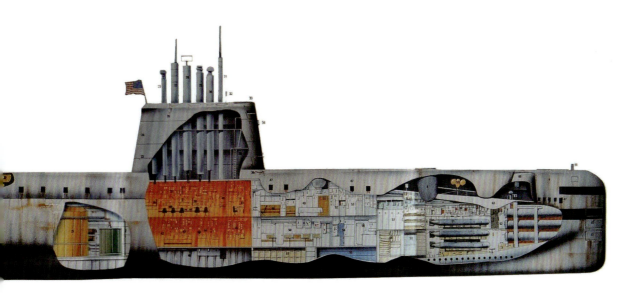

"鲣鱼"级潜艇

原产国：美国

入役时间：1959 年

潜航排水量：3513 吨

"鲣鱼"级潜艇是美国研制的第二代攻击型核潜艇，共建造了 6 艘，在 1959 年至 1990 年服役。该级艇采用水滴形艇体，极大地提高了水下航速。"鲣鱼"级潜艇使用的 S5W 压水反应堆由 S4W 压水反应堆发展而来，因效率更高，整体尺寸变小。

"十一月"级潜艇

原产国：苏联

入役时间：1959 年

潜航排水量：4380 吨

"十一月"级潜艇是苏联海军第一种核动力潜艇，共建造了 13 艘。该级艇采用双壳体结构，与美国潜艇不同的是，美国潜艇的舱室较大、数量较少，储备浮力也小，而苏联潜艇舱室则比较小、数量比较多、储备浮力很大。苏联潜艇的设计风格一直持续到现在。这种设计的最大好处就是抗沉性强，潜艇结构强度也较大，但缺点则在于排水量较大以及由大排水量所带来的阻力大、噪声大和航速慢。

"勇士"级潜艇

原产国：英国

入役时间：1966 年

潜航排水量：4900 吨

"勇士"级潜艇是英国研制的第一代攻击型核潜艇，共建造了 5 艘，在 1966 年至 1994 年服役。后三艘的设计改动较大，也被单独称为"丘吉尔"级。1967 年，首艇"勇士"号从新加坡潜航返回英国，完成 1.2 万海里航程，创下了英国海军潜艇水下连续航行 25 天的纪录。1982 年 5 月的英阿马岛海战中，四号艇"征服者"号用鱼雷在 15 分钟内击沉了阿根廷海军的"贝尔格拉诺将军"号巡洋舰，这是世界海军作战史上核潜艇首次击沉敌方水面战舰。

"鲟鱼"级潜艇

原产国：美国

入役时间：1967 年

潜航排水量：4640 吨

"鲟鱼"级潜艇是美国研制的第四代攻击型核潜艇，共建造了 37 艘，在 1967 年至 2004 年服役。该级艇采用先进的水滴形艇体，艇体比美国海军以往的攻击型核潜艇大，指挥台围壳较高，围壳舵的位置较低，这样可提高潜艇在潜望镜深度的操纵性能。"鲟鱼"级潜艇可在北极冰下活动，为了有利于上浮时破冰，围壳舵可以折起。

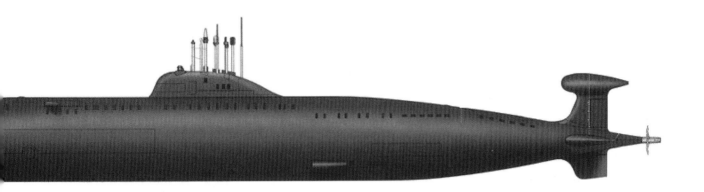

"维克托"级潜艇

原产国：苏联

入役时间：1967年

潜航排水量：5300吨

"维克托"级潜艇是苏联于20世纪60年代研制的攻击型核潜艇，共建造了48艘。该级艇装备了4座533毫米和2座650毫米鱼雷发射管，可以发射53型鱼雷和65型鱼雷，以及SS-N-15和SS-N-16反潜导弹等。此外，该级艇还可携带射程为3000千米的SS-N-21远程巡航导弹、战斗部为20万吨当量的核弹头或500千克烈性炸药的常规弹头，其巡航高度为25～200米，能够攻击敌方陆上重要目标。

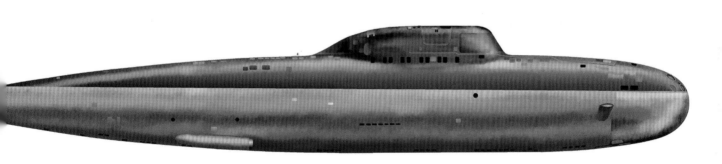

"阿尔法"级潜艇

原产国：苏联

入役时间：1971年

潜航排水量：3600吨

"阿尔法"级潜艇是苏联研制的攻击型核潜艇，共建造了7艘。该级艇采用水滴形艇体、双壳体结构，整个艇体分为鱼雷舱、机电舱、中央指挥控制舱、反应堆舱、主机舱和尾舱等舱室。艇上装有6座533毫米鱼雷发射管，可以发射53型两用鱼雷、SSN-15反潜导弹以及水雷等。该级艇的电子设备主要有"魔头"水面搜索雷达、"鲨鱼鳃"和"鼠叫"声呐、"秃头"和"砖群"电子支援设备、"园林灯"警戒雷达等。

"敏捷"级潜艇

原产国:	英国
入役时间:	1973 年
潜航排水量:	4900 吨

"敏捷"级潜艇是英国研制的第二代攻击型核潜艇，共建造了6艘，在1973年至2010年服役。与英国第一代攻击型核潜艇"勇士"级相比，"敏捷"级潜艇的艇体显得丰满、稍短，前水平舵靠前，少1具鱼雷发射管。"敏捷"级潜艇主要用于发现并摧毁敌方潜艇、护卫弹道导弹核潜艇，必要时也可攻击地面目标。

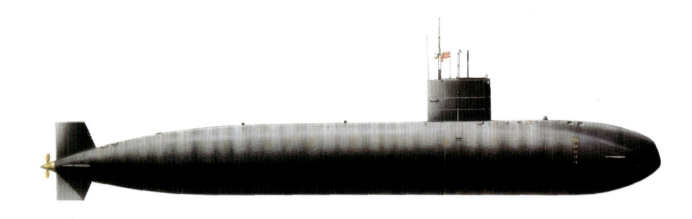

"特拉法尔加"级潜艇

原产国:	英国
入役时间:	1983 年
潜航排水量:	5208 吨

"特拉法尔加"级潜艇是英国第三代攻击型核潜艇，共建造了7艘。该级艇采用长宽比为8.7∶1的水滴形艇体，接近最佳值，有利于提高航速。艇体为单壳体结构，艇壳使用QN-1型钢制造，艇体外表面敷设消声瓦。"特拉法尔加"级潜艇是同期世界上噪声最低的潜艇之一，具有反潜、反舰和对陆攻击的全面作战能力。

"洛杉矶"级潜艇

原产国：	美国
入役时间：	1976 年
潜航排水量：	6927 吨

"洛杉矶"级潜艇是美国于20世纪70年代初开始建造的攻击型核潜艇，是世界上建造数量最多的一级核潜艇，共建造了62艘。其艇体中部设有4座533毫米鱼雷发射管，可发射"鱼叉"反舰导弹、"萨布洛克"反潜导弹、"战斧"巡航导弹以及传统的线导鱼雷等。从"普罗维登斯"号（SSN-719）开始的后31艘潜艇又加装了1座十二联装导弹垂直发射器，可在不减少其他武器数量的情况下，增载12枚"战斧"巡航导弹。此外，该级艇还具备布设Mk 67触发水雷和Mk 60"捕手"水雷的能力。该级艇不仅火力强大，还配有完善的电子对抗设备和声呐设备。

"麦克"级潜艇

原产国：	苏联
入役时间：	1983 年
潜航排水量：	8000 吨

"麦克"级潜艇是苏联研制的攻击型核潜艇，仅建造了1艘。该级艇的下潜深度远大于苏联其他使用钛合金制造的核潜艇，设计下潜深度达1250米，安全下潜深度为1000米，截至2021年仍是世界上潜航深度最大的潜艇。

该级艇装有2座533毫米鱼雷发射管和4座650毫米鱼雷发射管，可发射SS-N-21巡航导弹、SS-N-15反潜导弹、SS-N-16反潜导弹、鱼雷和水雷等。

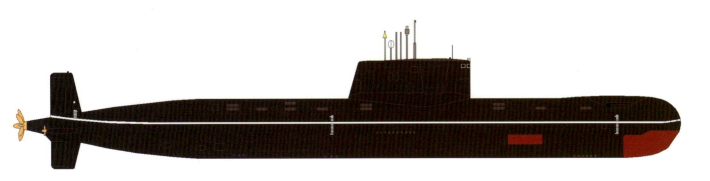

"红宝石"级潜艇

原产国：法国

入役时间：1983 年

潜航排水量：2600 吨

"红宝石"级潜艇是法国研制的第一代攻击型核潜艇，共建造了 6 艘。该级艇的艇体较小，限制了武器携载、动力输出、持续航行能力以及乘员起居空间等，舰体内部也没有空间安装完善的隔音、减噪、避震设施，导致动力设备传入海中的噪声过大。不过，较小的艇体使"红宝石"级潜艇拥有较佳的操控性与灵活度。艇上可携带鱼雷和导弹共 18 枚，在执行布雷任务时可携带各型水雷。

"塞拉"级潜艇

原产国：苏联

入役时间：1984 年

潜航排水量：8200 吨

"塞拉"级潜艇是苏联研制的攻击型核潜艇，共建造了 4 艘。该级艇采用苏联独特的双壳体结构，艇壳体用钛合金材料建造而成。全艇共有 7 个耐压舱室，分别为指挥舱、武器舱、前部辅机舱、后部辅机舱、反应堆舱、主电机舱和艉舱，这些舱室都严格执行抗沉设计，极大地提高了潜艇的生存能力。"塞拉"级潜艇的武器种类较多，包括 SS-N-16 反潜导弹、SS-N-15 反潜导弹、SS-N-21 远程巡航导弹以及 53 型、65 型鱼雷和各种水雷等，而且携带数量也较多。

"阿库拉"级潜艇

原产国：苏联

入役时间：1984 年

潜航排水量：12770 吨

"阿库拉"级潜艇是苏联于 20 世纪 80 年代设计建造的攻击型核潜艇，共建造了 15 艘。该级艇采用良好的水滴外形，并采用了双壳体结构，里面一层艇壳为钛合金制造的耐压壳体。该级艇的排水量较大，舱室的容积得以扩大，艇上可以装载更多的武器和更多的电子设备。该级艇装有 4 座 533 毫米鱼雷发射管和 4 座 650 毫米鱼雷发射管，可发射 SA-N-10 导弹、SS-N-15 导弹、SS-N-16 导弹、53-65 型鱼雷、65-73 型鱼雷、65-76 型鱼雷等。

传奇舰船鉴赏:"海狼"级潜艇

基 本 参 数	
满载排水量	9142 吨
船体长度	107.6 米
船体宽度	12.2 米
吃水深度	10.7 米
最大航速	35 节

"海狼"级潜艇是美国于 20 世纪 80 年代研制的攻击型核潜艇,静音性能较佳。

研发历程

"海狼"级潜艇是依据冷战末期美国海军"前进战略"的需求而设计的,其目的是建造一种于 21 世纪初期能在各大洋(包括北冰洋)对抗任何苏联现有与未来核潜艇,并取得制海权的攻击型核潜艇。美国海军计划将其前进部署于靠近苏联的海域遂行作战,并且格外强调武器装载量、持续作战能力与静音能力,以便增加在苏联势力范围内的存活概率以及胜算,并延长在这种目标极多的海域内作业的时间,减少为了补充弹药物资而穿越苏联海上防线的次数。该计划被称为 21 世纪攻击型核潜艇(SSN-21),其产物就是"海狼"级。

美国海军原本预计建造 29 艘"海狼"级以取代早期型"洛杉矶"级潜艇,但由于造价高昂,加上苏联解体,美国便于 1992 年决定除了前两艘之外,后续 27 艘"海狼"级的建造计划全部取消。1995 年,美国政府又批准了第三艘"海狼"级的建造。3 艘"海狼"级潜艇分别命名为"海狼"号(SSN-21)、"康涅狄格"号(SSN-22)和"吉米·卡特"号(SSN-23),其中"海狼"号于 1997 年 7 月开始服役。

"海狼"级潜艇浮出水面

整体构造

"海狼"级潜艇的艇体相较于"洛杉矶"级潜艇短而粗,潜航排水量大幅增加至 9000 吨以上,是美国海军体积最大的攻击型核潜艇。"海狼"级潜艇沿用与"洛杉矶"级潜艇类似的简化型水滴艇体（舰艏艉轮廓为水滴形，中段舰体为单纯的平行管状构造），其舰壳表面力求光滑简洁并尽量减少突出物。可伸缩的艏平衡翼位于艇艏而非帆罩上，帆罩结构经过强化，有足够的能力突破北极海薄冰层。以往的美国核潜艇都采用十字形舰艉控制翼，而"海狼"级则采用新的六片式尾翼，多出来的两片翼面位于两侧水平翼面与底部垂直翼面之间，倾斜朝下，作为拖曳声呐的施放口。由于艇壳采用 HY-00 高强度钢，"海狼"级的下潜深度可达 610 米。

作战性能

"海狼"级潜艇在设计上堪称潜艇进行反潜作战的极致产物，能长时间在大洋或靠近苏联的近海进行反潜巡逻，拥有绝佳的声呐感测能力，并配备比"洛杉矶"级潜艇多 1 倍的鱼雷管和鱼雷，以长时间进行反潜作业。该级艇装有 8 座 660 毫米鱼雷发射管，可配装 50 枚 Mk 48 鱼雷（或"战斧"导弹、"鱼叉"导弹），也可换为 100 枚水雷。"海狼"级潜艇能够用极为安静的方式在水下以 20 节的速度航行，除了使"海狼"级潜艇更难被侦测到外，也不会因潜艇本身的噪声影响搜寻。

"海狼"级潜艇在水面航行

"海狼"级潜艇右舷视角

3.8 稀少的巡航导弹核潜艇

巡航导弹潜艇是冷战开始时问世的潜艇种类，最初也采用水上发射设计，但受到巡航导弹导引设计的高技术门槛限制，因此配备的进度晚于弹道导弹潜艇。水下发射技术在弹道导弹潜艇开发过程中已完成突破，精密目标导引科技与小型推进发动机则是在20世纪80年代后逐渐成熟，冷战后巡航导弹日益普及，成为潜艇的主力武器之一，而一些弹道导弹潜艇也改变用途，作为专用于投射巡航导弹的载体。

1964年2月，美国在"鳕鱼"号潜艇上安装"天狮星"巡航导弹，进行了发射试验并取得成功。然而，因为开发核武器与二次打击战略的指导，潜射弹道导弹成为美军开发的优先项目，潜射巡航导弹无论是射程或是精度上都无法得到军方垂青，所以暂时被搁置。

相对于美国，苏联在开发巡航导弹上一直投注很大的心血，但是它们并非要对抗陆上战略目标，而是要对抗海上的战略目标——航空母舰战斗群。苏联是将巡航导弹潜艇作为长程反舰导弹的载体。苏联评估自己缺乏足够能力去消灭以美国为首的北约国家水面舰队，而这些舰队是西方国家控制海权的关键，因此苏联千方百计地开发反航空母舰战术。在苏联的反航空母舰战术教条中，可以在美国航空母舰战斗群外发动攻势的长程反舰导弹被苏联视为最理想的反击武器，而这种武器的最佳投射者为轰炸机与潜艇。1956年，苏联海军将一艘"威士忌"级潜艇改装携带SS-N-3C导弹并且成功进行了发射试验，随后苏联开始研制了第一级巡航导弹潜艇——"回声"级。自此之后，苏联发展了一系列巡航导弹潜艇。到了"奥斯卡"级潜艇，苏联发展的巡航导弹潜艇非常完整。

美国重新为潜艇配备巡航导弹是在"战斧"巡航导弹开发成功之后，由于精准打击武器的效果在测试中已被认可，在20世纪90年代以后的战争中备受肯定，美军将各种舰船都整合了巡航导弹的发射功能。最早的巡航导弹潜艇是"洛杉矶"级攻击型核潜艇的后期型，它们配备了"战斧"巡航导弹发射管。随后因核武控制协议的管制加强，美国将4艘"俄亥俄"级弹道导弹核潜艇改造为巡航导弹核潜艇。对于一般的攻击型核潜艇，美军也开发了专用发射管套件，让所有的攻击型核潜艇都有巡航导弹的投射能力。

"回声"级潜艇

原产国：苏联

入役时间：1960年

潜航排水量：5800吨

"回声"级潜艇是苏联于20世纪50年代后期开始建造的巡航导弹核潜艇，Ⅰ型共有5艘，Ⅱ型在1963年至1967年建成29艘。Ⅰ型装有6枚射程为460千米，用于攻击岸上目标的SS-N-3C"柚子"巡航导弹。由于该导弹不具备攻击活动目标的能力，使得其战略意义远大于其真正的战斗价值。Ⅱ型最初装有8发SS-N-3A反舰巡航导弹，射程为400千米。后又改装成为先进的SS-N-12"沙箱"反舰导弹，射程为550千米，弹头为35万吨当量核弹头或1000千克烈性炸药。除导弹外，Ⅱ型在艇艏装有6座533毫米鱼雷发射管。

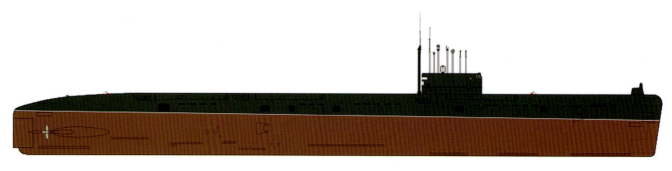

"查理"级潜艇

原产国：苏联

入役时间：1967年

潜航排水量：4900吨

"查理"级潜艇是苏联于20世纪60年代研制的巡航导弹核潜艇，共建造了17艘。该级艇是苏联第一级具有水下发射导弹能力的潜艇，具有好的隐蔽性和更强大的攻击能力，同时也减少了发射时的暴露概率。"查理"级潜艇使用SS-N-7"紫水晶"主动雷达制导反舰导弹，射程65千米，虽然射程较短，但敌舰预警与反制的机会也变少了。与苏联海军此前的"回声"级巡航导弹核潜艇相比，"查理"级潜艇增加了卫星数据链，截获敌方目标位置的手段更加可靠。

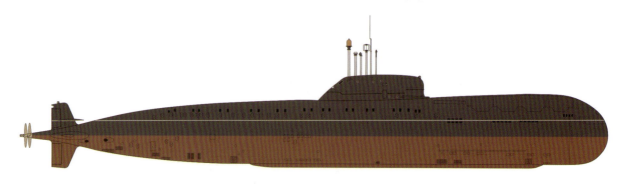

"奥斯卡"级潜艇

原产国：苏联

入役时间：1980 年

潜航排水量：19400 吨

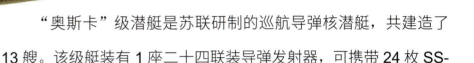

"奥斯卡"级潜艇是苏联研制的巡航导弹核潜艇，共建造了 13 艘。该级艇装有 1 座二十四联装导弹发射器，可携带 24 枚 SS-N-19 反舰导弹，最大射程达 550 千米。该级艇还装有 4 座 533 毫米鱼雷发射管和 2 座 650 毫米鱼雷发射管，可发射 53 型鱼雷和 65 型鱼雷，也可以使用 SS-N-15 导弹和 SS-N-16 导弹攻击敌方潜艇。65 型鱼雷采用主/被动声自导和尾流制导，可携带核弹头。

"帕帕"级潜艇

原产国：苏联

入役时间：1969 年

潜航排水量：7100 吨

"帕帕"级潜艇是苏联于 20 世纪 50 年代末开始研制的巡航导弹核潜艇，仅建造了 1 艘。该艇采用钛质艇体，装备 10 枚可水下发射的 SS-N-7 "紫水晶"反舰导弹。导弹发射箱排列于潜艇艏部坚固壳体外的两侧，上仰角为 32.5 度，最大发射深度为 30 米。该艇曾在试验中以 97% 的堆功率创造了 44.7 节的水下航行速度世界纪录。但由于其存在成本高、噪声大、结构复杂等缺陷，未能大量建造生产。

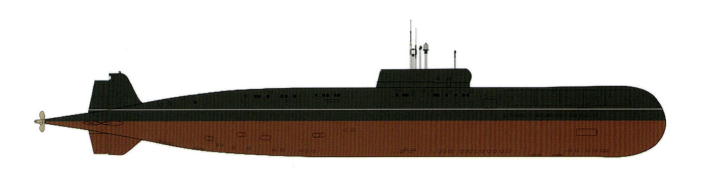

3.9 独辟蹊径的常规潜艇

二战末期，德国推出革命性的XXI型潜艇，这种柴电潜艇的电池容量大幅增加并装备有通气管，其水下潜航的航程也因此大幅提高，其艇身采用了抹香鲸型。XXI型潜艇对二战后的潜艇设计影响很大，例如：苏联的"威士忌"级潜艇和"罗密欧"级潜艇，这些苏联的柴电潜艇也大量出口到发展中国家，这也令柴电潜艇比二战前更普及。

相比于冷战北约、华约双方的"潜艇竞赛"和冷战之后美俄双方强大的潜艇力量来说，其他国家相比之下要显得"温和"得多。在二战中奉行中立原则的荷兰和挪威战后收编了一些德国的潜艇作为自己的海军潜艇部队。1946年，瑞典自行研制建造了"鲨鱼"级潜艇，这种潜艇近乎直接照搬了二战德国XXI型潜艇。20世纪50年代，荷兰设计建造了"海豚"级潜艇，这种潜艇不仅吸收了德国的技术，而且成为当时常规潜艇中综合性能较高的潜艇，使当时的世界开始瞩目荷兰潜艇技术。20世纪50年代末，瑞典也研制出了自己的"天龙"级潜艇。20世纪60年代，荷兰研制出了"旗鱼"级潜艇。20世纪70年代后期，荷兰研制出了"海象"级潜艇。到了20世纪八九十年代，瑞典、荷兰的潜艇纷纷外销往其他海防小国。1995年，瑞典建造了"哥特兰"级潜艇，这是世界上第一级量产型AIP潜艇。20世纪90年代末期，荷兰也开始进行AIP潜艇的研究。

所谓AIP，就是"不依赖空气推进"，是指无须获取外间空气中氧气的情况下能够长时间地驱动潜艇的技术。使用这种技术的潜艇的自持力比一般需要浮上水面换气的柴电潜艇大1倍以上，也就是说连续的潜航时间及潜航距离较长，但仍比核潜艇短很多。其造价介乎一般柴电潜艇与核潜艇之间。经过多年发展，AIP潜艇已为人们普遍接受，日渐普及至各国海军并大有引领常规潜艇发展之势。

"威士忌"级潜艇

原产国：苏联

入役时间：1951年

潜航排水量：1340吨

"威士忌"级潜艇是苏联在二战后建造的常规潜艇，建造数量高达236艘，成为二战后世界上建造数量最多的潜艇级别。虽然"威士忌"级潜艇是二战后设计，但明显还带有二战时期的一些特征。所有1956年以前建造的"威士忌"级潜艇都有甲板炮，直到1956年才被拆除。与二战时期的潜艇相比，"威士忌"级潜艇装备了通气管，并能使潜艇在潜望镜深度通过通气管运转柴油机并给电池充电。苏联曾将10余艘"威士忌"级潜艇改造为巡航导弹潜艇，其排水量有所增加。

"魁北克"级潜艇是苏联于20世纪50年代研制的常规潜艇，共建造了31艘。该级艇是苏联利用从德国获取的闭循环柴油机技术，结合本国的经验设计而来。"魁北克"级潜艇的水上排水量为460吨，潜航排水量为540吨，最大水上速度为16节，最大潜航速度为16节。动力装置为两台功率为520千瓦的M-50n型闭循环柴油机，这种柴油机以液氧为氧化剂，以氢氧化钙为二氧化碳吸收剂，使得"魁北克"级潜艇极度危险。

"魁北克"级潜艇

原产国：苏联

入役时间：1952年

潜航排水量：540吨

"高尔夫"级潜艇

"高尔夫"级潜艇是苏联于20世纪50年代开始建造的常规动力弹道导弹潜艇,共建造了23艘。"高尔夫"级潜艇由"祖鲁"级潜艇发展而来,随着苏联弹道导弹的不断改进,"高尔夫"级潜艇也不断进行着脱胎换骨的改装。该级艇装有6座533毫米鱼雷发射管和3座P-13弹道导弹发射装置。动力装置包括3台柴油机和3台推进电机,采用三轴推进。在"高尔夫"级潜艇的所有改型中,IV型的意义最为重大,因为在此之前的型号都只能在水面发射导弹,IV型是为了水下发射导弹而进行改装设计的。

"高尔夫"级潜艇	
原产国:	苏联
入役时间:	1958年
潜航排水量:	3553吨

"祖鲁"级潜艇

"祖鲁"级潜艇	
原产国:	苏联
入役时间:	1952年
潜航排水量:	2387吨

"祖鲁"级潜艇是苏联在二战后研制的常规潜艇,共建造了26艘。"祖鲁"级潜艇借鉴了德国U-XXI型潜艇的设计思路,所以带有很多U-XXI型潜艇的特征。"祖鲁"级潜艇有多个改进型,都是在早期型的基础上进行修改和完善,如拆除甲板炮,增加通气管等,其中"祖鲁"V型是装备弹道导弹的弹道导弹潜艇。"祖鲁"级潜艇在使用过程中暴露出许多问题,如导弹射程小、打击威力不足、航速低、自持力低等。

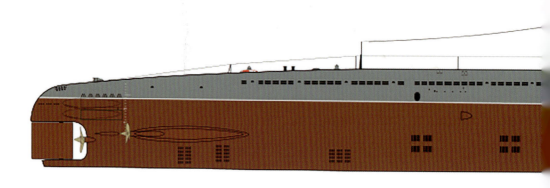

"罗密欧"级潜艇

原产国：	苏联
入役时间：	1958 年
潜航排水量：	1830 吨

"罗密欧"级潜艇是苏联于 20 世纪 50 年代研制的常规潜艇，共建造了 133 艘。与"威士忌"级潜艇相比，"罗密欧"级潜艇的主要改进之处是增加了 2 座鱼雷发射管，提高了水声设备性能，增加了蓄电池的水冷却系统，下潜深度增大。"罗密欧"级潜艇采用将贮备浮力转变成超载燃油的途径，巧妙地使续航力和自持力增大了 1 倍。

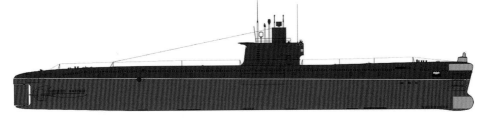

"狐步"级潜艇

原产国：	苏联
入役时间：	1958 年
潜航排水量：	2515 吨

"狐步"级潜艇是苏联于 20 世纪 50 年代研制的常规潜艇，由"威士忌"级和"罗密欧"级潜艇改进而来。"狐步"级潜艇的动力装置包括 3 台 2000 马力柴油发动机、2 台 1350 马力电动机、1 台 2700 马力电动机和 1 台辅助发电机。艇上的主要武器为 10 座 533 毫米鱼雷发射管，其中艇艏 6 座、艇艉 4 座。此外，古巴、印度等国也使用过"狐步"级潜艇。2000 年，俄罗斯海军最后的"狐步"级潜艇退役。

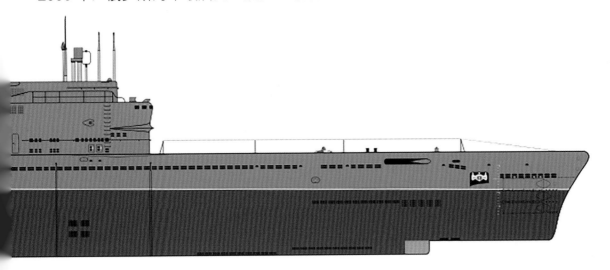

"奥伯龙"级常规潜艇

原产国：	英国
入役时间：	1960 年
潜航排水量：	2410 吨

"奥伯龙"级潜艇是英国建造的常规潜艇，共建造了 27 艘，在 1960 年至 2000 年服役。艇上装有 8 座 533 毫米鱼雷发射管，艇艏有 6 座，艇艉有 2 座，这是典型的二战时期配置，主要是受到鱼雷攻击范围的限制。"奥伯龙"级潜艇通常携带 20 枚鱼雷，包括 Mk 24 声自导鱼雷和 MK 8 直航鱼雷，还可以进行水雷布设。后期改进型的"奥伯龙"级潜艇，特别是出口到澳大利亚等国的"奥伯龙"级潜艇均可发射 CMK-48 鱼雷和"鱼叉"导弹，大大提升了作战能力。

"朱丽叶"级潜艇

原产国：	苏联
入役时间：	1963 年
潜航排水量：	4200 吨

"朱丽叶"级潜艇是苏联于 20 世纪 60 年代建造的常规动力巡航导弹潜艇，共建造了 16 艘，在 1963 年至 1994 年服役。"朱丽叶"级潜艇的结构基本上沿袭了"威士忌"级潜艇的设计，采用双壳体结构，典型大储备浮力、舱室小的布局。水下排水量超过 4000 吨，这对于常规潜艇来说是庞大的。全艇共 8 个耐压舱：艏鱼雷舱、艇员生活舱、电池及导弹控制舱、舰桥舱、艇员生活及艉电池舱、柴油动力舱、电机舱、艉鱼雷舱。

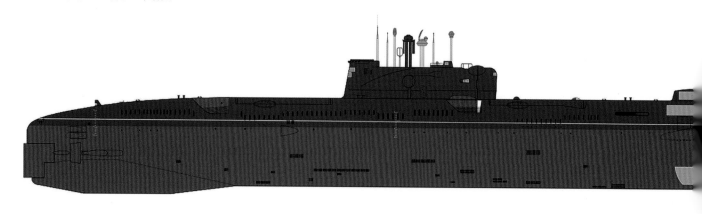

"桂树神"级潜艇

原产国：法国

入役时间：1964 年

潜航排水量：1038 吨

"桂树神"级潜艇是法国研制的常规潜艇，又称为"女神"级，法国海军一共装备了 11 艘，在 1964 年至 2010 年服役。此外，该级艇还出口到巴基斯坦、葡萄牙、南非和西班牙等国。"桂树神"级潜艇大小适宜、水下航速快、噪声较小，并装有较强的电子设备，适于反潜使用。

205 级潜艇

原产国：德国

入役时间：1967 年

潜航排水量：508 吨

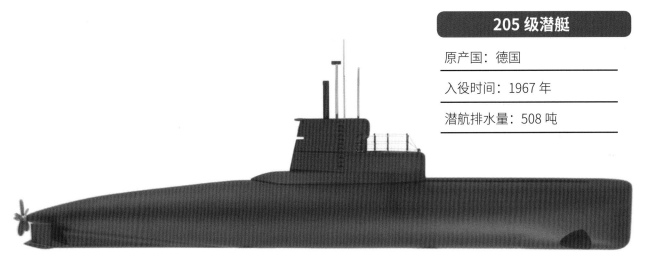

205 级潜艇是德国在 20 世纪 60 年代研制的常规潜艇，共建造了 13 艘，在 1967 年至 2005 年服役。该级艇是在德国二战后研制的 201 级潜艇的基础上加长艇身、改换新型机械与声呐系统的改进型。它采用单层壳体结构，以便能在浅滩处航行。205 级潜艇使用 ST-52 钢板替代了 201 级潜艇上使用的防磁钢板，这一改进是因为 201 级潜艇使用的防磁钢板在服役中出现了严重的裂纹缺陷。

"旗鱼"级潜艇

原产国：荷兰

入役时间：1972 年

潜航排水量：2620 吨

"旗鱼"级潜艇是荷兰于 20 世纪 60 年代研制的常规潜艇，共建造了 4 艘，在 1972 年至 1995 年服役。该级艇采用单壳结构的水滴形艇体，前水平翼设在帆罩上，舰艉设有十字形尾翼。舰上鱼雷舱可容纳 14 枚鱼雷，主要使用 Mk 37 型、Mk 48 型和 NT-37 型等。"旗鱼"级潜艇的鱼雷管为游出式，故无法发射导弹或水雷。

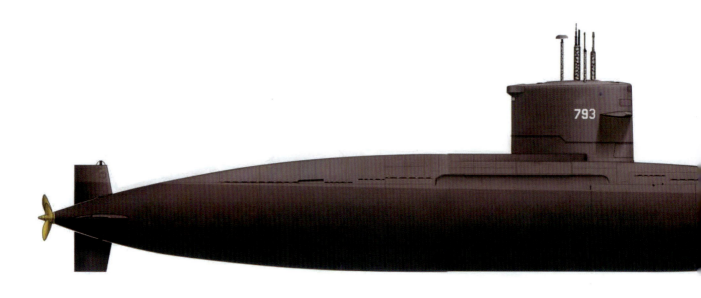

206 级潜艇

原产国：德国

入役时间：1971 年

潜航排水量：498 吨

206 级潜艇是德国哈德威造船厂研制的小型常规潜艇，共建造了 18 艘，在 1971 年至 2011 年服役。该级艇的艇体采用 ST-52 防磁钢板，具有极好的弹力和动力强度，可抵消磁性水雷的威胁，并削弱敌方磁场探测器的搜索能力。206 级潜艇可以发射 DM2A1 型鱼雷或 DM2A3 型鱼雷，也可携带 24 枚水雷。冷战期间，小巧灵活的 206 级潜艇被部署在波罗的海浅水处。

209级潜艇

原产国：德国

入役时间：1971年

潜航排水量：1810吨

209级潜艇是德国于20世纪70年代研制的专供出口的常规潜艇，根据进口国的要求有多种变形艇，包括1100型、1200型、1300型、1400型、1500型等。由于性能先进，大小和造价适中，阿根廷、巴西、南非、土耳其、希腊、印度、韩国、南非和秘鲁等十余个国家都进口了209级潜艇。该级艇的主要武器是8座533毫米鱼雷发射管，可发射包括线导鱼雷在内的各型鱼雷，原来使用DM-2A1反舰鱼雷和DM-1反潜鱼雷，后全部换为更先进的SST-4和SUT反舰/反潜两用鱼雷。此外，部分209级潜艇还装了"鱼叉"潜射反舰导弹。

"探戈"级潜艇

原产国：苏联

入役时间：1972年

潜航排水量：3800吨

"探戈"级潜艇是苏联于20世纪70年代建造的常规潜艇，共建造了18艘。"探戈"级潜艇是"狐步"级潜艇的后继型号，动力装置与"狐步"级潜艇最后批次的相同，电池容量比之前的苏联潜艇有了巨大改进，因此水下续航力超过了1周。艏部声呐类似于苏联攻击型核潜艇的声呐。后期改进型的艇身加长了数米，以便安装导弹装置。

"阿格斯塔"级潜艇

原产国：法国

入役时间：1977 年

潜航排水量：1760 吨

"阿格斯塔"级潜艇是法国在 20 世纪 70 年代建造的常规潜艇，法国海军一共装备了 4 艘，在 1977 年至 2001 年服役。该级艇沿用了法国老式潜艇的双壳体结构，双层壳体之间布置了压载水舱和燃油舱。艇艏圆钝，横剖面呈椭圆形。艇体中部为圆柱形流线体，艇艉尖瘦。"阿格斯塔"级潜艇可以发射 Z16 型、E14 型、E15 型、L3 型、L5 型和 F17P 型等鱼雷，也可发射"飞鱼"反舰导弹和 MC23 型水雷。

"汐潮"级潜艇

原产国：日本

入役时间：1980 年

潜航排水量：2900 吨

"汐潮"级潜艇是由日本三菱重工和川崎重工建造的常规潜艇，共建造了 10 艘，在 1980 年至 2006 年服役。该级艇采用双壳结构的水滴形艇体，十字形尾翼与艇艏水平翼位于帆罩上。在建造"汐潮"级潜艇的十年间，电子科技的进步相当迅速，导致"汐潮"级早期型与后期型在装备上有不小的差别。该级艇可以发射美制 MK 37C 型鱼雷或日本自制的八九式鱼雷，还可以发射美制"鱼叉"反舰导弹。

"基洛"级潜艇

原产国：苏联

入役时间：1980年

潜航排水量：4000吨

"基洛"级潜艇是苏联于20世纪70年代开始建造的常规潜艇，其艇艏设有6座533毫米鱼雷发射管，可发射53型鱼雷、SET-53M鱼雷、SAET-60M鱼雷、SET-65鱼雷、71系列线导鱼雷等，改进型和印度出口型还可以通过鱼雷管发射"俱乐部S"潜射反舰导弹。艇上共搭载18枚鱼雷，并有快速装雷系统。6座鱼雷发射管可在15秒内完成射击，2分钟后再装填完毕，以实施第二轮打击。

"萨乌罗"级潜艇

原产国：意大利

入役时间：1978年

潜航排水量：1862吨

"萨乌罗"级潜艇是意大利于20世纪70年代建造的常规潜艇，共建造了8艘。该级艇采用水滴形艇体、单壳体结构，耐压壳体由HY80高强度钢制造。"萨乌罗"级潜艇在设计上十分重视提高隐蔽性，其主要任务包括反潜、反舰、巡逻和破坏海上交通线，运送突击队队员等。艇上装有6座533毫米鱼雷发射管，采用液压发射方式，可在最大工作深度发射鱼雷；鱼雷管内6枚、备用6枚，共12枚鱼雷。

TR-1700 级潜艇

原产国：德国、阿根廷

入役时间：1984 年

潜航排水量：2264 吨

TR-1700 级潜艇是德国蒂森北海造船厂为阿根廷海军建造的常规潜艇，共建造了 2 艘。该级艇的水下航速较快，下潜深度为 300 米，自持力可达 70 天。TR-1700 级潜艇的主要武器为 6 座 533 毫米鱼雷发射管，可发射 22 SST 或 Mk 37 型鱼雷，鱼雷的自动装填系统可以在 50 秒内完成再装填。

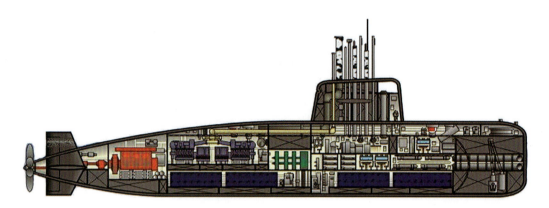

"尤纳"级潜艇

原产国：南斯拉夫、克罗地亚

入役时间：1985 年

潜航排水量：87.6 吨

"尤纳"级潜艇是南斯拉夫建造的小型常规潜艇，共建造了 6 艘，主要装备南斯拉夫海军和克罗地亚海军。该级艇的体积较小，潜艇上部艇壳全长各处均比较狭窄，在海面上不易引起注意。不过，"尤纳"级潜艇的电池仅可在海岸或者依靠补给舰充电，限制了潜艇的续航能力。该级艇可携带 6 名蛙人和 4 艘蛙人输送艇，以及一定数量的水下爆破弹。

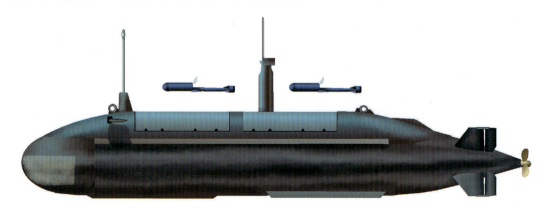

"西约特兰"级潜艇

原产国：瑞典

入役时间：1987年

潜航排水量：1150吨

"西约特兰"级潜艇是瑞典在20世纪80年代研制的常规潜艇，共建造了4艘。该级艇采用分段建造法，即潜艇的艏段、舯段和艉段分别建造，建好后再运至一个船厂集中组装，因而极大地提高了建造速度。为了适应瑞典海域较浅的特点，该级艇在设计上注重提高浅水活动能力，耐压壳体具有承受75米距离爆炸冲击的能力。

"乌拉"级潜艇

原产国：德国、挪威

入役时间：1989年

潜航排水量：1150吨

"乌拉"级潜艇是德国北海公司和挪威康斯堡公司联合研制的常规潜艇，在1987年至1992年共建造了6艘，全部在挪威海军服役。该级艇的作战系统及部分船体、压力壳的制造由挪威康斯堡公司负责，主动声呐采用德国阿特拉斯电子公司的产品，被动声呐采用法国"汤姆逊"系统，最后在德国北海造船公司装配完成。

"海象"级潜艇

原产国：荷兰

入役时间：1990年

潜航排水量：2800吨

"海象"级潜艇是荷兰研制的常规潜艇，共建造了4艘。该级艇是在"旗鱼"级潜艇的基础上改进而来，舰体尺寸、排水量、外观均与后者相近。艇体与"旗鱼"级潜艇一样为水滴形，但艇艉控制面为X形，提高了操纵性能。这不仅与"旗鱼"级潜艇不同，也与西方国家其他潜艇惯用的十字形艇艉不同。

"拥护者"级潜艇

原产国：英国

入役时间：1990年

潜航排水量：2455吨

"拥护者"级潜艇是英国于20世纪80年代开始建造的常规潜艇，共建造了4艘。该级艇采用单艇壳的水滴形艇体，艇身由高张力钢制成，可使其拥有较高的潜航速度。艇身长宽比较高，且压力壳直径大，使得艇内拥有两层广阔的甲板。"拥护者"级潜艇可以发射"鱼叉"反舰导弹、"虎鱼"鱼雷和"剑鱼"鱼雷等武器。

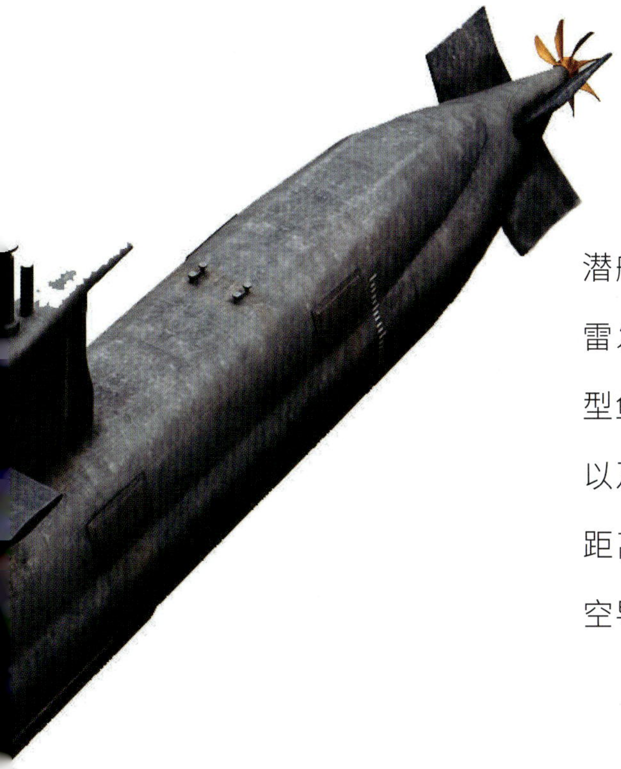

"柯林斯"级潜艇

原产国：瑞典、澳大利亚

入役时间：1996 年

潜航排水量：3407 吨

"柯林斯"级潜艇是澳大利亚海军装备的常规潜艇，共建造了 6 艘。该级艇装有 6 座 533 毫米鱼雷发射管，可发射美制"鱼叉"反舰导弹和 Mk 48 型鱼雷，也可装载水雷。艇上共携带 22 枚导弹或鱼雷，以及 44 枚水雷。此外，还可装载巡航导弹以攻击远距离陆上目标，在指挥台围壳顶部还预留有安装对空导弹的空间。

"春潮"级潜艇

原产国：日本

入役时间：1990 年

潜航排水量：3200 吨

"春潮"级潜艇是日本于 20 世纪 80 年代末开始建造的常规潜艇，共建造了 7 艘。该级艇在设计上延续"涡潮"级、"汐潮"级的基本构型，包括双壳水滴形艇体、十字形艉舵、单轴、前水平翼位于帆罩上等。不过，"春潮"级潜艇的艇体长度增加了 1 米，艇体直径也略微增加，排水量增大。艇员居住舒适性、舰体材料、潜航续航力、静音能力、水下侦测等方面也有许多改进。

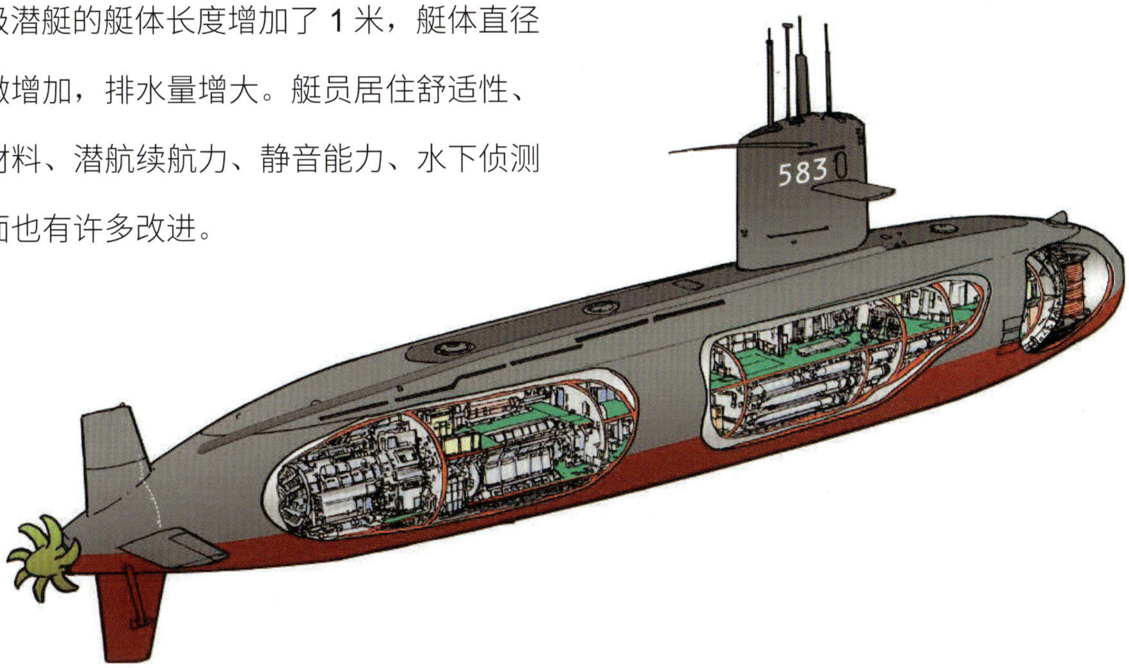

"哥特兰"级潜艇

原产国：瑞典	
入役时间：1996 年	
潜航排水量：1599 吨	

"哥特兰"级潜艇是世界上较早配备"不依赖空气推进"系统的常规潜艇，共建造了3艘。该级艇采用单壳体结构，艇体为长水滴形，由HY-80和HY-100高强度合金钢制造。整个艇体由双层耐压隔壁分为2个水密舱，使潜艇的舱室空间得到充分利用，以利于改善艇员的居住和生活条件。"哥特兰"级潜艇装有6座鱼雷发射管，其中4座为533毫米口径，主要发射TP2000型高速线导自动寻的鱼雷和TP613/TP62线导自动寻的重型反舰鱼雷；2座为400毫米口径，主要发射TP432/TP451型轻型线导反潜鱼雷。

"亲潮"级潜艇

原产国：日本	
入役时间：1998 年	
潜航排水量：4000 吨	

"亲潮"级潜艇是日本于20世纪90年代初开始建造的常规潜艇，共建造了11艘。该级艇沿袭了日本潜艇惯用的水滴形艇体设计，但与"春潮"级和"汐潮"级潜艇的双壳结构不同，"亲潮"级潜艇改用单壳、双壳并用的复合结构，艇身的排水口大幅减少。艇上共有20枚鱼雷和导弹，包括最大射程50千米的八九式线导鱼雷和"鱼叉"反舰导弹。

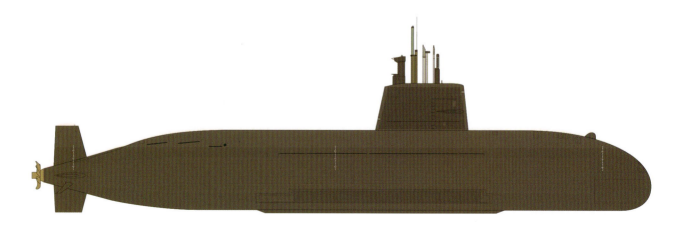

"海豚 I"级潜艇
原产国：德国、以色列
入役时间：1999 年
潜航排水量：1900 吨

"海豚 I"级潜艇是德国哈德威造船厂为以色列海军研制的常规潜艇，共建造了 3 艘，其中 2 艘由德国赠送，1 艘为共同出资。尽管对外声称为 209 级潜艇的改进型，但是"海豚 I"级潜艇的外形与 209 级潜艇区别较大，反而较接近 212 级潜艇，因此"海豚 I"级潜艇在一般归类上不被视为 209 级潜艇家族成员。

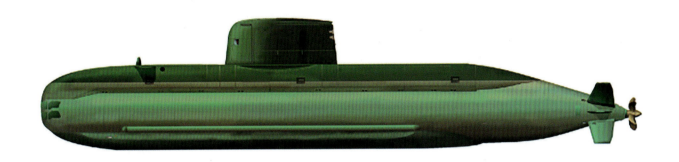

3.10 蓬勃发展的两栖舰艇

两栖舰艇也称登陆舰艇，是一种用于运载登陆部队、武器装备、物资车辆、直升机等进行登陆作战的舰艇，出现于二战期间，并于 20 世纪 50 年代以后迅速发展壮大。两栖舰艇的种类较多，包括两栖攻击舰、船坞登陆舰、坦克登陆舰、两栖指挥舰和气垫登陆艇等。

两栖攻击舰是两栖舰艇中最主要的一种。它是一种用来在敌方沿海地区进行两栖作战时，在战线后方提供空中与水面支援的军舰。这种军舰是由直升机航空母舰发展而来，但是大部分也结合了船坞登陆舰的坞舱设计，可装载登陆艇、气垫登陆艇、两栖车辆，甚至垂直起降战斗机。相较于多数航空母舰，不少两栖攻击舰拥有更密集的自卫武器，未必需要护卫舰队保护。由于两栖攻击舰是现代军舰中大小与排水量仅次于航空母舰的类别，因此对于未拥有航空母舰的国家，或是在没有配置航空母舰的舰队中，两栖攻击舰往往会成为舰队旗舰，具有军事指挥中心作用。

船坞登陆舰的船身中设有巨大的坞舱，主要用来装载登陆艇和两栖车辆，一般也可以搭载少量直升机，在两栖作战中，依靠这些搭载的载具向陆地输送人员和装备。船坞登陆舰的主要作战力量是坞舱内的登陆部队，即通过水上进行人员装备的输送，登陆主要依靠登陆艇、两栖坦克等，船上只配备有少数直升机。两栖突击舰常使用直通式甲板，明显强化了空中的登陆力量，可搭载较多的直升机和垂直起降飞机，可以从空中投送大批部队，坞舱主要是用来支援运送较重型的车辆。

坦克登陆舰用以将坦克、车辆、货物、登陆部队在没有码头的地方直接运送到岸上，以此支援登陆战。坦克登陆舰的舰艏有一扇大门可以打开，作战车辆和物资可通过坡道进出。

两栖指挥舰是对登陆编队实施统一指挥的登陆作战舰艇，装有多种探测、通信、导航设备和以电子计算机为中心构成的作战情报指挥中心。

气垫登陆艇是运送登陆士兵及其武器装备在岸滩直接登陆的登陆作战艇，可在由岸到岸登陆中，输送登陆士兵、车辆、坦克和物资直接登陆；或在由舰到岸登陆过程中，作为换乘工具。

"硫磺岛"级两栖攻击舰

原产国：美国

入役时间：1961 年

满载排水量：18474 吨

"硫磺岛"级两栖攻击舰是美国建造的第一代两栖攻击舰，共建造了 7 艘。该级舰可装载 1 个直升机中队，约有 30 架直升机，主要机型为 CH-46 "海骑士"直升机和 CH-53 "海上种马"直升机。必要时，也可装载 4 架 AV-8A 垂直/短距起降攻击机。同时，该级舰还可运载 1 个海军陆战队加强营（约 2000 名队员及其武器装备）。此外，舰上还设有一所 300 张床位的医院。该级舰的自卫武器为 2 门 Mk 33 型 76 毫米舰炮、2 座八联装"海麻雀"防空导弹发射器和 2 座 Mk 15 "密集阵"近程防御武器系统。

"奥斯汀"级船坞登陆舰
原产国：美国
入役时间：1965 年
满载排水量：16914 吨

"奥斯汀"级船坞登陆舰是美国于 20 世纪 60 年代建造的两栖船坞登陆舰，共建造了 12 艘。该级舰可运载 900 名海军陆战队员，舰上能搭载 6 架 CH-46 直升机，并可根据需要选择搭载 1 艘 LCAC 气垫登陆艇，或 1 艘 LCU 通用登陆艇加 3 艘 LCM-6 机械化登陆艇，或 4 艘 LCM-8 机械化登陆艇，或 9 艘 LCM-6 机械化登陆艇，或 24 辆两栖登陆车。舰上的自卫武器为 2 座 Mk 15 "密集阵"近程防御武器系统、2 门 25 毫米 Mk 38 机炮和 8 挺 12.7 毫米重机枪。

"暴风"级船坞登陆舰是法国于 20 世纪 60 年代建造的多用途船坞登陆舰，共建造了 2 艘。该级舰可装载 343 名海军陆战队士兵，以及 2 艘能装载 11 吨坦克的登陆艇或 8 艘装有货物的运货平底驳船。舰上的固定平台可起降 3 架"超黄蜂"或 10 架"云雀 III"直升机，活动平台还可起降 1 架"超黄蜂"或 3 架"云雀 III"直升机。船坞可搭载 400 吨的舰船。舰上的自卫武器为 2 座双联装"辛伯德"防空导弹发射装置和 4 挺 12.7 毫米机枪，首舰还安装了 2 门 40 毫米"博福斯"舰炮，二号舰改为 2 门 30 毫米"布雷达"舰炮。

"暴风"级船坞登陆舰
原产国：法国
入役时间：1965 年
满载排水量：8500 吨

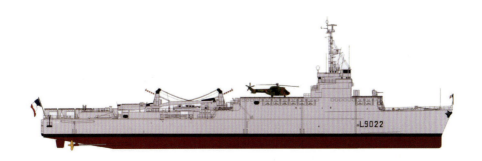

"新港"级坦克登陆舰

原产国：美国

入役时间：1969 年

满载排水量：8500 吨

"新港"级坦克登陆舰是美国于 20 世纪 60 年代中期开始建造的坦克登陆舰，共建造了 20 艘。该级舰主要用于运载坦克和车辆，运载量为 500 吨。此外，还可运载 400 名海军陆战队队员（其中 20 名军官），并搭载 1 艘大型人员登陆艇和 3 艘车辆人员登陆艇。舰上还设有直升机平台，可起降 2 架直升机。该级舰的自卫武器为 2 座双联装 Mk 33 型 76 毫米炮和 1 座 Mk 15 "密集阵"近程防御武器系统。

"蟾蜍"级登陆舰

原产国：苏联

入役时间：1975 年

满载排水量：4080 吨

"蟾蜍"级登陆舰是苏联于 20 世纪 70 年代设计建造的坦克登陆舰，共建造了 28 艘，分为 I 型和 II 型两种型号，舰载武器略有不同。I 型舰装有 2 门双联装 57 毫米舰炮和 2 门二十管火箭发射器，II 型舰用 1 门 76 毫米 AK-176 舰炮取代了 I 型舰的 2 门双联装 57 毫米舰炮，并增设了 2 门 30 毫米舰炮，从而增强了武器火力。此外，II 型舰还可以发射 SA-N-5 "圣杯"防空导弹，并备有 92 枚触发水雷。

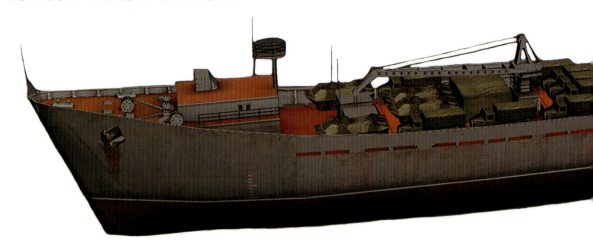

"蓝岭"级两栖指挥舰

原产国：美国

入役时间：1970 年

满载排水量：18874 吨

"蓝岭"级两栖指挥舰是美国于 20 世纪 60 年代后期开始建造的两栖指挥舰，共建造了 2 艘，分别担任美国海军第 7 舰队和第 6 舰队的旗舰。与美国海军老一代的旗舰相比，"蓝岭"级两栖指挥舰基本不具备执行其他任务的能力，完全是一艘专用的舰队指挥舰。该级舰的"旗舰指挥中心"是一个大型综合通信及信息处理系统，它与 70 多台发信机和 100 多台收信机连接在一起，同三组卫星通信装置相通，可以每秒 3000 词的速度同外界进行信息交流。接收的全部密码可自动进行翻译，通过舰内自动装置将译出的电文送到指挥人员手中，同时可将这些信息存储在综合情报中心的计算机中。

"短吻鳄"级坦克登陆舰

原产国：苏联

入役时间：1966 年

满载排水量：4700 吨

"短吻鳄"级坦克登陆舰是苏联于 20 世纪 60 年代建造的坦克登陆舰，共建造了 14 艘。该级舰可搭载约 400 名登陆作战人员，也可搭载 20 辆坦克或 40 辆装甲作战车辆，总运载量为 1000 吨。自卫武器方面，"短吻鳄"级坦克登陆舰装有 3 座双联装 SA-N-5"杯盘"舰对空导弹发射器，有效射程为 6 千米；2 座双联装 25 毫米舰炮，射速为 270 发/分，有效射程为 3 千米；2 门双联装 55 毫米舰炮；2 座 122 毫米火箭发射器。

"塔拉瓦"级两栖攻击舰

原产国：美国

入役时间：1976 年

满载排水量：39967 吨

"塔拉瓦"级两栖攻击舰是美国于 20 世纪 70 年代设计建造的大型通用两栖攻击舰，共建造了 5 艘。该级舰装有防空导弹、机载反舰导弹和近程防御武器系统，以及直升机和垂直/短距起降飞机，形成远、中、近距离结合和高、中、低一体的作战体系，具有防空、反舰和对岸火力支援等能力。舰上可搭载 1700 余名登陆作战人员，舰上可装载 4 艘 LCU-1610 通用登陆艇（或 17 艘 LCM-6 机械化部队登陆艇，或 45 辆履带式登陆车）、6 架 AV-8B"海鹞"攻击机，也可根据任务替换直升机（19 架 CH-53D"海种马"直升机或 26 架 CH-46D/E"海骑士"直升机）。

LCAC 气垫登陆艇

原产国：美国

入役时间：1986 年

满载排水量：185 吨

LCAC 气垫登陆艇是美国于 20 世纪 80 年代研制的气垫登陆艇，共建造了 91 艘。艇体为铝合金结构，不受潮汐、水深、雷区、抗登陆障碍和近岸海底坡度的限制，可在全世界 70% 以上的海岸线实施登陆作战。不过，LCAC 气垫登陆艇没有装甲防护，发动机和螺旋桨都暴露在外部，在火力密集的高强度条件下作战易损坏。被运载的装备全部露天放置，恶劣天气下不利于保养。LCAC 气垫登陆艇可搭载 150 名士兵，或 24 名士兵加 1 辆主战坦克。在登陆作战时，携带 LCAC 气垫登陆艇的两栖舰船在远离岸边 20～30 海里时，便可让 LCAC 气垫登陆艇依靠自身的动力将人员和装备送上敌方滩头，从而保证了自身的安全。自卫武器方面，LCAC 气垫登陆艇装有 2 挺 12.7 毫米机枪。

"惠德贝岛"级船坞登陆舰

原产国：美国

入役时间：1985 年

满载排水量：16100 吨

"惠德贝岛"级船坞登陆舰是美国于 20 世纪 80 年代初开始建造的船坞登陆舰，共建造了 8 艘。该级舰可装载登陆部队、坦克、直升机或垂直短距起降飞机，其坞舱较大，可容纳 4 艘气垫登陆艇或 21 艘机械化登陆艇。舰上的自卫武器为 1 座"拉姆"防空导弹发射器、2 座 Mk 15 "密集阵"近程防御武器系统、2 门 25 毫米 Mk 38 机炮、8 挺 12.7 毫米重机枪。

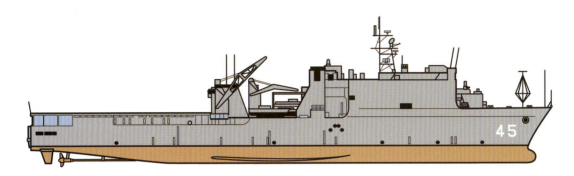

"海鳝"级气垫登陆艇

原产国：苏联

入役时间：1985 年

满载排水量：149 吨

"海鳝"级气垫登陆艇是苏联于 20 世纪 80 年代建造的气垫登陆艇，共建造了 11 艘。该级艇的总载荷量为 45 吨，可搭载 1 辆主战坦克加 80 名士兵，或 25 吨军事装备加 160 名士兵。自卫武器方面，"海鳝"级气垫登陆艇装有 2 门 30 毫米高平两用机炮，2 挺 12.7 毫米机枪和 2 具 40 毫米榴弹发射器。该级艇的动力装置是 2 台 PR-77 燃气轮机、2 台提升风扇和 2 台推进风扇。

"闪电"级船坞登陆舰

原产国：法国

入役时间：1990 年

满载排水量：12000 吨

"闪电"级船坞登陆舰是法国于 20 世纪 80 年代末开始建造的船坞登陆舰，共建造了 2 艘。该级舰拥有容积为 13000 立方米的坞舱，能容纳 10 艘中型登陆艇，或者 1 艘机械化登陆艇和 4 艘中型登陆艇。可移动甲板用于提供车辆停放或舰载直升机降落操作，可搭载 4 架"超美洲豹"直升机或 2 架"超黄蜂"直升机。舰上还设有面积为 500 平方米的医院舱室，包括 2 个设施齐备的手术室和 47 个床位。该级舰的自卫武器为 3 座"西北风"导弹发射器、3 门 30 毫米舰炮和 4 挺 12.7 毫米重机枪。

"野牛"级气垫登陆艇

原产国：苏联

入役时间：1988 年

满载排水量：555 吨

"野牛"级气垫登陆艇是苏联于 20 世纪 80 年代设计建造的气垫登陆艇，也是目前世界上最大的气垫登陆艇。艇体采用坚固的浮桥式构造，具有良好的稳定性和耐波性。该级艇可运载 3 辆主战坦克，或 10 辆步兵战车加上 140 名士兵，若单独运送武装士兵，则可达到 500 人。"野牛"级气垫登陆艇配备的火力大大高于其他气垫登陆艇，装备有 8 座四联装"箭-3M"或"箭-2M"防空导弹发射器，2 门 30 毫米 AK-630 机炮，2 座二十二管 140 毫米火箭弹发射器，以及 20～80 枚鱼雷。

"黄蜂"级两栖攻击舰

原产国：美国

入役时间：1989 年

满载排水量：41150 吨

"黄蜂"级两栖攻击舰是美国于 20 世纪 80 年代中期开始建造的两栖攻击舰，共建造了 8 艘。该级舰的主要任务是支援登陆作战，其次是执行制海任务。在标准模式下，舰载机配置为 4 架 CH-53 运输直升机、12 架 CH-46 运输直升机、4 架 AH-1W 武装直升机、6 架 AV-8B 垂直起降攻击机、2 架 UH-1N 通用直升机，总数在 30 架左右。在突击模式下，舰上可搭载 42 架 CH-46 运输直升机。在操作 MV-22 "鱼鹰"倾转旋翼机时，可以容纳 12 架。该级舰的舰内车库甲板还可搭载主战坦克、两栖装甲车、自行火炮等多种军用车辆。

"圣·乔治奥"级两栖攻击舰

原产国：意大利

入役时间：1987 年

满载排水量：7665 吨

"圣·乔治奥"级两栖攻击舰是意大利于 20 世纪 80 年代研制的两栖攻击舰，共建造了 3 艘。该级舰采用类似航空母舰的舰型，艏部水线以上较宽，圆弧过渡到后部舰体，这样对艏门及跳板的布置十分有利。舰体从飞行甲板首端起至舰艉宽度几乎一致，有利于舰内舱室的布置。为了进行有力的支援，舰上除了登陆装备比较齐全外，还配有先进的医疗设施。

2000TD 气垫登陆艇

原产国：英国

入役时间：1990 年

满载排水量：6.8 吨

2000TD 气垫登陆艇是英国格里芬·胡弗沃克公司于 20 世纪 90 年代建造的气垫登陆艇，英国、比利时、哥伦比亚、芬兰、立陶宛、巴基斯坦、秘鲁、波兰、瑞典等国的军队均有装备。该级艇的动力装置为 1 台德国道依茨公司生产的柴油机和 1 具三叶变距螺旋桨，以 35 节航速航行时，续航距离为 390 海里。艇上的自卫武器比较简单，仅有 1 挺 7.62 毫米机枪。2000TD 气垫登陆艇的编制艇员为 3 人，但仅有 1 人时也能正常运作。除了艇员外，最多可以搭载 20 名海军陆战队士兵。

Mk 5 车辆人员登陆艇

原产国：英国

入役时间：1996 年

满载排水量：24 吨

Mk 5 车辆人员登陆艇是英国于 20 世纪 90 年代建造的车辆人员登陆艇，主要供英国海军陆战队使用。该级艇主要放置在英国海军"海洋"级两栖攻击舰和"海神之子"级船坞登陆舰上，虽然"海洋"级两栖攻击舰没有舰内船坞，但仍配置了 4 艘 Mk 5 车辆人员登陆艇（设置于左、右舷的大型开口结构，左、右舷各两艘，由起重机收放）。Mk 5 车辆人员登陆艇的编制艇员为 3 人，最多可搭载 35 名全副武装的英国海军陆战士兵。除了英国海军陆战队，荷兰海军陆战队也装备了 Mk 5 车辆人员登陆艇。

"高峻峰"级坦克登陆舰

原产国：韩国

入役时间：1994 年

满载排水量：4300 吨

"高峻峰"级坦克登陆舰是韩国于 20 世纪 90 年代初开始建造的坦克登陆舰，共建造了 4 艘。该级舰的动力装置为两台皮尔斯蒂克 16 PA6V 280 柴油机，巡航速度为 12 节，最高速度为 16 节。以巡航速度航行时，"高峻峰"级坦克登陆舰的续航距离为 4500 海里。该级艇的编制艇员为 120 人，可运载 200 名陆战队员和 1700 吨物资。自卫武器方面，"高峻峰"级坦克登陆舰装有 2 门 20 毫米"火神"机炮和 4 门 40 毫米"布雷达"L70K 舰炮。

"哈珀斯·费里"级船坞登陆舰

原产国：美国

入役时间：1995 年

满载排水量：16708 吨

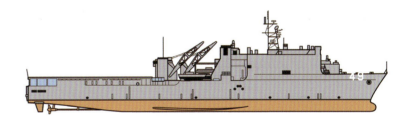

"哈珀斯·费里"级船坞登陆舰是"惠德贝岛"级船坞登陆舰的改进型，一共建造了 4 艘。该级舰可运送 500 名登陆人员、3 艘气垫登陆艇（或 6 艘机械化登陆艇，或 1 艘通用登陆艇，或 64 辆两栖装甲输送车）和 2 艘人员登陆艇。舰上的自卫武器为 2 门 Mk 38 型 25 毫米舰炮、2 座"密集阵"近程防御武器系统、2 座"拉姆"防空导弹发射系统和 6 挺 12.7 毫米重机枪。

"杰森"级坦克登陆舰

原产国：希腊

入役时间：1996年

满载排水量：4400吨

"杰森"级坦克登陆舰是希腊于20世纪90年代研制的坦克登陆舰，共建造了5艘。该级舰可运载300名登陆士兵及其作战车辆，并可搭载4艘车辆人员登陆艇。此外，还设有可容纳1架中型直升机的起降平台。舰上的自卫武器为1门76毫米"奥托·梅莱拉"紧凑型舰炮、2座双联装40毫米"布雷达"紧凑型舰炮和2座双联装莱茵金属20毫米机炮。

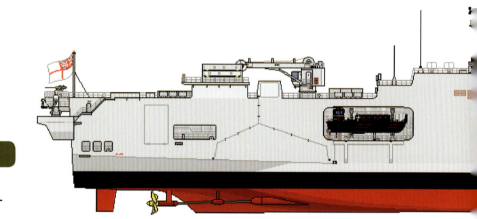

"鹿特丹"级船坞登陆舰

原产国：荷兰、西班牙

入役时间：1998年

满载排水量：16800吨

"鹿特丹"级船坞登陆舰是荷兰和西班牙于20世纪90年代联合设计建造的船坞登陆舰，共建造了4艘。在执行两栖作战任务时，"鹿特丹"级船坞登陆舰可对海军陆战队士兵、联合作战和后勤支援所需的车辆和装备进行装运，并辅助其登陆。舰上携带的给养物资可保障其承载的海军陆战队官兵10天以上的供给。此外，它还能够承担运送后备力量、后撤受伤人员的任务。"鹿特丹"级船坞登陆舰可以运输170辆装甲运兵车，或是33辆主战坦克，同时还可以搭载最多6艘登陆艇。机库内可容纳4架EH101直升机或6架NH90直升机。

"海洋"号两栖攻击舰

原产国：	英国
入役时间：	1998 年
满载排水量：	21500 吨

"海洋"号两栖攻击舰是英国于 20 世纪 90 年代建造的两栖攻击舰，其设计衍生自"无敌"级航空母舰，为了最大化降低成本，整体防护性能有一定程度的下降，但仍维持英国海军的舰艇抗沉标准。该舰没有设置舰艉的坞舱，但设有舷侧 LCVP 登陆艇。舰内可搭载 40 辆装甲车和 830 名海军陆战队员。舰上甲板强度可操作 CH-47 重型运输直升机，并且具备防热焰能力，能让"海鹞"战斗机在必要时降落，并以轻载状态下垂直起飞。

"大隅"级坦克登陆舰

原产国：	日本
入役时间：	1998 年
满载排水量：	14000 吨

"大隅"级坦克登陆舰是日本于 20 世纪 90 年代后期设计建造的坦克登陆舰，共建造了 3 艘。该级舰可运载 330 名登陆士兵、10 辆 90 式主战坦克（或 1400 吨物资）、2 艘 LCAC 气垫登陆艇。升降机可起降中型直升机，甲板可临时停放 2 架中型直升机。"大隅"级坦克登陆舰的使用突破了日本海上自卫队以往登陆舰单一的抢滩登陆模式，既可以凭借气垫登陆艇抢滩登陆，又可以借助舰载直升机实施垂直登陆。不过，该级舰没有高强度航空器操作能力，没有与两栖突击舰或航空母舰同级的航空管制、战役指挥等能力。

"加里西亚"级船坞登陆舰

原产国：荷兰、西班牙	
入役时间：1998 年	
满载排水量：13815 吨	

"加里西亚"级船坞登陆舰是荷兰和西班牙联合研制的船坞登陆舰，共建造了2艘。首舰一次能运送2个全副武装的加强连，共约540人。二号舰装备了供65名海军陆战队参谋人员使用的指挥支援系统和通信设施，其所能装载的作战部队人数也减为400人。此外，"加里西亚"级船坞登陆舰还可搭载4艘通用登陆艇或者6艘车辆人员登陆艇、130辆装甲车或者33辆主战坦克，总载重2488吨。舰上的自卫武器非常简单，仅有2座"梅罗卡"近程防御武器系统和2门20毫米"厄利空"舰炮。

Mk 10 通用登陆艇是英国于20世纪90年代建造的通用登陆艇，共建造了10艘。该级艇采用滚装方式，可在两栖作战运输舰与海岸之间输送人员和物资。艇体采用钢结构，艇长接近30米，标准排水量为170吨，满载排水量为240吨。标准的有效载荷包括1辆主战坦克，或4辆装甲运兵车，或120名全副武装的士兵和2辆雪地车。

Mk 10 通用登陆艇

原产国：英国	
入役时间：1998 年	
满载排水量：240 吨	

3.11 毫不过时的水雷战舰艇

水雷隐蔽性好、作用期长、制造成本低、易布难扫、震撼作用大，是海上攻防作战的重要辅助手段。二战后，沿海国家在局部战争中多次使用水雷作战。1972年，美军对越南北方实施大规模布雷封锁。1987年，伊朗在海湾地区使用小船布设了一些老式锚雷，造成一些国家的油轮触雷受损，使海湾地区的航运一度陷入混乱。海湾战争中，伊拉克布设了大量水雷，给以美国为首的多国部队海军行动造成了一定困难。

随着科学技术的发展，新型水雷的引信结构日趋复杂，破击威力大，抗扫能力强，有的趋向智能化；布雷的快速性、隐蔽性、突然性日益提高，使用水雷作战的技术发生重大变化。同时，反水雷战不断发展，除以兵力积极打击敌方布雷兵力和设施外，将出现新的扫雷舰艇、扫雷具和其他扫雷技术器材，并广泛采用直升机、气垫船、猎雷舰、遥控扫雷艇等多种工具联合扫雷。在未来海战中，水雷战仍将居于重要地位。

"娜佳"级扫雷舰

原产国：苏联

入役时间：1970年

满载排水量：870吨

"娜佳"级扫雷舰是苏联于20世纪70年代设计建造的远洋扫雷舰，共建造了45艘。该级舰的扫雷装置包括2部GKT-2触发式扫雷装置、1部AT-2水声扫雷装置、1部TEM-3磁性扫雷具。舰体后方设有液压铰链吊柱，负责处理安放在舰艉斜坡上的扫雷装置和拖曳水雷对抗设备。该级舰的自卫武器包括2座四联装SA-N-5/8"圣杯"防空导弹发射器、2门双联装30毫米AK 230舰炮（或2门30毫米AK 306舰炮）、2门双联装25毫米舰炮、2座五联装RBU-1200固定式反潜火箭发射器等。

"亨特"级扫雷舰

原产国：英国

入役时间：1979 年

满载排水量：750 吨

"亨特"级扫雷舰是英国于 20 世纪 70 年代末开始建造的扫雷舰，共建造了 13 艘。该级舰的扫雷装备包括 PAP 104/105 型遥控可潜扫雷具、MS 14 型磁性探雷指示环装置、"斯佩里"MSSA Mk 1 型拖曳式水声扫雷装置、K8 型"奥罗柏萨"常规扫雷具。舰上的自卫武器为 1 门 30 毫米 DS30B 舰炮、2 门 20 毫米 GAM-C01 机炮和 2 挺 7.62 毫米机枪。

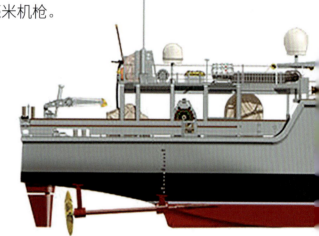

"三伙伴"级猎雷舰

原产国：法国、荷兰、比利时

入役时间：1981 年

满载排水量：605 吨

"三伙伴"级猎雷舰是法国、荷兰、比利时联合研制的猎雷舰，共建造了 40 艘。舰上的猎雷系统由声呐、精密定位导航设备、情报中心、灭雷装置等组成。DUBM-21A 舰壳声呐能同时摸索和识别沉底雷和锚雷，搜索水雷深度可达 80 米，搜索距离大于 500 米，辨认水雷深度可达 60 米。在沿岸水域，定位误差不大于 15 米。该级舰还能以 8 节的航速拖曳切割扫雷具。扫雷系统由一套轻型切割扫雷具和一部扫雷绞车组成，主要用于扫除触发锚雷。

"勒里希"级猎雷舰

原产国：意大利

入役时间：1985年

满载排水量：620吨

"勒里希"级猎雷舰是意大利于20世纪80年代建造的猎雷舰，意大利海军一共装备了12艘。此外，还出口到芬兰（3艘）、马来西亚（4艘）、尼日利亚（2艘）、美国（12艘）、澳大利亚（6艘）、泰国（2艘）等国。该级舰具有较强的猎雷和扫雷能力，配有Mk 2遥控猎雷装置、"冥王星"反水雷系统和"奥罗佩萨"Mk 4机械扫雷装置。猎雷装置上带有专用高分辨率声呐、电视摄像机、炸药包和爆炸割刀。舰上的自卫武器比较简单，仅有1门20毫米"厄利空"机炮。其他国家进口的"勒里希"级猎雷舰进行了改装，如澳大利亚和泰国将自卫武器改为1门DS30B型30毫米机炮，马来西亚则改为1门40毫米"博福斯"舰炮。

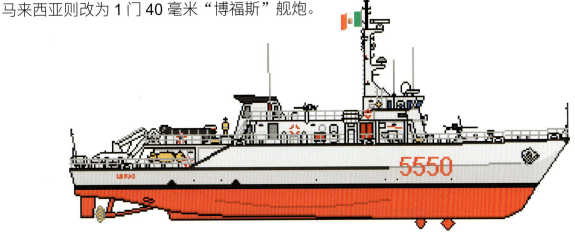

"复仇者"级扫雷舰

原产国：美国

入役时间：1987 年

满载排水量：1390 吨

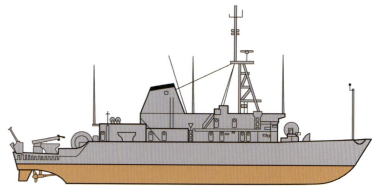

"复仇者"级扫雷舰是美国于 20 世纪 80 年代设计建造的远洋深水扫雷舰，共建造了 14 艘。其舰体采用多层木质结构，表面包有多层玻璃纤维，具有耐冲击、抗摩擦等特点。不过，由于舰体采用木材制造，整体强度不够，"复仇者"级扫雷舰的维护成本较高。"复仇者"级扫雷舰的扫雷系统比较完善，舰上的 AN/SLQ-48 反水雷系统的工作深度超过 100 米，由电动机驱动，舰上操作人员通过 1500 米长的电缆实现电源供给和操纵控制。此外，舰上还配有 AN/SLQ-38 机械扫雷具、AN/SLQ-37 磁/声感应扫雷具等。

"桑当"级猎雷艇

原产国：英国

入役时间：1989 年

满载排水量：484 吨

"桑当"级猎雷艇是英国于 20 世纪 80 年代研制的猎雷艇，用于搜索及摧毁水雷，近海和深水均可使用。该级艇是目前世界上性能较好的反水雷舰艇之一，可配合"亨特"级扫雷舰，在近海和远洋探测与摧毁敌方布设的水雷。艇上的猎雷装备有 ECA 扫雷系统、PAP 104 MK 5 扫雷具、"路障"诱饵发射装置等。"桑当"级猎雷艇的自卫武器较少，仅有 1 门 30 毫米 DS30B 舰炮、2 挺 M134 机枪和 3 挺 FN MAG 机枪。

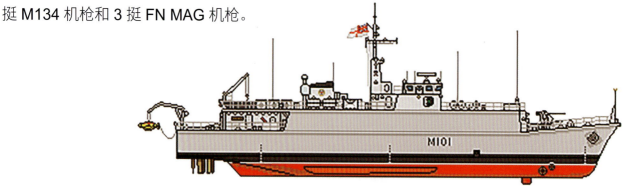

"恩斯多夫"级扫雷舰

原产国：德国

入役时间：1990 年

满载排水量：650 吨

"恩斯多夫"级扫雷舰是德国于 20 世纪 80 年代后期以"哈默尔恩"级扫雷舰为基础改造而来的扫雷舰，共改造了 5 艘。该级舰可携带"海豹"遥控无人扫雷装置、"海狐 C"遥控扫雷装置和"奥罗柏萨"机械扫雷装置，配合用于扫雷控制的"特洛依卡"C2 系统和 MAS-90 水雷回避声呐，能很好地执行扫雷任务。舰上的自卫武器为 2 座四联装"毒刺"防空导弹发射装置、2 门毛瑟 27 毫米机炮和 60 枚水雷，另有 2 部"银狗"金属箔条火箭发射装置。

"库尔姆贝克"级猎雷舰

原产国：德国

入役时间：1990 年

满载排水量：635 吨

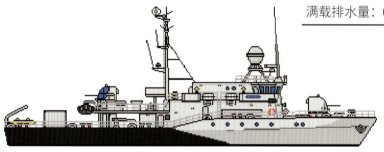

"库尔姆贝克"级猎雷舰是德国于 20 世纪 80 年代后期以"哈默尔恩"级扫雷舰为基础改造而来的猎雷舰，共改造了 5 艘。该级舰配备了"海狐 1"遥控猎雷装置，用于水雷勘测，还有"海狐 C"遥控扫雷装置，用于扫雷。舰上的自卫武器为 2 门 27 毫米毛瑟炮、2 座四联装"毒刺"防空导弹发射装置和 2 座"银狗"金属箔条火箭发射装置，还可以携带 60 枚水雷。

"弗兰肯索"级猎雷舰

原产国：德国

入役时间：1992 年

满载排水量：650 吨

"弗兰肯索"级猎雷舰是德国于 20 世纪 80 年代后期设计建造的猎雷舰，共建造了 12 艘。该级舰装有阿特拉斯电子公司的"企鹅 B3"探雷声呐，以及电视摄像无人灭雷装置。舰上的自卫武器为 2 座四联装"毒刺"防空导弹发射装置和 1 门 40 毫米博福斯舰炮。

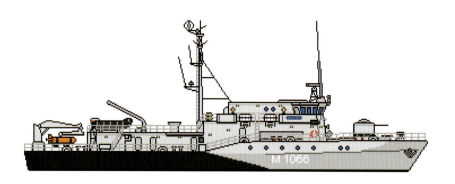

"鱼鹰"级猎雷舰

原产国：美国

入役时间：1993 年

满载排水量：800 吨

"鱼鹰"级猎雷舰是美国诺斯洛普·格鲁曼公司辖下埃文代尔造船厂于 20 世纪 90 年代制造的近岸猎雷舰，共建造了 12 艘。该级舰装有高精度猎雷声呐与水下无人扫雷载具，大幅提高了猎雷舰的猎雷安全性与效率。舰上的猎雷装置包括阿连特技术系统公司的 AN/SLQ-48 遥控扫雷具、水雷压制系统，以及 DGM-4 消磁系统。"鱼鹰"级猎雷舰的自卫武器比较简单，仅有 2 挺 12.7 毫米重机枪。

3.12　以小博大的小型作战舰艇

小型作战舰艇的排水量大多在数十吨至数百吨，用于执行对舰对潜攻击、近海巡逻、警戒、护航、护渔、海上搜索、救援，以及运送物资、人员等任务。世界上大量拥有小型作战舰艇，并把它们作为水面舰艇部队主力的当属第三世界国家。发达国家把大中型舰艇作为发展重点，但也配备了数量不等的小型舰艇，用于近海巡逻和警戒。

在各类小型作战舰艇中，导弹艇是极为重要的一种。它是以反舰导弹为主要武器，用于近海作战的小型作战舰艇。除了执行攻击任务以外，也可担负巡逻、警戒、反潜、布雷等其他任务，已经取代过去鱼雷艇在水面作战中的角色。导弹艇吨位小、航速高，机动灵活，排水量通常为数十吨至数百吨，航行速度30～40节，有的可达50节，续航能力500～3000海里。艇上装有反舰导弹2～8枚，有些导弹艇还加装20～76毫米口径舰炮，吨位较大的导弹艇还可能包含鱼雷、水雷、深水炸弹和舰对空导弹等。搭配的感测系统有搜索、探测、武器控制、通信导航、电子作战等。

导弹快艇第一次使用是在1963年10月20日，埃及海军的两艘导弹艇以"冥河"反舰导弹击沉以色列的"艾略特"号驱逐舰。自此以后，导弹艇在局部战争中得到广泛运用，为越来越多的国家所重视。20世纪90年代，低可侦测性技术开始大幅度地应用在舰艇上，新开发的导弹艇多数也开始采用斜角设计与吸收雷达波材料。由于导弹艇重视速度，因此不少导弹艇开始采用双体船、气垫船、水翼船等高速船的船体设计。

"奥萨"级导弹艇

原产国：	苏联
入役时间：	1960 年
满载排水量：	235 吨

"奥萨"级导弹艇是苏联于 20 世纪 60 年代开始建造的导弹艇，分为 I 型和 II 型两种型号。该级艇是世界各国有史以来建造数量最多的导弹艇，总产量超过 400 艘。I 型装有 4 座 SS-N-2 舰对舰导弹发射器、2 门 30 毫米双联装全自动高炮。II 型装有 4 座 SS-N-11 舰对舰导弹发射器，部分艇装有 SA-N-5 舰对空导弹发射器。与 I 型一样，II 型也有 2 门 30 毫米双联装全自动高炮。

"斗士"级快速攻击艇

原产国：	法国
入役时间：	1964 年
满载排水量：	425 吨（III 型）

"斗士"级快速攻击艇是法国在 1964 年至 1981 年建造的导弹艇，分为 I 型、II 型和 III 型。I 型采用贯通式主甲板，平板式上层建筑位于艇体中部后方，上层建筑顶部装有高大粗壮的封闭式桅杆和细长的柱式桅杆。II 型和 I 型的构造基本一致。III 型的艇体比 I 型和 II 型更大。该级艇的主要武器为 1 门 76 毫米舰炮、1 门 40 毫米舰炮和 2 座双联装"飞鱼"反舰导弹发射器。

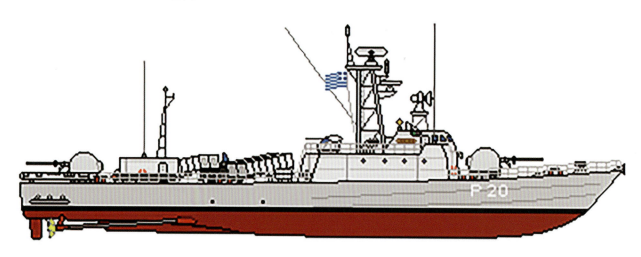

"斯登卡"级巡逻艇

原产国：苏联

入役时间：1967 年

满载排水量：245 吨

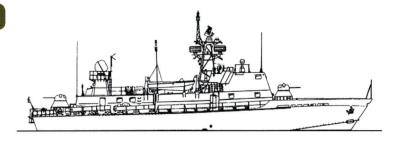

"斯登卡"级巡逻艇是苏联于 20 世纪 60 年代建造的通用快速巡逻艇，共建造了 114 艘。该级艇在"奥萨"级导弹艇的基础上加大了艇体空间，可以容纳更多的艇员。俄罗斯海军和乌克兰海军装备的"斯登卡"级巡逻艇装有 2 门双联装 30 毫米 AK-230 舰炮、1 挺 12.7 毫米重机枪、4 座 406 毫米鱼雷发射管和 2 深水炸弹发射器，而柬埔寨、阿塞拜疆和古巴等国装备的"斯登卡"级巡逻艇在武器方面有所变化。以 35 节航速航行时，"斯登卡"级巡逻艇的续航距离为 500 海里。

"汉密尔顿"级巡逻舰

原产国：美国

入役时间：1967 年

满载排水量：3250 吨

"汉密尔顿"级巡逻舰是美国于 20 世纪 60 年代建造的远洋巡逻舰，共建造了 12 艘。舰上没有携带反舰导弹及防空导弹等武器，而是以火炮为主要的攻击和防御武器。舰艏甲板上安装 1 门"奥托·梅莱"拉 76 毫米舰炮，主要用于防空作战，也可用于对海攻击，每分钟射速 80 发。舰艉安装 1 座 Mk 15"密集阵"近程防御武器系统，用于近程对空防御，可拦截来袭飞机和反舰导弹等目标，每分钟射速高达 3500 发。另外，舰上还备有 2 挺 12.7 毫米重机枪和 2 门 Mk 38 型 25 毫米火炮。

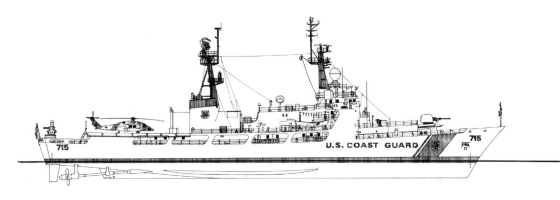

"旗杆"级护卫艇

原产国：美国	
入役时间：1968 年	
满载排水量：68 吨	

"旗杆"级护卫艇是美国海军在冷战期间装备的护卫艇，仅建造了 1 艘，在 1968 年至 1978 年服役。"旗杆"级护卫艇采用全浸式水翼，由自动驾驶仪控制和操作，可以收放。该级艇具有良好的适航性，但造价高、技术复杂。艇上的武器有 1 门 40 毫米舰炮、1 门 81 毫米无后坐力炮、2 门双管 20 毫米舰炮。"旗杆"级护卫艇可在 4～5 级海况中水翼航行，并可在 4 级海况下使用武器。

TNC-45 级快速攻击艇

原产国：德国	
入役时间：1970 年	
满载排水量：268 吨	

TNC-45 级快速攻击艇是德国吕尔森造船厂于 20 世纪 60 年代建造的导弹艇，主要用于出口，已出口到阿根廷、巴林、马来西亚、泰国和新加坡等国。该级艇的主要武器是反舰导弹，阿根廷海军版本和厄瓜多尔海军版本装有 2 座双联装"飞鱼"反舰导弹发射器，新加坡海军版本则是 2 座双联装"鱼叉"反舰导弹发射器，泰国海军版本装备了 5 座"加布里埃尔"反舰导弹发射器。除反舰导弹外，各国还根据实际需要安装了其他武器，如"西北风"防空导弹发射器（新加坡海军）、"奥托·梅莱拉"76 毫米舰炮、"博福斯"40 毫米舰炮、"博福斯"57 毫米舰炮、"厄利空"35 毫米舰炮等。

"信天翁"级快速攻击艇

原产国：德国

入役时间：1976 年

满载排水量：400 吨

"信天翁"级快速攻击艇的主要作战使命是袭击水面舰艇、两栖舰队和补给舰船，保证己方布雷作业的安全，以及防空反导等。该级艇的主要武器为 2 门 76 毫米奥托·梅莱拉舰炮、2 座双联装 MM38"飞鱼"反舰导弹发射器、2 座 533 毫米鱼雷发射管。后来，部分"信天翁"级快速攻击艇拆除了艇艉的 76 毫米舰炮，加装了 1 座二十一联装 Mk 49"拉姆"防空导弹发射器。

"飞马座"级水翼艇

原产国：美国

入役时间：1977 年

满载排水量：241 吨

"飞马座"级水翼艇是美国海军装备的高速导弹艇，在 1977 年至 1993 年服役。艇上安装了强大的 LM2500 燃气轮机，当航行速度逐渐提高时，底部支架产生的浮力就会把艇体抬离水面，从而减小摩擦，实现高速航行。该级艇的主要使命是对水面舰船实施攻击，对沿海水域进行监视、巡逻和封锁，以及实施阻击和其他作战任务。艇上的武器有 1 门"奥托·梅莱拉"76 毫米舰炮、2 座四联装"鱼叉"反舰导弹发射装置等。

"阿尔·希蒂克"级巡逻艇

原产国：美国

入役时间：1980 年

满载排水量：495 吨

"阿尔·希蒂克"级巡逻艇是美国彼得森造船厂为沙特阿拉伯海军建造的快速导弹巡逻艇。艇上装有 2 座双联装"鱼叉"反舰导弹发射器，位于后甲板，后两部朝向左舷，前两部朝向右舷。此外，还有 1 门 76 毫米舰炮、1 座"密集阵"近程防御武器系统、2 门 20 毫米厄利空机炮、2 门 81 毫米迫击炮和 2 门 40 毫米 Mk 19 榴弹发射器。"阿尔·希蒂克"级巡逻艇装有 2 部洛拉尔·海柯尔 Mk 36 型六管固定式红外 / 金属箔条干扰发射器。

"萨尔 4.5"级导弹艇

原产国：以色列

入役时间：1980 年

满载排水量：498 吨

"萨尔 4.5"级导弹艇是以色列海法造船厂建造的导弹艇，共建造了 10 艘。该级艇的综合作战能力较强，可执行多种战斗任务，包括超视距目标指示、反潜、电子战、搜索救援等。艇上装备的 2 座四联装"鱼叉"反舰导弹，射程达到 130 千米。该级艇还具有较强的防空能力，艇上装备垂直发射的防空导弹和"密集阵"近程防御武器系统，它们与 76 毫米及 20 毫米舰炮，构成多层次的对空防御系统。

"猎豹"级快速攻击艇

原产国：德国

入役时间：1982 年

满载排水量：400 吨

"猎豹"级快速攻击艇是德国以"信天翁"级快速攻击艇为基础改进而来，艇艏装有 1 门奥托·梅莱拉 76 毫米舰炮，艇艉装有 2 座双联装 MM38"飞鱼"反舰导弹发射器，以及 1 座二十一联装 Mk 49"拉姆"防空导弹发射器。"猎豹"级快速攻击艇的艇员居住条件比"信天翁"级快速攻击艇有所改善，且由于武器及操纵系统自动化程度的提高，艇员人数也比"信天翁"级快速攻击艇减少了 5 人。

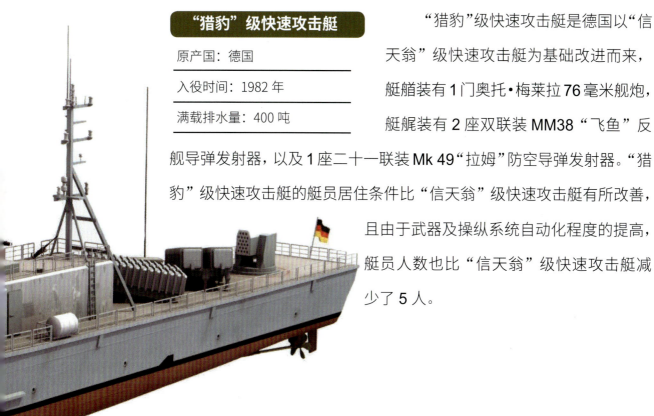

"拉马丹"级导弹艇

原产国：英国、埃及

入役时间：1981 年

满载排水量：317 吨

"拉马丹"级导弹艇是埃及海军购自英国的大型导弹艇，又名"斋月"级导弹艇。该级艇装有 4 座"奥托玛特"Mk 2 反舰导弹发射器，需要时还可以加装便携式 SA-N-5 防空导弹发射器。除导弹外，"拉马丹"级导弹艇还装有 1 门"奥托·梅莱拉"76 毫米紧凑型舰炮和 1 座双联装"布雷达"40 毫米舰炮。另外，还有 4 部固定式诱饵发射器。

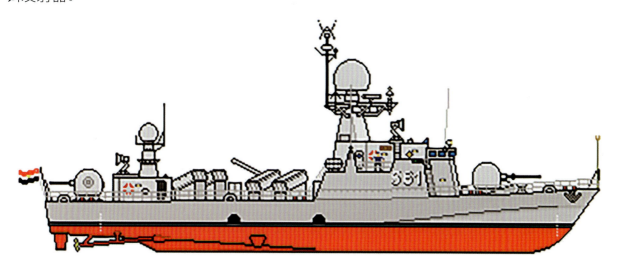

"海豹"运输载具

原产国：美国

入役时间：1983 年

满载排水量：17 吨

"海豹"运输载具（SDV）是美国研制的小型水下推进器，方便美国海军"海豹"突击队在大型潜艇吃水不足无法靠岸的情况下快速登陆。由于 SDV 是敞开式结构，为了航渡需要，美国还研制了配套的"干式甲板换乘舱"（DDS）。SDV 在使用核潜艇搭载时，要与核潜艇上安装的 DDS 配合使用。DDS 通常以对接的方式单独或两艘并列固定在经过改装的核潜艇指挥台围壳后方。对 SDV 来说，DDS 就像是移动式的车库。SDV 可搭载 4 名"海豹"队员，他们完全依靠水下呼吸器呼吸，其任务主要是进行水文地形勘测、搜索侦察及有限的直接作战。

"东海"级巡逻舰

原产国：韩国

入役时间：1983 年

满载排水量：1076 吨

"东海"级巡逻舰是韩国海军于 20 世纪 80 年代建造的巡逻舰，共建造了 4 艘。该级舰主要负责保卫韩国近海的安全，舰载武器均为近程反水面与反潜用途。动力装置为复合燃气涡轮或柴油机（CODOG），高速航行时依赖一具美国通用电气 LM2500 燃气涡轮，巡航时则以两具德制 MTU 12V 956 TB 82 柴油机驱动，推进器为双轴可变距螺旋桨。舰上的主要武器包括 1 门奥托 76 毫米主炮、1 门博福斯 40 毫米高射炮、2 门 30 毫米机炮、2 座 Mk 32 鱼雷发射管和 12 具 Mk 9 深水炸弹发射器。

"弗莱维费斯肯"级巡逻艇

原产国：丹麦

入役时间：1989 年

满载排水量：450 吨

"弗莱维费斯肯"级巡逻艇是丹麦海军装备的多用途巡逻艇，共建造了 14 艘。艇体材料为玻璃纤维增强塑料，这是一种先进复合材料，强度高于同等重量的钢材，而且没有磁性，无须考虑舰体腐蚀问题。艇体的部分区域采用了"凯夫拉"装甲，以提供对炮弹破片和轻武器火力的防护。艇上装有"鱼叉"反舰导弹发射装置和"海麻雀"舰对空导弹发射装置，以及 1 门奥托·梅莱拉 76 毫米舰炮、2 挺 12.7 毫米重机枪和 2 座 533 毫米鱼雷发射管。

CB90 快速突击艇

原产国：瑞典

入役时间：1991 年

满载排水量：20.5 吨

CB90 快速突击艇是瑞典设计制造的多功能艇，可作巡逻艇、快速攻击艇或火力支援艇。该艇可实现高速机动，适用于近海或内河沿岸的快速两栖登陆作战。CB90 快速突击艇可以容纳 20 名全副武装的士兵，或装载 2.8 吨货物。艇上还载有 4 艘充气艇，每艘充气艇可搭载 6 人。CB90 快速突击艇的艇艏有 1 挺 12.7 毫米机枪，艇体中部的武器架可布置 12.7 毫米机枪或 40 毫米榴弹发射器，由驾驶舱内遥控发射。此外，CB90 快速突击艇还可以使用半主动激光制导的 RBS 17"地狱火"舰对舰导弹，以及水雷（4 枚）和深水炸弹（6 枚）。

"飓风"级巡逻艇

原产国：美国	
入役时间：1993 年	
满载排水量：331 吨	

"飓风"级巡逻艇是美国海军所使用的近岸巡逻艇，一共建造了 14 艘。该级艇最初建造的时候长度为 51.8 米，但是后来为了配置艇艉发送斜坡和回收系统，长度延长至 55 米。艇上的主要武器包括 2 门 25 毫米"毒蛇"机炮、5 挺 12.7 毫米重机枪、2 座 40 毫米自动榴弹发射器、2 挺 M240B 通用机枪和 6 枚"刺针"防空导弹。这种巡逻艇最初是为特种作战用途而设计的，但是特种部队却认为其过于笨重庞大不能满足需求。

Mk V 特种作战艇

原产国：美国	
入役时间：1995 年	
满载排水量：57 吨	

Mk V 特种作战艇是美国海军特种作战司令部配备的特种作战艇，主要装备美国海军下辖的特种部队，用于执行中等距离的特种部队渗透和撤离任务，并能在威胁相对较小的区域执行海岸巡逻和封锁任务。该艇采用铝质船体，可搭载 16 名全副武装的特种兵。艇上还带有 4 艘战斗突击橡皮艇。Mk V 特种作战艇可搭载的武器种类较多，包括 12.7 毫米 Mk 46 Mod 4 机枪、25 毫米"大毒蛇"机炮、40 毫米 Mk 19 榴弹发射器和"毒刺"导弹等。

"金斯顿"级巡逻舰

原产国：加拿大	
入役时间：1996 年	
满载排水量：970 吨	

"金斯顿"级巡逻舰是加拿大研制的多用途巡逻舰，共建造了 12 艘。该级舰兼具反水雷功能和近岸防御功能，显著提高了加拿大海军的反水雷作战能力。"金斯顿"级巡逻舰的扫雷设备包括加拿大英德尔技术公司的 SLQ-38 "奥罗柏萨"扫雷装置（单部或双联装）、AN/SQS-511 航线测量系统、水雷勘察系统、ISE TB 25 遥控式海底勘察装置等。自卫武器方面，配有 1 门 40 毫米博福斯舰炮和 2 挺 12.7 毫米机枪。

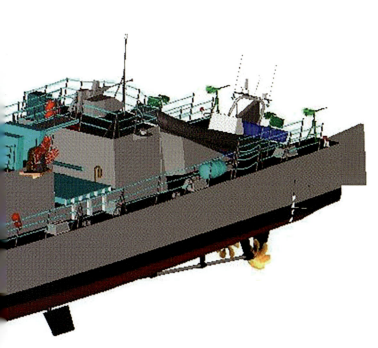

"哈米纳"级导弹艇

原产国：芬兰	
入役时间：1998 年	
满载排水量：250 吨	

"哈米纳"级导弹艇是芬兰海军装备的快速隐身导弹艇，其舰载武器的种类较全，主要武器包括 4 座 RBS-15 Mk 2 反舰导弹发射器、8 座"长矛"舰对空导弹发射器、1 门博福斯 57 毫米舰炮、2 挺 12.7 毫米 NSV 机枪、1 座深水炸弹发射架。该级艇从艇体到上层结构都高度整合，而且十分注意抑制红外信号，达到了很好的隐身效果。

"盾牌"级导弹艇

原产国：挪威	
入役时间：1999 年	
满载排水量：274 吨	

"盾牌"级导弹艇是挪威于 20 世纪 90 年代设计建造的快速隐身导弹艇，共建造了 6 艘。该级艇装有 1 门 76 毫米奥托·梅莱拉舰炮（发射速率高达 120 发/分，能发射多种炮弹）、2 挺 12.7 毫米机枪，还可发射 8 枚康斯博格海军打击导弹。康斯博格海军打击导弹装备 1 个红外成像自动导引弹头，射程超过 150 千米。此外，"盾牌"级导弹艇还有小型直升机甲板，可携带无人直升机。

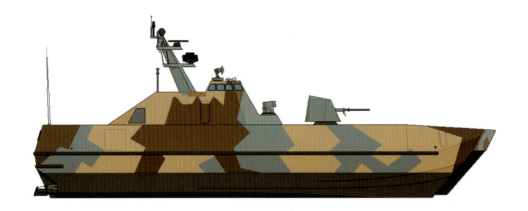

3.13 劳苦功高的勤务舰船

俗话说"兵马未动，粮草先行"。后勤补给能力对于一支军队的重要性不言而喻。对于海军舰队来说，后勤补给同样是不容忽视的环节。以美国海军为例，其以航空母舰为核心，一切装备都围绕服务航空母舰来进行研制。为了保障航空母舰的正常运转，美国海军装备了性能极其先进、用途极其广泛、分工极其细致的勤务舰船，包括快速战斗支援舰、综合补给舰、弹药补给舰、补给油船、打捞救生船、医院船等。这些舰船在外界的知名度远不如航空母舰、驱逐舰和护卫舰等战斗舰艇，但它们在战争中发挥的作用却非常重要，正是它们维持着美国霸权的基石——海军的全球活动。与美国海军相比，其他国家海军的勤务舰船在种类和数量上都有所不及，但也保持了一定的规模。

"观察岛"号导弹观测船

原产国：美国

入役时间：1958 年

满载排水量：17015 吨

"观察岛"号导弹观测船的前身为 1953 年 8 月下水的"水手"号商船（YAG-57），1956 年 9 月被美国海军购买，用于舰队弹道导弹的试验，由诺福克海军船厂负责改装工作。船上装有高性能侦察雷达系统，用以搜索、探测和跟踪弹道导弹。该系统主要包括 AN/SPQ-11 "眼镜蛇朱迪"舰载 S 波段相控阵远距离探测雷达和 X 波段高分辨率跟踪雷达。其中，"眼镜蛇朱迪"雷达由"宙斯盾"系统中的 AN/SPY-1 雷达演变而来，可以实现 360 度全方位搜索和探测，具备发射、接收和测距等功能，且探测距离受天气影响较小。该雷达主要用于对远距离高空目标，特别是对仍处于助推阶段的中远程洲际弹道导弹的探测。

"萨克拉门托"级快速战斗支援舰

原产国：美国

入役时间：1964 年

满载排水量：53000 吨

"萨克拉门托"级快速战斗支援舰是美国于 20 世纪 60 年代建造的快速战斗支援舰，共建造了 4 艘。舰上共设 15 个补给站，其中左舷 9 个（4 个液货补给站，2 个导弹补给站和 3 个杂货补给站），右舷 6 个（2 个液货补给站和 4 个干货补给站）。此外还有 3 个双软管燃油接收站，5 个单软管燃油接收站。有的补给站采用双软管双探头加油系统，可同时向航空母舰传送船用油和航空用油。舰上配置 2 座 5 吨起重机，1 座 15 吨起重机。

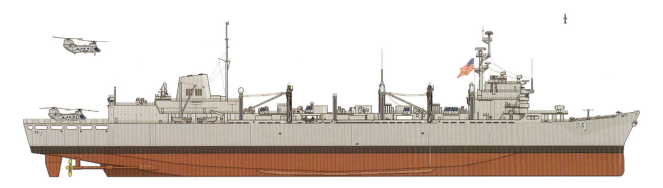

"保护者"级综合补给舰

原产国：	加拿大
入役时间：	1969年
满载排水量：	24700吨

"保护者"级综合补给舰是加拿大于20世纪60年代设计建造的综合补给舰，共建造了2艘。该级舰的补给装置在舰体中部，有2座补给门架，左右舷共有4个干、液货两用补给站。除4个两用补给站外，上层建筑前部两侧还有2个人力控制的干货补给站。后部上层建筑后方设有直升机平台，可搭载3架"海王"直升机。舰上的自卫武器为2座"密集阵"近程防御武器系统和6挺12.7毫米重机枪，并安装了4座干扰火箭发射装置。

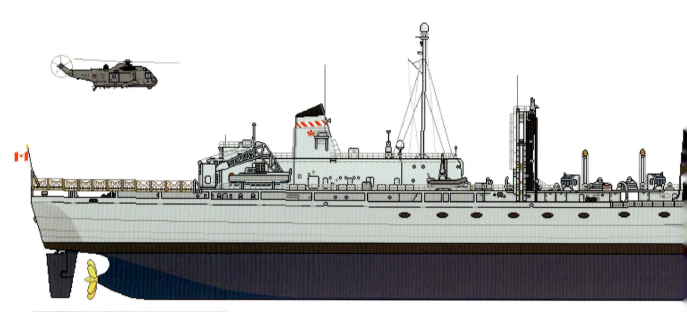

"基拉韦厄"级弹药补给舰

原产国：	美国
入役时间：	1968年
满载排水量：	20500吨

"基拉韦厄"级弹药补给舰是美国于20世纪60年代设计建造的弹药补给舰，共建造了8艘。该级舰的甲板上设有7座干货补给门架和1个燃料补给站，并配备了现代航行补给系统，摒弃以往吊杆式补给方式，采用张力补偿来减轻两船航向变化的影响。全舰总计可以搭载6000吨各型弹药，弹药种类涵盖海陆军所有类型。2个冷藏库可以携带部分冷冻食品物资。此外，该级舰还设有1个储量2688万升的油舱。"基拉韦厄"级弹药补给舰具备完善的直升机保障体系，其直升机平台可以起降任何美国军用直升机以及大部分商业和盟军的直升机。

"威奇塔"级综合补给舰

原产国：美国

入役时间：1969 年

满载排水量：40151 吨

"威奇塔"级综合补给舰是美国于 20 世纪 60 年代后期建造的综合补给舰，主要用于向航空母舰战斗编队或舰船供应正常执勤所需的燃油、航空燃油、弹药、食品、备件等各种补给品。该级舰可以搭载 16000 吨燃油、600 吨弹药、200 吨各种干货物资，以及 100 吨冷冻食品。自卫武器最初是 2 门双联装 Mk 33 型 76 毫米高平两用舰炮，在后期改造中被 2 座"密集阵"近程防御武器系统和 1 座 Mk 29 "北约海麻雀"防空导弹发射器所取代。

"鲍里斯·奇利金"级补给油船

原产国：苏联

入役时间：1970 年

满载排水量：22460 吨

"鲍里斯·奇利金"级补给油船是苏联建造的舰队补给油船，共建造了 6 艘。虽然名为"油船"，但从实际用途和所载物资来看，已属于综合补给舰。其补给装置在船体中部，前后共有 3 座补给门桥。由于没有直升机甲板，无法进行垂直补给。"鲍里斯·奇利金"级补给油船的自持力为 90 天，可装运补给物资 13220 吨，主要为液货，包括 8250 吨普通燃油、2050 吨柴油、1000 吨航空燃油、1000 吨饮用水、450 吨锅炉用水和 250 吨润滑油。此外，还可装运 220 吨干货和食物。

"斯特隆博利"级综合补给舰

原产国：意大利

入役时间：1975年

满载排水量：9100吨

"斯特隆博利"级综合补给船是意大利于20世纪70年代建造的综合补给舰，意大利海军一共装备了2艘。该级舰可装载3000吨重油、1000吨柴油和400吨JP5航空煤油，并可装载300吨干货。其舰体中部配备1座用于输送燃料的大型补给门架，在两舷靠后的位置布置了2个干货补给点，用于补给较轻的弹药与食品。舰艉设有1个纵向燃料补给点。大型补给门架能以8立方米/分钟的速率补给柴油，纵向燃料补给点能以7立方米/小时的速率补给燃料。

"迪朗斯"级综合补给舰

原产国：法国

入役时间：1976年

满载排水量：17800吨

"迪朗斯"级综合补给舰是法国于20世纪70年代设计建造的综合补给舰，共建造了6艘。该级舰的装载能力为燃油7500吨、柴油1500吨、航空煤油500吨、蒸馏水140吨、弹药150吨、食品170吨和备件50吨。弹药存放在3个中间舱内，配置1座3吨升降机用于弹药运输。其他干货存放在舷边6个舱室，其中4个是冷藏货舱，有2座1吨升降机用作货物运输。干货装在货盘内，使用叉车运输。

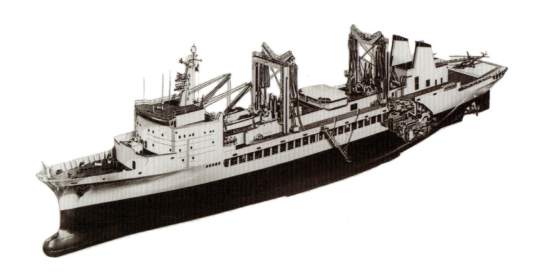

"锡马隆"级补给油船

原产国：美国

入役时间：1981年

满载排水量：36184吨

"锡马隆"级补给油船是美国于20世纪70年代设计建造的补给油船，共建造了5艘。最初设计的燃油容量为120000桶（在原油或石油相关产品中，一石油桶相当于158.9873升，即42美制加仑或34.9723英制加仑），1987财政年度进行了船舯切断加长工程，使船长由180.5米增加到216米，燃油容量由120000桶增到180000桶，共计2862万升。补给装置设在甲板室前方，左舷设3个液货补给站和1个干货补给站，右舷设2个液货补给站和1个干货补给站。船上的自卫武器比较简单，仅有2座Mk 15"密集阵"近程防御武器系统。

"相模"号综合补给舰

原产国：日本

入役时间：1979年

满载排水量：11600吨

"相模"号综合补给舰是日本于20世纪70年代设计建造的综合补给舰，也是日本第一代综合补给舰。该舰的补给作业区设有3座补给门架，共6个横向补给站。前后4个站为液货补给站，中间2个站为干货补给站。另外，还有1座10吨起重机，用于锚泊时的弹药及粮食等物品的补给。为防止海洋污染，舰上设有污油舱、油水分离器、污水废物处理装置、排放监控装置等防污设备。

"保卫"级打捞救生船

原产国：美国

入役时间：1985 年

满载排水量：3282 吨

"保卫"级打捞救生船是美国海军于 20 世纪 80 年代开始装备的打捞救生船，共建造了 4 艘。为适应打捞救生，"保卫"级打捞救生船上设置了一个处理有关潜水事故的减压室及最新最先进的起重设备、拖曳设备和潜水设备。为方便作业，"保卫"级打捞救生船配备有较大起吊力的起重机，艏部起重机的起吊力为 150 吨，艉部起重机的起吊力 30 吨。船上带缆桩（固定在甲板上，用以系缚和操作缆索的固定结构）拉力较大，达 65 吨。"保卫"级打捞救生船能以 5 节航速单独拖曳"尼米兹"级航空母舰。

"亨利·J. 凯撒"级补给油船

原产国：美国

入役时间：1986 年

满载排水量：31200 吨

"亨利·J. 凯撒"级补给油船是美国于 20 世纪 80 年代设计建造的补给油船，共建造了 16 艘。该级舰的补给装置设在船体中部，有 5 个燃油补给站、2 个干货补给站。柴油的补给速度为 3406 立方米／时，汽轮机燃料油的补给速度为 2044 立方米／时。该级舰在和平时期没有安装自卫武器，战时可加装 2 座"密集阵"近程防御武器系统。

"十和田"级快速战斗支援舰是日本于20世纪80年代设计建造的快速战斗支援舰,共建造了3艘。该级舰可装载舰用燃油6500吨,航空燃油200吨,润滑油150吨,粮食、蔬菜等生活补给品600吨。弹药库中可以装载150吨的导弹、鱼雷、炮弹等武器,弹药补给装置具有一次性输送1.5吨的能力,可以满足导弹、鱼雷等各种弹药的补给需要。除了补给工作之外,舰内也设有较完善的医疗设施,以支援舰队长期在外海活动所需的医疗支援。

"十和田"级快速战斗支援舰

原产国:日本

入役时间:1987年

满载排水量:15850吨

"百眼巨人"号直升机训练舰/医院船

原产国:英国

入役时间:1988年

满载排水量:28081吨

"百眼巨人"号直升机训练舰/医院船是英国海军最新的大型直升机训练舰/医院船,用于海上救护、支援。舰上有400个病床,并配有全套医院设备。除了救治伤员外,"百眼巨人"号还可用于两栖作战,能运载750名海军陆战队士兵和1384吨物资。此外,该舰还可搭载6架重型直升机("海王"直升机、"山猫"直升机、EH-101直升机或CH-47直升机等),必要时还可搭载"海鹞"垂直/短距起降战斗机。

"维多利亚堡"级综合补给舰

原产国：英国

入役时间：1993 年

满载排水量：32818 吨

"维多利亚堡"级综合补给舰是英国于 20 世纪后期设计建造的综合补给舰，共建造了 2 艘。其补给装置设在前、后上层建筑之间，中部设 2 个补给门架，左右舷共 4 个干、液货双用横向补给站，艉部飞行甲板下面有 1 个纵向补给站，可补给燃油。艉部直升机平台可进行垂直补给。该级舰有 1 座 25 吨起重机、2 座 10 吨起重机和 2 座 5 吨起重机。25 吨起重机在机库右舷，用以为直升机服务，10 吨和 5 吨起重机设在补给甲板两舷前后。该级舰共有 12505 立方米的空间用于装载液货（燃油、润滑油、淡水等），共有 6234 立方米的空间用于装载干货、冻货、弹药等。

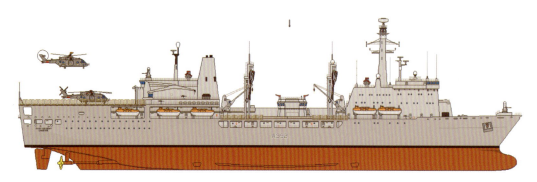

"供应"级快速战斗支援舰

原产国：美国

入役时间：1994 年

满载排水量：49600 吨

"供应"级快速战斗支援舰是美国在"萨克拉门托"级基础上改进而来的快速战斗支援舰，共建造了 4 艘。舰上设有 6 个补给站，干货站和液货站各占一半。补给装置采用标准横向补给系统，补给速度快、补给量大，通常能在 4～6 级海情下补给，工作效率高。舰上配有 4 座 10 吨吊车和 2 座升降机，用以从储藏室向补给站提升货物。此外，还有 2 个垂直补给站，配 3 架直升机。"供应"级快速战斗支援舰可以装载超过 7000 吨船用燃油、9000 吨航空燃油、200 吨润滑油、1800 吨弹药、400 吨冷藏食品和 90 吨淡水，另外，还有 9000 立方米空间可根据情况装载船用燃油或航空燃油。

Chapter 3　冷战前后

"沃森"级车辆运输舰

原产国：美国

入役时间：1998 年

满载排水量：62970 吨

　　"沃森"级车辆运输舰是美国于 20 世纪 90 年代初建造的车辆运输舰，也被称为战略预置舰，共建造了 8 艘。该级舰能将陆军及海军陆战队的重武器预先装载于舰上，在遭遇突发事件时能够以最快速度向高危地区投送重型武器。该级舰拥有高达 395000 平方米的可用货舱甲板面积，总共可承载 13000 吨的物资，包括陆军重装师的主战坦克以及直升机等，舰上另可载运 300 名士兵。"沃森"级车辆运输舰能够运送一支满编的美国陆军特遣部队，包括 58 辆主战坦克、48 辆履带式车辆、900 多辆卡车和其他轮式车辆。

传奇舰船鉴赏："仁慈"级医院船

基 本 参 数	
满载排水量	69360 吨
船体长度	272.5 米
船体宽度	32.18 米
吃水深度	10 米
最大航速	17.5 节

"仁慈"级医院船是美国于 20 世纪 70 年代建造的医院船，一共建造了 2 艘。

研发历程

1974 年，美国海军"圣殿"号医院船退出现役。围绕着新医院船的建造问题，美国有关当局一直争论不休，直到 1983 年，才相继购置了"价值"号、"玫瑰红"号油轮，先后改装为医院船，命名为"仁慈"号（T-AH-19）和"舒适"号（T-AH-20），统称为"仁慈"级医院船。两舰均于 1986 年 11 月正式服役。

航行中的"仁慈"级医院船

整体构造

"仁慈"级医院船共有 8 层甲板，上层建筑位于船舯和船艉。最上层为直升机甲板，空运来的病人通过甲板前端的电梯下送到主甲板上的伤员收容室，从海上运来的病人则从主甲板下的第一平台甲板由电梯送至主甲板。"仁慈"级医院船的医疗设施完善，设有伤员接收分类区、复苏室、手术室、病房、化验室、放射科和药房 7 个主要区域或部门，并有血库、牙医室、理疗中心等。

伤员接收分类区位于主甲板、船艉部直升机平台的下方，设 5 个舱室，共 50 个床位，伤病员在此得到初步分类和急救处理；复苏室位于主甲板，内设监护控制中心、治疗室、护士办公室和贮藏室等；手术区位于主甲板中部以减轻摇摆，由 12 个手术室组成；病房分布在主甲板的后部及主甲板以下的舱室，包括特别护理病室、重伤室、轻伤室、普通病室和康复室，共设病床 1000 张；化验室设中心化验室和急诊化验室。中心化验室主要负责采集和处理各种检验标本，进行生化、病理和细菌学检验，急诊化验室能迅速提供分类区和手术区所需的报告结果；放射科设有 4 间 X 光室，配 3 台自动的和 1 台人工操作的信息处理机；药房设在上甲板，医药分散布放在各治疗区的贮藏室，以减少供应药品的来回调动。

"仁慈"级医院船艉部视角

作战性能

"仁慈"级医院船的医疗设施先进而齐全，船上配备医务人员 1207 名，其中高级医官 9 名。此外还有船务人员 68 名。平时，船上只留少数人员值勤，一旦接到命令，5 天内就可完成医疗设备的配置和检修，并装载所需物资和 15 天的给养，同时配齐各级医护人员。

为进行船上医疗保证，"仁慈"级医院船设有 1 个设施完整的牙科室、1 个血库、1 个理疗和验光配镜中心、4 台淡化水装置、500 个氧气瓶和 1 台每小时制取 181.4 千克液氧的发生器。

"仁慈"级医院船船艉部视角

Chapter 4
新的世纪

　　21世纪，随着国际贸易和航运的日益扩大，海洋开发的扩展，国际海洋斗争日趋激烈。濒海国家都非常重视海军的建设和发展，不断运用科学技术的新成果，发展海军的新武器、新装备，提高统一指挥水平和快速反应、超视距作战能力。海军大国仍将注重核动力舰艇、舰载航空兵和具有核进攻能力的兵种及远程海空预警部队的发展，并重视协调各兵种、舰种及支援保障勤务部队的均衡发展，以增强战略袭击能力和在海洋上机动作战、夺取制海权的能力，提高濒海地区攻防作战能力和应急快速部署能力。其他濒海国家，多数将注重加强海军近海攻防作战能力，少数国家将进一步发展海军远洋作战能力。

2000—2020年

2009年 印度开始建造第一种国产航空母舰"维克兰特"级	2017年 美国新一代核动力航空母舰"福特"级开始服役
2009年 英国开始建造双舰岛设计的"伊丽莎白女王"级航空母舰	2018年 俄罗斯"戈尔什科夫"级护卫舰开始服役
2011年 美国开始建造整合式电力推进驱逐舰"朱姆沃尔特"级	2020年 美国开始建造新一代弹道导弹核潜艇"哥伦比亚"级
2013年 俄罗斯"北风之神"级弹道导弹核潜艇开始服役	

4.1 继续称雄的航空母舰

进入21世纪，航空母舰依然是当之无愧的"海上霸主"，世界上拥有航空母舰的国家包括美国、英国、法国、俄罗斯、印度、意大利和泰国等。

美洲方面，当今世界上航空母舰有一半隶属美国海军，该国所拥有的航空母舰已经全数核动力化，分成11个航空母舰战斗群，部署于世界各地区。美国目前正在建造新型的"福特"级航空母舰以替换"尼米兹"级航空母舰。巴西由前法国"克莱蒙梭"级航空母舰二号舰"福熙"号改装而来的"圣保罗"号已于2017年退役。

欧洲方面，英国在3艘"无敌"级航空母舰退役后，建造了2艘同样采用短距垂直起降的"伊丽莎白女王"级航空母舰。法国目前拥有全欧洲唯一的核动力航空母舰"戴高乐"号，并采用蒸汽弹射技术，为舰体构造最接近美军者，法国目前正在设计新型航空母舰，以取代未来退役的"戴高乐"号。俄罗斯尽管继承了苏联过去庞大的军事力量，但已无力维持以往5艘航空母舰的能力，4艘"基辅"级航空母舰相继被售卖，建造中的"乌里扬诺夫斯克"号核动力航空母舰也跟着夭折，目前仅留有一艘"库兹涅佐夫"号，俄罗斯计划以"乌里扬诺夫斯克"号为基础设计新型航空母舰，未来取代老旧的"库兹涅佐夫"号。西班牙与意大利也是有能力自制航空母舰的国家，前者冷战期间建造的"阿斯图里亚斯亲王"号已于2013年退役，后者则有"加里波第"号与"加富尔"号两艘航空母舰，两国皆采用的是短距垂直起降的轻型航空母舰。

亚洲方面，印度从俄罗斯购买了进行现代化改装后的"戈尔什科夫"号航空母舰，命名为"维兰玛迪雅"号，取代了从英国购买的"维拉特"号，同时本国也计划建造2艘国产的"维克兰特"级航空母舰，排水量分别为40000吨和65000吨，欲组建3个航空母舰战斗群，目前一号舰"维克兰特"号已下水，二号舰"维沙尔"号正在设计中。泰国拥有从西班牙购买的轻型航母"差克里·纳吕贝特"号航空母舰，但该舰目前仅运行直升机。日本购买了F-35B作为舰载机并对两艘"出云"级直升机护卫舰进行航空母舰化改造。

"圣保罗"号航空母舰

原产国：法国、巴西

入役时间：2000 年

满载排水量：32800 吨

"圣保罗"号航空母舰是巴西海军曾装备的一艘常规动力航空母舰，原为法国"克莱蒙梭"级航空母舰的二号舰"福煦"号，2000 年巴西海军购买后将其改名。2017 年 2 月，因舰体老化严重，巴西海军宣布"圣保罗"号退役。"圣保罗"号具有与美国大型航空母舰相同的斜角甲板和相应设备。该舰的飞行甲板分为两个部分：一部分是舰艏的轴向甲板，长 90 米，设有 1 座 BS5 蒸汽弹射器，可供飞机起飞；另一部分是斜角甲板，长 163 米，宽 30 米，甲板斜角为 8 度，设有 1 座 BS5 蒸汽弹射器和 4 道拦阻索，既可供飞机起飞，又可供飞机降落。右舷上层建筑前后各有 1 座升降机。该舰通常搭载 39 架舰载机，配套机型为 A-4 攻击机、C-1 运输机以及 S-70B 反潜直升机。

"夏尔·戴高乐"号航空母舰是目前法国海军仅有的一艘航空母舰，也是世界上唯一非美国海军所属的核动力航空母舰。该舰最多能容纳 40 架舰载机，正常编制包括 24 架"阵风 M"战斗机（必要时可增至 30 架以上）、4 架 E-2 预警机，以及 5～6 架直升机。舰上的 2 具弹射器交互使用时，每 30 秒就可让 1 架舰载机起飞，并在 12 分钟内让 20 架舰载机降落。"夏尔·戴高乐"号航空母舰只配备短程防空自卫武器，主要装备是由 ARABEL 相控阵雷达以及"阿斯特 15"短程防空导弹组成的 SAAM/F 防空系统。此外，还有 2 座六联装"萨德拉尔"短程防空导弹发射器以及 8 门 20 毫米机炮。

"夏尔·戴高乐"号航空母舰

原产国：法国

入役时间：2001 年

满载排水量：42500 吨

"加富尔"号航空母舰

原产国：意大利

入役时间：2008年

满载排水量：30000吨

"加富尔"号航空母舰是意大利在21世纪建造的第一艘航空母舰，其名称是为了纪念1861年下令组建意大利海军的意大利总理加富尔。该舰拥有完善的探测与作战系统，兼具轻型航空母舰与两栖运输舰的功能。舰载机停放区位于跑道旁边，可停放12架舰载直升机（EH-101）或8架固定翼舰载机（AV-8B攻击机或F-35战斗机）。甲板上有6个直升机起降区，可以起降中型直升机。该舰的自卫武器为4座八联装A-43"席尔瓦"导弹发射器（发射"阿斯特15"防空导弹）、2门76毫米超高速舰炮和3门25毫米防空炮。

"维克兰特"号航空母舰

原产国：印度

入役时间：2023年（计划）

满载排水量：40000吨

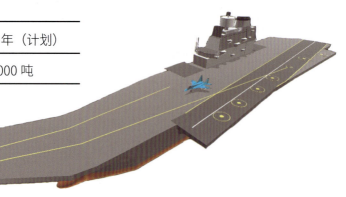

"维克兰特"号航空母舰是印度自行建造的第一艘航空母舰，舰名是为了纪念印度从英国采购的同名航空母舰。该舰于2009年2月动工建造，2013年8月正式下水，由于印度缺乏建造大型军舰的经验，加上该项目的规模与复杂性，导致建造期间曾多次出现需要延迟施工的情况。目前，印度已经将"维克兰特"号的服役时间定于2023年。"维克兰特"号的飞行甲板上设有2条约200米长的跑道，其中一条为专供飞机起飞的"滑跃"跑道，另一条为装有3条拦阻索的着舰跑道。该舰预计可搭载的舰载机有米格-29K战斗机、"光辉"战斗机、卡-31直升机、WS-61"海王"直升机和"北极星"直升机等。

"维兰玛迪雅"号航空母舰

原产国：俄罗斯、印度

入役时间：2013 年

满载排水量：45000 吨

"维兰玛迪雅"号航空母舰原本是俄罗斯"基辅"级航空母舰的四号舰"戈尔什科夫"号，因发生锅炉爆炸意外后无钱修复，俄罗斯海军将其售与印度海军。"戈尔什科夫"号卖给印度后，改造重点是将舰艇的武器全部拆除，把它变成"滑跃"甲板以便米格-29K 战斗机起飞。斜向甲板加装了 3 条阻拦索，以便米格-29K 战斗机顺利降落。此外，飞行甲板面积有所增大，舰上原有的动力系统也经过大幅整修，换装由波罗的海造船厂新造的锅炉，燃料改为柴油，不过整体推进系统设计没有重大变更。整体来说，改造后的"维兰玛迪雅"号就是一艘缩小版的"库兹涅佐夫"号航空母舰。

"伊丽莎白女王"级航空母舰

原产国：英国

入役时间：2017 年

满载排水量：65000 吨

"伊丽莎白女王"级航空母舰是英国海军装备的大型常规动力航空母舰，共建造了 2 艘。该级舰是英国有史以来建造的最大军舰，能搭载 40 架以上舰载机，其中至少有 36 架 F-35C"闪电Ⅱ"战斗机，其他机型有"阿帕奇"直升机、"支奴干"直升机、"灰背隼"直升机和"野猫"直升机等。该级舰艇创"滑跃"式甲板结合"电磁弹射器"的新概念，F-35C 战斗机使用弹射方式升空，大幅增加了机身载重。碍于预算拮据，"伊丽莎白女王"级航空母舰的自卫武器相当精简，包括 3 座美制 Mk 15 Block 1B"密集阵"近程防御武器系统，以及 4 门 30 毫米 DS30M 遥控机炮。

传奇舰船鉴赏："福特"级航空母舰

基 本 参 数	
满载排水量	100000 吨
船体长度	337 米
船体宽度	78 米
吃水深度	12 米
最大航速	30 节

"福特"级航空母舰是美国正在建造的新一代核动力航空母舰，服役后将取代"尼米兹"级航空母舰成为美国海军舰队的新骨干。

研发历程

1996 年，美国海军开始正式研究"尼米兹"级航空母舰的后继项目，最初称为 CVNX 项目，后改为 CVN-21 项目。该项目曾有不少十分前卫、超脱现今航空母舰设计的构型，不过考虑到成本、风险与实用性，美国海军最后还是选择由"小鹰"级航空母舰到"尼米兹"级航空母舰一脉相承的传统构型进行改良。2007 年 1 月，美国官方将新一代航空母舰的首舰正式命名为"福特"号。该命名源于美国第 37 任副总统和第 38 任总统杰拉德·福特。

2009 年 11 月，"福特"号开始建造，2013 年

航行中的"福特"级航空母舰

10 月举行下水仪式，2017 年 7 月开始服役。二号舰"肯尼迪"号于 2015 年 8 月开始建造，2019 年 10 月下水，2020 年开始服役。三号舰"企业"号及其他同级舰于 2020 年后陆续开始建造，总建造数量计划为 10 艘，最终完全取代"尼米兹"级航空母舰。

整体构造

与"尼米兹"级航空母舰相比,"福特"级航空母舰有 3 个重点改良方向,包括全面提升作战能力、改善官兵在舰上的生活品质以及降低成本。"福特"级航空母舰的舰体设计更加紧凑,并且具备隐形能力。该级舰有 2 个机库、3 座升降机,配合加大的飞行甲板,能够大幅提升战机出击率。动力系统方面,"福特"级航空母舰采用了新型 A1B 核反应堆,发电量为"尼米兹"级航空母舰的 3 倍,其服役期间(50 年)不用更换核燃料棒。此外,"福特"级航空母舰的舰员舱也有所改进,每个住舱都配有卫生间,舰员生活空间也更私密。由于"福特"级航空母舰的整体自动化程度较"尼米兹"级航空母舰大为增加,所以人力需求大大降低。

作战性能

"福特"级航空母舰配备了 4 座电磁弹射系统(EMALS)和先进飞机回收系统(含 3 条拦阻索和 1 道拦阻网),比传统蒸汽弹射器和拦阻索的效率更高,甚至能起降无人机。"福特"级航空母舰可以搭载 75 架舰载机,搭载的机型有 F-35C"闪电Ⅱ"战斗机、F/A-18E/F"超级大黄蜂"战斗/攻击机、EA-18G"咆哮者"电子作战飞机、E-2D"鹰眼"预警机、MH-60R/S"海鹰"直升机、联合无人空战系统(J-UCAS)等。

"福特"级航空母舰左舷视角

"福特"级航空母舰的自卫武器包括"密集阵"近程防御武器系统、RIM-116"拉姆"短程舰对空导弹发射器、Mk 29"海麻雀"舰对空导弹发射器等。未来"福特"级航空母舰的武器系统可能会朝向电磁炮甚至直接能量的激光炮的方向发展。

"福特"级航空母舰艉部视角

4.2 更加舒适的驱逐舰

现代驱逐舰装备有防空、反潜、对海等多种武器,既能在海军舰艇编队担任进攻性的突击任务,又能担任作战编队的防空、反潜护卫任务,还可在登陆、抗登陆作战中担任支援兵力,以及担任巡逻、警戒、侦察、海上封锁和海上救援等任务。21世纪以来,新型驱逐舰的舰体空间增大,舰上条件逐步改善,现代驱逐舰舰员也不再像其前辈那样,在简陋而狭窄、颠簸剧烈的舱室中用他们的英勇和胆量经历艰苦的磨难,而是在舒适的封闭的舱室中值勤,利用自动化技术操纵军舰。

现代驱逐舰从过去一个力量单薄的小型舰艇,已经成为一种多用途的中型军舰。除了名称留下一点痕迹之外,驱逐舰已经失去了它原来短小灵活的特点,但相对于数万吨的超大型舰船,还是比较小的。较小的体型也让隐身技术的导入变得容易,成为21世纪驱逐舰的必要设计之一。

"高波"级驱逐舰

原产国:日本

入役时间:2003年

满载排水量:6300吨

"高波"级驱逐舰是"村雨"级驱逐舰的后继型和全面升级版,共建造了5艘。该级舰的整体布局及大部分装备都与"村雨"级驱逐舰相同,但改进之处也不少。"高波"级驱逐舰前甲板的导弹垂直发射系统单元数增加了一倍,因此舰体内的主要横隔舱壁也改动了位置。全舰重新划分了水密区域。"高波"级驱逐舰的主要武器为1座三十二联装Mk 41导弹垂直发射器、2座四联装"鱼叉"反舰导弹发射器、2座"密集阵"近程防御武器系统和1门127毫米舰炮等。

"忠武公李舜臣"级驱逐舰

原产国：韩国

入役时间：2003年

满载排水量：5500吨

"忠武公李舜臣"级驱逐舰是韩国海军自行设计建造的第二种驱逐舰，共建造了6艘。该级舰是韩国第一种引进隐身技术的舰艇，上层结构较"广开土大王"级驱逐舰更简洁，并且往内倾斜10度。此外，格子桅也被舍弃，代之以隐身性较佳的塔状合金主桅，但舰上还是有许多林立的装备、天线、栏杆等。舰上的主要武器为1座三十二联装Mk 41导弹垂直发射器、1座二十一联装"拉姆"防空导弹发射器、2座四联装"鱼叉"反舰导弹发射器、1座"守门员"近程防御武器系统和1门127毫米舰炮等。

"地平线"级驱逐舰

原产国：法国、意大利

入役时间：2007年

满载排水量：7050吨（法国版）

"地平线"级驱逐舰是法国和意大利联合设计建造的防空驱逐舰，共建造了4艘，两国海军各装备2艘。该级舰装备的"主防空导弹系统"由"欧洲多功能相控阵雷达"（EMPAR）、"席尔瓦"垂直发射系统以及"阿斯特"导弹组成。反舰方面，法国版选用"飞鱼"MM40导弹，意大利版选用"奥托马特"Mk 3导弹。反潜方面，"地平线"级驱逐舰拥有2座三联装鱼雷发射管，能够发射MU-90型324毫米轻型鱼雷。法国版装有2门"奥托·梅莱拉"76毫米速射炮（射速120发/分，配备隐身炮塔）和2门"吉亚特"20毫米舰炮，意大利版则采用3门"奥托·梅莱拉"76毫米速射炮和2门25毫米自动炮。此外，两种版本均可搭载2架NH90直升机。

"加尔各答"级驱逐舰

原产国：印度

入役时间：2014年

满载排水量：7000吨

"加尔各答"级驱逐舰是印度海军于21世纪初开始建造的驱逐舰，共建造了3艘。该级舰采用当今世界流行的相控阵雷达搭配导弹垂直发射系统组成的高性能防空作战系统设计，其舰载武器主要包括4座八联装防空导弹垂直发射系统（装填48枚"巴拉克"8防空导弹）、2座八联装3S14E垂直发射系统（装填16枚"布拉莫斯"超音速反舰导弹）、2座十二联装RBU-6000反潜火箭发射器、2座四联装533毫米鱼雷发射管、4座六管30毫米AK-630机炮。此外，还可搭载2架卡-28PL或HAL反潜直升机。

"秋月"级驱逐舰

原产国：日本

入役时间：2012年

满载排水量：6800吨

"秋月"级驱逐舰是日本于21世纪初设计建造的多用途驱逐舰，共建造了4艘。该级舰的主要武器包括1门127毫米Mk 45舰炮、2座四联装90式反舰导弹发射器、4座八联装Mk 41垂直发射系统（发射"海麻雀"防空导弹和"阿斯洛克"反潜导弹）、2座三联装97式324毫米鱼雷发射管（发射Mk 46鱼雷或97式鱼雷）、2座"密集阵"近程防御武器系统，4座六管Mk 36 SBROC干扰箔条发射器。此外，该级舰还可搭载2架SH-60K反潜直升机。

"勇敢"级驱逐舰

原产国：英国

入役时间：2009年

满载排水量：9400吨

"勇敢"级驱逐舰是英国于21世纪初开始建造的新一代导弹驱逐舰，又称为45型驱逐舰，共建造了6艘。该级舰装有2座四联装"鱼叉"反舰导弹发射器，用于反舰。反潜方面，依靠"山猫"直升机（1架）、"阿斯洛克"反潜导弹和324毫米鱼雷。防空方面，主要依靠"席尔瓦"导弹垂直发射系统发射"阿斯特15"或"阿斯特30"防空导弹。此外，该级舰还安装有1门114毫米舰炮、2门30毫米速射炮和2座20毫米近程防御武器系统，也可提供一定的对陆攻击、防空和反舰能力。

传奇舰船鉴赏："朱姆沃尔特"级驱逐舰

基 本 参 数	
满载排水量	14798 吨
船体长度	180 米
船体宽度	24.6 米
吃水深度	8.4 米
最大航速	30 节

"朱姆沃尔特"级驱逐舰是美国正在建造的最新一级驱逐舰，单艘造价高达 75 亿美元（超过"尼米兹"级航空母舰）。

研发历程

"朱姆沃尔特"级驱逐舰由诺斯洛普·格鲁曼公司、雷神公司、通用动力公司、英国航空电子系统公司、洛克希德·马丁公司等百余家研究机构和公司联合研发。原本美国海军想要建造 32 艘"朱姆沃尔特"级驱逐舰，但由于新的实验性科技成本过高，建造数量缩减为 24 艘后，又进一步缩减至 7 艘。之后为了腾出预算继续建造新的"阿利·伯克"级驱逐舰，最终定案只建造 3 艘"朱姆沃尔特"级驱逐舰。

"朱姆沃尔特"级驱逐舰右舷视角

首舰"朱姆沃尔特"号（DDG-1000）于 2011 年 11 月开工建造，2016 年 10 月开始服役。二号舰"迈克尔·蒙苏尔"号（DDG-1001）于 2013 年 5 月开工建造，2016 年 6 月下水，2019 年 1 月开始服役。三号舰"林登·约翰逊"号（DDG-1002）于 2015 年 4 月开工建造，2018 年 12 月下水，截至 2021 年 1 月仍未正式服役。

整体构造

"朱姆沃尔特"级驱逐舰采用先进而全面的隐身设计，其舰面上只有一个单一的全封闭式船楼结构。这是一个一体成型的模块化结构，采用重量轻、强度高、雷达反射性低且不会锈蚀的复合材料制造，整体造型由下往上向内收缩以降低雷达反射截面。这个结构不仅整合了舰桥和所有电子装备的天线，还容纳有主机烟囱的排烟道，艉部则含有直升机库。

不同于现役大部分舰艇，"朱姆沃尔特"级驱逐舰采用了革命性的整合式全电力推进系统。动力系统的废气先以海水以及空气冷却，由整合式舰岛顶部的排气口排出，只能从上方才能观测到排烟口，减少了敌方的红外线观测方位。

作战性能

"朱姆沃尔特"级驱逐舰的舰体设计、电机动力、网络通信、侦测导航、武器系统等，无一不是全新研发的尖端科技结晶，充分展现了美国海军的科技实力、雄厚财力以及颇具前瞻性的设计思想。

"朱姆沃尔特"级驱逐舰的主要武器包括2座先进舰炮系统（Advanced Gun System，AGS）、20具Mk 57导弹垂直发射器和2门30毫米Mk 46链炮。AGS是一种155毫米火炮，其装药量、持续发射能力和齐射压制能力均远胜美国海军现役的Mk 45 Mod 4舰炮。Mk 57导弹垂直发射器位于船体周边，共可装80枚导弹，包括"海麻雀"导弹、"战斧"巡航导弹、"标准"Ⅱ导弹和反潜火箭等。"朱姆沃尔特"级驱逐舰拥有2个直升机库，可配备2架改良型的SH-60R反潜直升机，或者由1架MH-60R特战直升机搭配3架RQ-8A"火力侦察兵"无人机的组合。

"朱姆沃尔特"级驱逐舰在港口中

"朱姆沃尔特"级驱逐舰（前）和"独立"级濒海战斗舰（后）

4.3 趋于大型化的护卫舰

经过多年发展，21世纪的现代护卫舰已经是一种能够在远洋机动作战的中型舰艇，一般护卫舰的标准排水量可达2500～4000吨，最大航速20～35节，续航距离2000～10000海里，主要装备57～127毫米舰炮、反舰/防空/反潜导弹、鱼雷、水雷，还配备有多种类型雷达、声呐和自动化指挥系统、武器控制系统。其动力装置一般单独采用燃气轮机或者柴油机，又或者柴油－燃气轮机联合动力装置。部分护卫舰还装备1～2架舰载直升机，可以担负护航、反潜警戒、导弹中继制导等任务。部分国家为了满足200海里专属经济区内护渔护航及巡逻警戒的需求，还发展了一种小型护卫舰，排水量在1000吨左右，武器以火炮和少量反舰导弹为主；有些拥有较多海外利益的国家还发展了一种具有强大续航力和自持力，专门用于海外领地警备和远海巡逻的护卫舰。

"伟士比"级护卫舰

原产国：瑞典

入役时间：2000年

满载排水量：640吨

"伟士比"级护卫舰是瑞典建造的轻型护卫舰，共建造了5艘。该级舰结合隐身、网络中心战概念，船壳采用"三明治"设计，中心是PVC层，外加碳纤维和乙烯基合板，并用斜角设计反射雷达波。前端57毫米舰炮可以收入炮塔，以降低雷达侦测率。除舰炮外，该级舰还装有1座四联装400毫米鱼雷发射管和2座四联装RBS15 Mk 2反舰导弹发射装置。"伟士比"级护卫舰还拥有直升机甲板和机库，可以搭载1架A-109M反潜直升机。

"萨克森"级护卫舰

原产国：德国

入役时间：2003年

满载排水量：5800吨

"萨克森"级护卫舰是德国建造的导弹护卫舰，又称为F124型护卫舰，共建造了3艘。该级舰采用模块化设计，由于装备了性能一流的APAR主动相控阵雷达，防空作战性能尤其突出。该级舰的主要武器包括1门76毫米舰炮、2门27毫米舰炮、4座八联装Mk 41垂直发射器（发射"海麻雀"导弹或"标准"导弹）、2座四联装"鱼叉"反舰导弹发射器、2座RIM-116B"拉姆"舰对空导弹发射器、2座三联装MU90鱼雷发射管。此外，该级舰还可搭载2架NH90直升机。

"塔尔瓦"级护卫舰是俄罗斯为印度设计的护卫舰，共建造了6艘。该级舰是在俄罗斯"克里瓦克"III型护卫舰的基础上改进而来，两者有明显区别，上层建筑和舰体都进行了重新设计，大大减少了雷达反射截面。舰体有明显的外倾和内倾，上层建筑与舰体成为一体，也有较大的、固定的内倾角。

"塔尔瓦"级护卫舰

原产国：俄罗斯、印度

入役时间：2003年

满载排水量：4035吨

"猎豹"级护卫舰

原产国：俄罗斯

入役时间：2003 年

满载排水量：1930 吨

"猎豹"级护卫舰是俄罗斯研制的轻型护卫舰，主要装备俄罗斯海军（2 艘）和越南海军（计划 6 艘）。该级舰的舰桥前方炮位以及舰艉各装有 1 座 AK-630 近程防御武器系统，舰舯两侧各装 1 座四联装 KT-184 反舰导弹发射器（使用 3M24 反舰导弹），舰艉有 1 座 ZIF-122 双臂防空导弹发射器（使用 9M33 短程防空导弹），76 毫米 AK-176 型舰炮前方的甲板设有 1 座十二联装 RBU-6000 反潜火箭发射器，此外还有 2 座双联装 533 毫米鱼雷发射管。在地处封闭的里海，"猎豹"级护卫舰的火力已经算是绰绰有余，其射程 350 千米的 3M24 反舰导弹可轻易涵盖整个里海的宽度。

"守护"级护卫舰

原产国：俄罗斯

入役时间：2007 年

满载排水量：2200 吨

"守护"级护卫舰是俄罗斯海军正在建造的多用途轻型导弹护卫舰，计划建造 12 艘。该级舰装有 1 门 100 毫米 AK-190 自动舰炮、1 座"卡什坦"近程防御武器系统、2 门 30 毫米 AK-630 舰炮。在反舰导弹方面，"守护"级护卫舰装有 3 座四联装"鲁道特"导弹垂直发射系统，可以发射 SS-N-25"冥王星"或 SS-N-27"俱乐部"反舰导弹。该舰还有 2 座四联装 330 毫米鱼雷发射管，分置于两舷的舱门内。舰艉设有一个直升机库与飞行甲板，能搭载 1 架卡-27 反潜直升机。

"什瓦里克"级护卫舰

原产国：印度

入役时间：2010 年

满载排水量：6200 吨

"什瓦里克"级护卫舰是印度设计建造的大型多用途护卫舰，共建造了 3 艘。该级舰的基本设计源于俄罗斯"塔尔瓦"级护卫舰，多数舰载武器相同，主要区别在于舰炮与近程防御武器系统。"什瓦里克"级护卫舰舍弃了俄制 A-190E 型 100 毫米舰炮，改为意大利"奥托·梅莱拉"76 毫米舰炮的超快速型，射速高达 120 发 / 分。"什瓦里克"级护卫舰也没有沿用"塔尔瓦"级护卫舰的俄制"卡什坦"系统，而是采用印度与以色列整合开发的弹炮合一防空系统，由 2 门 AK-630 型 30 毫米防空机炮与三十二管"巴拉克"短程防空导弹发射器组成。舰载直升机方面，"什瓦里克"级护卫舰的机库结构经过扩大，能容纳 2 架反潜直升机。

"格里戈洛维奇"级护卫舰

原产国：俄罗斯

入役时间：2016 年

满载排水量：4035 吨

"格里戈洛维奇"级护卫舰是俄罗斯正在建造的新一代导弹护卫舰，以俄罗斯售与印度的"塔尔瓦"级护卫舰为基础改良而来，计划建造 6 艘。该级舰的主要武器包括 1 门 100 毫米 A-190 舰炮、3 座十二联装 3S90E 垂直发射系统（装填 9M317 防空导弹）、1 座八联装 KBSM 3S14U1 垂直发射系统（装填"红宝石"反舰导弹）、1 座十二联装 RBU-6000 反潜火箭发射器、2 座 CADS-N-1"卡什坦"近防系统、2 座双联装 533 毫米鱼雷发射管。

"戈尔什科夫"级护卫舰

原产国：俄罗斯

入役时间：2018 年

满载排水量：5400 吨

  "戈尔什科夫"级护卫舰是俄罗斯海军装备的新型导弹护卫舰，也称为 22350 型护卫舰。其舰体设计新颖简洁，隐身程度高。舰艏有 1 门 A-192M 型 130 毫米舰炮，舰炮后方设有 4 座八联装 3K96 防空导弹垂直发射系统，可发射 9M96、9M96D 或 9M100 等多种防空导弹。防空导弹后方装有 2 座八联装 3R14 通用垂直发射系统，可发射 P-800 超音速反舰导弹、3M-54 亚 / 超双速反舰型导弹、3M-14 对陆攻击型导弹、91RT 超音速反潜型导弹等。直升机库两侧各有 1 座"佩刀"近程防御武器系统，配备 2 门 AO-18KD 型 30 毫米机炮与 8 枚 9M340E 防空导弹，有效防御距离约 4 千米，有效防御高度约 3 千米。此外，该级舰还配有 2 座四联装 330 毫米鱼雷发射管，舰艉可搭载 1 架卡 -27 直升机。

传奇舰船鉴赏：欧洲多用途护卫舰

基本参数	
满载排水量	6000 吨
船体长度	142 米
船体宽度	20 米
吃水深度	7.6 米
最大航速	27 节

法国版

  欧洲多用途护卫舰（FREMM）是法国和意大利联合研制的新一代多用途护卫舰，不仅装备了法国海军和意大利海军，还出口到埃及和摩洛哥等国。

研发历程

FREMM是法国与意大利继"地平线"级驱逐舰之后再次合作研发的新一代护卫舰,主要用于替换两国海军中老化的舰艇,包括法国"乔治·莱格"级驱逐舰和意大利"西北风"级护卫舰等。法国海军原计划建造17艘,其中9艘对陆攻击型、8艘反潜型。之后,为了节省财政支出,法国海军取消了9艘建造计划。意大利海军计划建造10艘,包括6艘通用型和4艘反潜型。此外,埃及和摩洛哥各进口了1艘。

法国版首舰为"阿基坦"号(也称"阿基坦"级),意大利版首舰为"卡洛·贝尔加米尼"号(也称"卡洛·贝尔加米尼"级)。"阿基坦"是法国西南部一个大区的名称,西邻大西洋,南接西班牙。"卡洛·贝尔加米尼"号则得名于意大利海军上将卡洛·贝尔加米尼。

意大利版

整体构造

FREMM的设计注重隐身能力,其中又以法国版的隐身外形较为前卫,上层结构与塔状桅杆采用倾斜设计(7～11度)并避免直角,舰面力求简洁,各项甲板装备尽量隐藏于舰体内,封闭式的上层结构与船舷融为一体,舰体外部涂有雷达吸收涂料。意大利版的外形则比较接近"地平线"级。

FREMM所有外部装备和上层甲板建筑都经过隐蔽设计处理或尽量低矮,高大平整的中央上层建筑舰桥顶部装有短小的圆柱状主桅,低矮的烟囱紧靠整体式金字塔形桅杆,顶部装有柱状桅杆。反舰导弹箱式发射器装于前后上层建筑之间,短小的金字塔形桅杆位于上层建筑前缘,对空搜索雷达装于其顶部。

作战性能

主炮方面,法国版配备 1 门"奥托·梅莱拉"76 毫米舰炮的超快速型,射速达 120 发/分,日后可能换装威力射程更大的 127 毫米主炮,而意大利版反潜型则配备了 2 门"奥托·梅莱拉"76 毫米舰炮。小口径武器方面,法国版配备 3 门 20 毫米机炮,意大利版则配备 2 门 25 毫米机炮。FREMM 最主要的武器投送系统是法制"席尔瓦"垂直发射系统,不同的 FREMM 衍生型依照任务来配置"席尔瓦"发射系统的形式与数量,FREMM 舰艇 B 炮位的空间足以容纳 4 座八联装"席尔瓦"发射系统。

反舰导弹方面,法国版配备 2 座四联装"飞鱼"MM40 反舰导弹发射系统,意大利版则配备 4 座双联装"泰塞奥"Mk 2/A 导弹发射系统。反潜方面,意大利两种 FREMM 以及法国版反潜型都配备 2 座三联装 324 毫米鱼雷发射管。舰载机方面,法国版只配备 1 架 NH-90 直升机,意大利版则配备 2 架 NH-90 直升机。

法国版首舰"阿基坦"号

意大利版首舰"卡洛·贝尔加米尼"号

法国版首舰"阿基坦"号俯视图

4.4 专注近海的濒海战斗舰

20世纪90年代初，苏联的解体使美国海军的作战环境、作战对象发生了巨大变化。海湾战争结束后，美国海军便开始不断调整军事战略，先后提出了"由海向陆""前沿存在"等战略。2002年，美国海军又提出了"海上打击、海上盾牌和海上基地"概念，标志着"近海战略"正式替代了"远洋战略"。此后，美国海军逐渐缩减大型战舰的规模，而将舰艇发展的重点转向以濒海战斗舰为代表的小型战舰。

与"佩里"级护卫舰等传统护航舰艇相比较，濒海战斗舰的打击火力减弱不少，使用一种能兼顾高速、耐波能力与隐身性的舰体构型，以轻量化的高科技材料建造，以便能在充满变数与威胁的敌国近海执行任务并确保生存。濒海战斗舰分为两种构型，分别是洛克希德·马丁集团的"自由"级濒海战斗舰和通用动力集团的"独立"级濒海战斗舰，两种构型各有所长，计划总数为35艘左右。

"自由"级濒海战斗舰

原产国：美国

入役时间：2008年

满载排水量：3500吨

"自由"级濒海战斗舰是由美国洛克希德·马丁集团主持研制的濒海战斗舰，计划建造16艘。该级舰采用一种被称为"先进半滑航船体"的非传统单船体设计，其船体在高速航行时会向上浮起，吃水减少，阻力因此大幅降低。"自由"级濒海战斗舰具有可操作2架SH-60"海鹰"直升机的飞行甲板和机库，还有从船艉回收和释放小艇的能力，并有足够大的货运量来运输一支小型部队或装甲车等。

"自由"级濒海战斗舰可搭载220吨的武装及任务系统,舰艏装有1门57毫米Mk 110舰炮,直升机库上方设有1座Mk 49导弹发射器(发射RIM-116"拉姆"舰对空导弹);船楼前、后方的两侧各有1挺12.7毫米重机枪。直升机库上方预留了两个武器模组安装空间,可依照任务需求设置垂直发射器来装填短程防空导弹,或者安装30毫米Mk 44舰炮模组。

"独立"级濒海战斗舰

原产国:美国

入役时间:2010年

满载排水量:3104吨

"独立"级濒海战斗舰是美国与"自由"级同期研制的另一种濒海战斗舰,计划建造19艘。该级舰是一种铝质三体舰,舰体采用模块化结构,并采用先进的舰体材料和动力装置。飞行甲板面积较大,能够同时进行两架SH-60直升机的作业,并能搭载CH-53大型直升机,这在相同排水量的美国海军战舰中是不可能实现的,这就是"独立"级濒海战斗舰采用三体船型所带来的优势。

"独立"级濒海战斗舰安装了1门Mk 110型57毫米舰炮、1套"拉姆"反舰导弹防御系统,以及4挺12.7毫米重机枪。此外,还可加装AGM-114L"地狱火"导弹发射器和Mk 44型30毫米舰炮。飞行甲板可以容纳2架SH-60直升机或者1架CH-53直升机。机库可容纳2架SH-60直升机,或者1架SH-60直升机和3架MQ-8B无人机。

4.5 缓慢推进的核潜艇

21世纪,各海军强国虽然没有停止新型核潜艇的研发,但是研发速度明显放缓。美、俄两国的很多核潜艇计划都是冷战期间相互竞争的结果。苏联解体后,财力不足以支持俄罗斯继续快速升级核潜艇;而美国则因为缺少具体的对手放缓了研发脚步,"海狼"级攻击型核潜艇的规模也被缩减。此外,新世纪的几场战争都是一边倒的战争(阿富汗战争、伊拉克战争等),这些战争中往往由航空母舰的舰载机和巡航导弹担任主角,并不需要弹道导弹核潜艇这种战略重器,同时也几乎没有海战,故也没有攻击型核潜艇的作战。加之有能力研制核潜艇的国家大多都在缩减军备,核潜艇的研发速度放缓也就不足为奇了。

"弗吉尼亚"级潜艇

原产国：美国

入役时间：2004 年

潜航排水量：7900 吨

"弗吉尼亚"级潜艇是美国海军第一种同时针对大洋和近海两种功能设计的攻击型核潜艇，以执行濒海作战任务为主，同时兼顾大洋作战。该级艇装有 1 座十二联装导弹垂直发射器，可使用射程为 2500 千米的对陆攻击型"战斧"巡航导弹，能够对陆地纵深目标实施打击。此外，还安装了 4 座 533 毫米鱼雷发射管，发射管具有涡轮气压系统，解决了发射前需要注水而产生噪声的弊端。鱼雷发射管不但可以发射 Mk 48 型鱼雷、"鱼叉"反舰导弹以及布放水雷，还可以发射、回收水下无人驾驶遥控装置，以及无人飞行器。

"亚森"级潜艇是俄罗斯海军在苏联解体后研制并装备的第一种攻击型核潜艇，计划建造 12 艘。该级艇将和"北风之神"级弹道导弹核潜艇一起，构成俄罗斯海军力量的核心。与以往的俄罗斯核潜艇相比，"亚森"级潜艇具有更强大的火力、更强大的机动性和更高的隐蔽性。"亚森"级潜艇在艇艏装备了 8 座 650 毫米鱼雷发射管和 2 座 533 毫米鱼雷发射管，可以发射 65 型鱼雷、53 型鱼雷、SS-N-15 反潜导弹等武器。此外，该艇还在指挥台围壳后面的巡航导弹舱布置了 1 座八联装导弹垂直发射器，用于发射 SS-N-27 巡航导弹。

"亚森"级潜艇

原产国：俄罗斯

入役时间：2013 年

潜航排水量：13800 吨

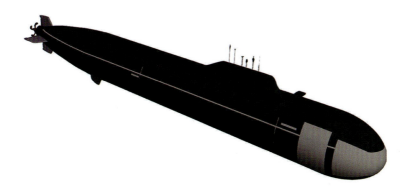

"北风之神"级潜艇

原产国：俄罗斯

入役时间：2013年

潜航排水量：17000吨

"北风之神"级潜艇是俄罗斯设计建造的新一代弹道导弹核潜艇，计划建造10艘，能够替代体积庞大、效费比不高的"台风"级潜艇承担战略核反击的重任，其机动性更好、信息化程度也更高。"北风之神"级潜艇装有16个导弹发射管，可发射SS-N-32弹道导弹。这种导弹是以"白杨-M"陆基洲际弹道导弹为基础发展而来，可携带10个分导式多弹头，最大射程8300千米。常规自卫武器方面，该级艇装有6座533毫米鱼雷发射管，可发射SS-N-15反潜导弹、SA-N-8防空导弹和鱼雷等武器。此外，还计划配备速度达200节的"暴风"高速鱼雷，这种鱼雷不仅能有效地反潜，还能反鱼雷。

"歼敌者"级潜艇

原产国：印度

入役时间：2016年

潜航排水量：7000吨

"歼敌者"级潜艇是印度设计建造的第一种核动力潜艇，计划建造4艘，首艇于1997年开工建造，2009年7月下水，2016年8月开始服役。该级艇的单艘造价约29亿美元，可配备12枚最大射程超过700千米的K-15"海洋"弹道导弹，或者K-X"烈火3"弹道导弹。此外，还可携带6枚533毫米鱼雷。"歼敌者"级潜艇的服役，意味着印度从此拥有从水下发射核武器的能力。

"梭鱼"级潜艇

原产国：法国

入役时间：2020 年

潜航排水量：5300 吨

"梭鱼"级潜艇是法国正在建造的最新一级攻击型核潜艇，计划建造 6 艘。该级艇采用先进的流体力学设计，艇体长宽比为 11∶1，艇壳直径 8.8 米，指挥台围壳居中靠近艇艏，显得苗条而又简洁。动力装置采用了一体化压水堆、电力推进技术和泵喷推进器，并大量应用了减震、降噪技术。

"哥伦比亚"级潜艇

原产国：美国

入役时间：2031 年（计划）

潜航排水量：20810 吨

"哥伦比亚"级潜艇是美国正在规划建造的新一代弹道导弹核潜艇，计划建造 12 艘。该级艇在静音隐身方面做了很大的改进，其中一个革命性设计就是引入了电力推进系统，省去了齿轮箱、推进轴等部件，消除了潜艇的一大噪声源。"哥伦比亚"级潜艇的导弹发射系统采用 4 个通用发射模块，每个模块由 4 个直径为 2 米的发射筒组成，相关辅助设备也集成在舱内，外部管线和接口数量大大减少，工艺性、可靠性、维修性、安全性大幅提高。"哥伦比亚"级潜艇的核反应堆较"俄亥俄"级潜艇可以提供更多动力，因此可以执行更多的派遣任务，服役期间也无须增加核燃料。

传奇舰船鉴赏："机敏"级潜艇

基 本 参 数	
满载排水量	7800 吨
船体长度	97 米
船体宽度	11.3 米
吃水深度	10 米
最大航速	32 节

"机敏"级潜艇是英国正在建造的新一代攻击型核潜艇，计划建造 7 艘。

研发历程

为了取代"敏捷"级攻击型核潜艇和"特拉法尔加"级攻击型核潜艇，英国海军早在 20 世纪 80 年代末期便已开始规划新一代的攻击型核潜艇。1994 年 7 月，英国国防部对国内相关造舰厂商下达了新一代攻击型核潜艇的招标书。1997 年 3 月，英国海军正式签署了"机敏"级潜艇的建造合约。

首艇"机敏"号（S119）于 2001 年 1 月开工，2007 年 6 月下水，2010 年 8 月开始服役。二号艇"伏击"号（S120）于 2013 年 3 月开始服役，三号艇"机警"号（S121）于 2016 年 3 月开始服役。四号艇"勇敢"号（S122）于 2017 年 4 月下水，预计 2021 年开始服役。五号艇"安森"号（S123）、六号艇"阿伽门农"号（S124）和七号艇"阿贾克斯"号（S125）均已开工。

"机敏"级潜艇艏部视角

整体构造

"机敏"级潜艇采用模块化设计,使系统维修升级更加简单,原来需要2～3天才能完成安装的动力系统,只需要5小时左右就可安装完毕。"机敏"级的动力系统独具特点,它率先在核动力系统以外,配备了常规动力备用设备。这主要是为了避免核潜艇在失去动力后自救无门,甚至造成核灾难事故。

"机敏"级装备1座罗尔斯·罗伊斯公司制造的第二代PWR2型压水核反应堆、新型喷射式推进系统和2台通用电气公司的蒸汽轮机。PWR2核反应堆的设计寿命为25～30年,基本与"机敏"级的服役期相同,所以在潜艇的全寿命期间不需要更换核燃料,可省去昂贵的中期改装费用和数年的停航期。另外,"机敏"级潜艇还装备有2台柴油交流发电机、1台应急发动机和1台辅助收缩式推进器。CAE电子公司提供用于掌舵、下潜、潜水深度控制和平台管理的数字式集成控制和测量仪表系统。

作战性能

"机敏"级潜艇的艇艏装有6座533毫米鱼雷发射管,可发射"旗鱼"鱼雷、"鱼叉"反舰导弹和"战斧"对陆攻击巡航导弹,鱼雷和导弹的装载总量为38枚,也可携带水雷作战。总体来说,"机敏"级潜艇的武器火力要比"特拉法尔加"级潜艇高出50%。

"机敏"级潜艇艉部视角

"机敏"级潜艇以光纤红外热成像摄像机取代了传统潜望镜,不再保留传统形式的光学潜望镜,取而代之的是2套非壳体穿透型CMO10光电桅杆,包括热成像、微光电视和计算机控制的彩色电视传感器。

"机敏"级潜艇右舷视角

4.6 青睐 AIP 的常规潜艇

AIP 技术自 20 世纪后期逐渐成熟后，受到越来越多的国家的青睐，各国新建的常规潜艇多数都采用了 AIP 技术。目前，AIP 技术主要有四类：闭式循环柴油机（CCD）AIP、斯特林发动机（SE）AIP、燃料电池（FC）AIP 以及小型核动力（AMPS）AIP。明确拥有 AIP 技术的国家只有俄罗斯、德国、瑞典、法国、西班牙等。因为美国负担得起昂贵的核潜艇及对浅水区作战能力的需求不迫切，所以没有发展 AIP 推进系统。

"鲉鱼"级潜艇

原产国：法国、西班牙

入役时间：2005 年

潜航排水量：2000 吨

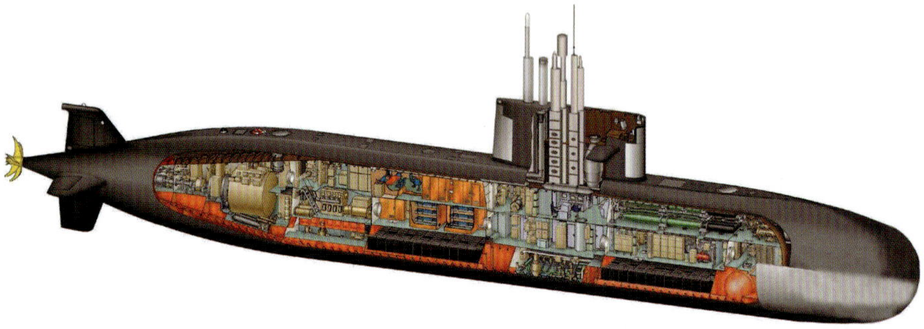

"鲉鱼"级潜艇是法国和西班牙于 21 世纪初联合研制的出口型常规潜艇，结合了两国潜艇的设计理念，技术灵活、性能先进，可加装"不依赖空气推进"动力系统，已成功销往智利、马来西亚、印度和巴西等国。"鲉鱼"级潜艇采用单壳体的水滴形艇体，并尽可能减少艇体外部附属物的数量，设有指挥台围壳舵和十字形尾舵，其耐压壳体采用高拉伸的 HLES80 钢材建造，重量较轻，可使艇上装载更多的燃料和弹药。

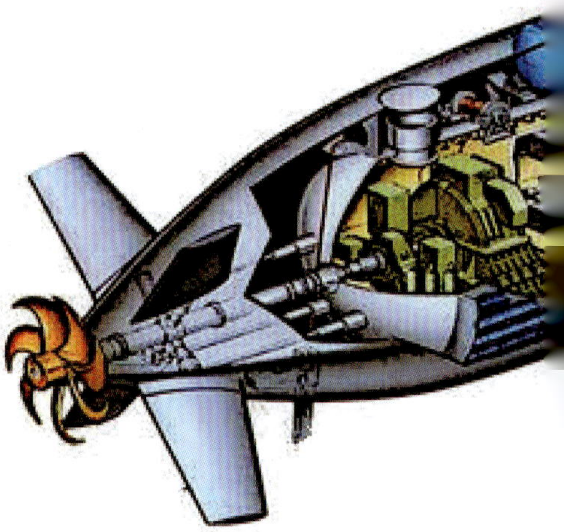

214级潜艇

原产国：德国

入役时间：2007年

潜航排水量：1980吨

214级潜艇是德国在209级潜艇的基础上改进而来的新型常规潜艇，计划建造23艘，主要用户为希腊海军、韩国海军、葡萄牙海军、土耳其海军。214级潜艇被设计成可执行包括从近海作战到远洋巡逻等多种任务，装备现代化、模块化的武器系统，并与传感器融合在一起，加上"不依赖空气推进"系统，使其具备以下能力：反舰和反潜作战；监视、侦察任务；秘密布雷和收集情报；参加特遣部队，完成训练和作战任务。

212级潜艇

原产国：德国

入役时间：2005年

潜航排水量：1800吨

212级潜艇是德国研制的常规动力潜艇，配备了"不依赖空气推进"动力系统。该级艇计划建造20艘，主要用户为德国海军和意大利海军。该级艇采用水滴形艇体，艏部略微下沉，艉部呈尖锥形。有别于德国常规潜艇传统的单壳体结构，212级潜艇采用混合式壳体，即大部分艇体采用单壳体，其余部分为双壳体。

"苍龙"级潜艇是日本在二战后建造的吨位最大的潜艇,计划建造14艘。该级艇的外形与"亲潮"级潜艇基本相同,艇上装载的鱼雷和反舰导弹等各种武器也与"亲潮"级潜艇相同,但是艇上武器装备的管理却采用了新型艇内网络系统。"苍龙"级潜艇在艇体上层建筑的外表面敷设了声反射材料,使潜艇的声隐身性能进一步提高。

"苍龙"级潜艇

原产国:日本

入役时间:2009年

潜航排水量:4200吨

"拉达"级潜艇是俄罗斯在苏联解体后研制的第一级柴电动力潜艇,北约代号为"圣彼得堡"级。该级艇装有6座鱼雷发射管,武器载荷为18枚。"拉达"级潜艇在设计上有诸多创新,其中包括1套基于现代数据总线技术的自动化指挥和武器控制系统、1套包含拖曳阵在内的声呐装置,以及"基洛"级潜艇上的降噪技术。对外出口型还可加装1个垂直发射舱,可以容纳8座垂直发射管,发射"布拉莫斯"反舰导弹。"拉达"级潜艇装备了高自动化的战斗系统,从而将艇员减至35人。

"拉达"级潜艇

原产国:俄罗斯

入役时间:2010年

潜航排水量:2700吨

"海豚 II"级潜艇

原产国：德国、以色列

入役时间：2014 年

潜航排水量：2400 吨

"海豚 II"级潜艇是德国哈德威造船厂为以色列海军研制的常规潜艇，由"海豚 I"级潜艇改进而来，共建造了 3 艘。"海豚 II"级潜艇增加了"不依赖空气推进"系统，因此设计类似德国的 212 级潜艇。"海豚 II"级潜艇装有 6 座 533 毫米鱼雷发射管和 4 座 650 毫米鱼雷发射管，通常携带 14 枚 533 毫米鱼雷和 16 枚"鱼叉"反舰导弹。

"伊萨克·培拉尔"级潜艇是西班牙纳凡蒂亚公司研制的 AIP 潜艇。纳凡蒂亚公司曾与法国联合研制"鲉鱼"级潜艇，并成功出口到马来西亚、印度和智利等国。"伊萨克·培拉尔"级潜艇的潜航排水量远大于"鲉鱼"级，艇长也有所增加，潜艇耐压壳直径为 7.3 米，同样大于"鲉鱼"级的 6.2 米。两种潜艇都采用了典型的长水滴形设计，但"伊萨克·培拉尔"级潜艇拥有稍大一点的方向舵控制面，而且艉部水平舵的位置也不一样。由于西班牙工业技术水平的限制，"伊萨克·培拉尔"级潜艇的许多设备都需要从他国引进。

"伊萨克·培拉尔"级潜艇

原产国：西班牙

入役时间：2022 年（计划）

潜航排水量：3426 吨

4.7 迎来变革的两栖舰艇

21世纪，随着科技进步和武器装备的发展，战场环境的变化，战争实践和作战理论的牵引，现代两栖作战无论在作战理念、武器装备、战场空间，还是在作战方式、力量结构、作战指挥等方面都发生了深刻变革，体现出一系列新的变化和发展趋势。

两栖作战的功用由"大规模登陆"向"小规模特种作战"转变；作战要求由"抢滩建场"向"打点控场"转变；作战空间由"陆海空"三维向"陆海空天电心网"全维转变；作战重心由"陆上作战"向"海空优势"转变；作战指挥由"计划概略指挥"向"动态精准指挥"转变；作战编组由"数量规模型"向"精干多能型"转变；作战行动由"点线面"线式推进向全纵深"遍地开花"转变；作战方式由"有人化、信息化"向"无人化、智能化"转变；装备体系由"突破岸滩防御"到"保障舰到目标机动"转变；部署模式由"临时应急部署"到"前沿常态部署"转变；作战支援保障由建立陆上"滩头堡"向建立海上"浮动基地"转变。基于上述变化，世界各国新建的两栖舰艇也做出了改变。

"坚韧"级船坞登陆舰

原产国：新加坡

入役时间：2000年

满载排水量：8500吨

"坚韧"级船坞登陆舰是新加坡于20世纪90年代后期设计建造的船坞登陆舰，共建造了5艘。在执行作战任务时，"坚韧"级船坞登陆舰的装载量为350名海军陆战队员、18辆坦克、20辆装甲车辆、4艘登陆艇。此外，该级舰还可供2架"超美洲狮"直升机起降。舰上的自卫武器为2座双联装"西北风"防空导弹发射装置、1门"奥托·梅莱拉"76毫米舰炮和5挺12.7毫米重机枪。

"海神之子"级船坞登陆舰

"海神之子"级船坞登陆舰是英国海军于21世纪初装备的船坞登陆舰，共建造了2艘。该级舰是英国海军两栖舰队的旗舰，也是英国海军第一种采用全电推进设计的舰船。该级舰可以运载405名士兵（超载为710名士兵）、67辆支援车辆、4艘Mk 10通用登陆艇或2艘LCAC气垫登陆艇、4艘Mk 5车辆人员登陆艇，飞行甲板可供3架EH101直升机起降。该级舰的自卫武器为2门30毫米机炮、4挺7.62毫米机枪，以及2座"守门员"近程防御武器系统。

"海神之子"级船坞登陆舰
原产国：英国
入役时间：2003年
满载排水量：19560吨

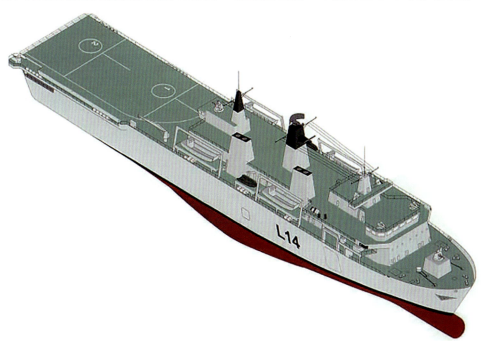

"西北风"级两栖攻击舰

"西北风"级两栖攻击舰是法国于20世纪90年代末开始设计的两栖攻击舰，法国海军一共装备了3艘。该级舰拥有面积达6400平方米的长方形全通式飞行甲板，设有6个直升机停放点。舰上共可搭载16架NH90通用直升机或"虎"式武装直升机，以及59辆作战车辆（包括13辆主战坦克）和2艘通用登陆艇。由于法国已经拥有传统起降航空母舰，所以"西北风"级两栖攻击舰并没有保留垂直起降战机的操作能力。该级舰的自卫武器为2座"西北风"防空导弹发射器，以及4挺12.7毫米重机枪。

"西北风"级两栖攻击舰
原产国：法国
入役时间：2005年
满载排水量：21300吨

"圣安东尼奥"级船坞登陆舰

原产国：美国

入役时间：2006 年

满载排水量：24900 吨

"圣安东尼奥"级船坞登陆舰是美国于 21 世纪初建造的新型船坞登陆舰，计划建造 26 艘。该级舰有 3 个总面积达 2360 平方米的车辆甲板、3 个总容量 962 立方米的货舱、1 个容量 119 万升的 JP5 航空燃油储存舱、1 个容量达 3.8 万升的车辆燃油储存舱及 1 个弹药储存舱，为登陆部队提供充分的后勤支援。舰内设有一个全通式泛水坞穴甲板，由舰艉升降闸门出入，可停放 2 艘 LCAC 气垫登陆艇或 1 艘 LCU 通用登陆艇，位于舰舯、紧邻坞穴的部位可停放 14 辆两栖装甲车。此外，该级舰还能搭载海军陆战队的各种航空器，包括 CH-46 中型运输直升机、CH-53 重型运输直升机和 MV-22 倾转旋翼机等。

"胡安·卡洛斯一世"号战略投送舰

原产国：西班牙

入役时间：2010 年

满载排水量：24660 吨

"胡安·卡洛斯一世"号战略投送舰是西班牙自主设计建造的多用途军舰，融合了两栖攻击舰和轻型航空母舰的功能。其飞行甲板规划有 8 个直升机起降点（左侧 6 个，舰岛前后各 1 个），左侧有 4 个起降点能操作 CH-47 等级的重型直升机，其中一个起降点的长度足以操作 1 架美国 V-22 倾转旋翼机。因此，"胡安·卡洛斯一世"号战略投送舰能同时操作 4 架 CH-47 等级的重型直升机或 6 架 NH-90/SH-3 等级的中型直升机。该舰装有 4 门 20 毫米厄利空防空机炮与 4 挺 12.7 毫米重机枪等武器，并且预留了加装防空导弹垂直发射系统或美制"拉姆"短程防空导弹的空间。

"独岛"级两栖攻击舰

原产国：韩国

入役时间：2007 年

满载排水量：19500 吨

"独岛"级两栖攻击舰是韩国于 21 世纪初设计建造的两栖攻击舰，计划建造 3 艘。其舰内坞舱长 26.5 米、宽 14.8 米，可容纳 2 艘 LCAC 气垫登陆艇或 12 辆两栖突击车。飞行甲板长 179 米、宽 31 米，飞行甲板的一侧共有 5 个直升机起降点，可同时供 5 架直升机起降操作，舰岛后方另有 2 个直升机停放点。机库能容纳 10 架 SH-60 直升机，并进行各类维护作业。舰上还可搭载 720 名全副武装的海军陆战队员，并可携带登陆所需的装备与物资，包括主战坦克、装甲车、炮兵武器与弹药等。

"儒艮"级登陆艇

原产国：俄罗斯

入役时间：2010 年

满载排水量：280 吨

"儒艮"级登陆艇是俄罗斯于 21 世纪初期开始建造的登陆艇，共建造了 5 艘。该级艇的编制艇员为 7 人，可搭载 140 吨的负载，包括 3 辆坦克或 5 辆装甲运兵车。在俄罗斯海军的战略演习中，"儒艮"级登陆艇显示出较强的作战性能，能够迅速将海军陆战队员和装甲车辆运至战斗地点并输送登上无装卸设备的海岸。该级艇的自卫武器非常简单，仅有 2 挺 14.5 毫米 KPV 重机枪，发射 14.5 毫米×114 毫米弹药，弹种包括穿甲燃烧弹、穿甲燃烧曳光弹等，最大射程为 7.5 千米。

"天王峰"级坦克登陆舰

原产国：韩国

入役时间：2014年

满载排水量：7140吨

"天王峰"级坦克登陆舰是韩国于21世纪初开始建造的坦克登陆舰，共建造了4艘。该级舰可搭载700名登陆士兵，以及近1000吨的物资。主甲板下方的主装载区可搭载13辆主战坦克或装甲车辆，舰桥前方的甲板搭载了2艘机械化登陆艇。"天王峰"级坦克登陆舰还具有较强的航空操作能力，其机库可搭载2架中型直升机，飞行甲板可同时起降2架直升机。紧急情况下，可在飞行甲板多搭载2架直升机。该级舰的舰艉安装了1门双联装"露峰"40毫米速射炮，主要用于防空和反舰作战。

"堪培拉"级两栖攻击舰

原产国：澳大利亚

入役时间：2014年

满载排水量：27500吨

"堪培拉"级两栖攻击舰是澳大利亚于21世纪初建造的两栖攻击舰，共建造了2艘。虽然其被称作两栖攻击舰，但"堪培拉"级稍加改装就可摇身一变成为轻型航空母舰。澳大利亚海军希望重新拥有航空母舰的梦想已经长达30余年，而"堪培拉"级服役后重圆了澳大利亚海军的巨舰梦。"堪培拉"级比澳大利亚海军之前的"墨尔本"号航空母舰还要大，它的服役使澳大利亚军队能够执行一系列任务，包括地区救灾、人道主义援助、维和行动以及其他军事任务。"堪培拉"级两栖攻击舰极大地提升了澳大利亚的兵力投送能力，并能提供一定的空中支援，堪称澳大利亚海上远程作战的最大平台。

"伊万·格林"级登陆舰

原产国：俄罗斯

入役时间：2018 年

满载排水量：6600 吨

"伊万·格林"级登陆舰是 21 世纪以来俄罗斯海军建造的第一种远洋登陆舰，计划建造 4 艘，被看作俄罗斯海军再次重视发展大型登陆舰的标志。该级舰的编制舰员约 100 人，还可搭载 300 名海军陆战队队员，可运载 13 辆主战坦克或 36 辆装甲输送车。此外，该级舰还配有直升机平台和机库，可以携带 2 架卡-29 直升机。该级舰的自卫武器为 2 座 AK-630 近程防御武器系统、1 座 AK-630M-2 近程防御武器系统和 2 挺 14.5 毫米 KPV 重机枪。

传奇舰船鉴赏："美利坚"级两栖攻击舰

基本参数	
满载排水量	45693 吨
船体长度	257.3 米
船体宽度	32.3 米
吃水深度	8.7 米
最大航速	20 节

"美利坚"级两栖攻击舰是美国正在建造的新一代两栖攻击舰，计划建造 11 艘。

研发历程

虽然"美利坚"级两栖攻击舰被划分为直升机登陆突击舰（LHA）类别，但它基本上是以"黄蜂"级两栖攻击舰（被划分为直升机船坞登陆舰）为基础而研发。首舰"美利坚"号（LHA-6）于 2009 年 7 月开工建造，2012 年 10 月下水，2014 年 10 月开始服役，取代舰龄已高的"塔拉瓦"级"贝里琉"号。二号舰"的黎波里"号（LHA-7）于 2014 年 6 月开工建造，2017 年 5 月下水，2020 年 7 月开始服役。三号舰"布甘维尔"号（LHA-8）于 2019 年 3 月开工建造。

整体构造

"美利坚"级两栖攻击舰是美国乃至全世界有史以来吨位最大的两栖攻击舰,虽然名义上称为两栖攻击舰,但在构造和用途上与一般的非斜向甲板设计的航空母舰并无不同。事实上,除了美国"尼米兹"级和俄罗斯"库兹涅佐夫"号等极少数航空母舰,其他国家服役中的航空母舰的排水量几乎都要小于"美利坚"级。相较于美国过去的两栖攻击舰,"美利坚"级拥有更大的机库、经重新设计与扩大的航空维修区、大幅扩充的零件与支援设备储存空间,以及更大的油料库。

"美利坚"级两栖攻击舰主要作为两栖登陆作战中空中支援武力的投射平台,完全省略了坞舱的设计,节约出来的空间被用来建造2座更宽敞、净空更大、设有吊车、可容纳MV-22"鱼鹰"倾转旋翼机的维修舱。与美国海军以往建造的"黄蜂"级、"塔拉瓦"级、"硫磺岛"级等两栖攻击舰采用蒸汽轮机动力系统不同,"美利坚"级采用了技术先进的燃气轮机-全电推进方式,具有安静性能好、推进效率高、启动运转速度快等优点,是未来大型水面舰艇动力的发展趋势。

"美利坚"级两栖攻击舰俯视图

作战性能

"美利坚"级两栖攻击舰可搭载1个由12架MV-22"鱼鹰"倾转旋翼机、6架F-35B战斗机、4架CH-53E"超级种马"直升机、7架AH-1"眼镜蛇"武装直升机或UH-1"伊洛魁"通用直升机,以及2架MH-60S"海鹰"搜救直升机所组成的混编机队,或单纯只搭载20架F-35B战斗机与2架MH-60 S搜救直升机,空中攻击火力最大化的配置。此外,"美利坚"级两栖攻击舰还增强了两栖运输能力,特别是货物和车辆的运输能力,舰内货舱容积达 3965 立方米，车辆甲板面积为 2362 平方米，能够容纳先进两栖突击车（AAAV）、M1A2 主战坦克等装甲车辆，以及 1800 名海军陆战队员及其装备。

"美利坚"级两栖攻击舰的自卫武器为 2 座"改进型海麻雀"防空导弹发射器、2 座"拉姆"防空导弹发射器、2 座 MK 15 "密集阵"近程防御武器系统和 7 座双联装 12.7 毫米重机枪。

航行中的"美利坚"级两栖攻击舰

"美利坚"级两栖攻击舰（左）进行海上补给

4.8　逐级增大的日本直升机护卫舰

二战后，日本的战后宪法限制其不能为了战争目的拥有海军。从战后海上自卫队初设时，日本就放弃了所有旧日本海军的舰级命名方式，于 1962 年统一将所有具备武装的舰船命名为"护卫舰"，并延续至今。不过，从 20 世纪 70 年代的"榛名"级开始，一直到 2015 年开始服役的"出云"级，日本所谓的"直升机护卫舰"逐级加码，已经具备与他国海军直升机航空母舰乃至轻型航空母舰接近的舰体构造、功能与吨位。

满载排水量 27000 吨的"出云"级直升机护卫舰是目前日本海上自卫队所拥有的最大的舰船类型，其规模已超过二战时日本海军所操作的"飞龙"号航空母舰，与标准排水量 19800 吨、总长 248.39 米的美国海军"约克城"级航空母舰接近。2018 年 11 月 27 日，日本防卫大臣岩屋毅表示，"出云"级直升机护卫舰将被改装为航空母舰，并计划搭载 F-35B 垂直起降战斗机作为其舰载机。日本防卫省将该方案纳入其新的《防卫计划大纲》中。

"榛名"级直升机护卫舰

原产国:	日本
入役时间:	1973 年
满载排水量:	7011 吨

"榛名"级直升机护卫舰是日本于 20 世纪 70 年代建造的直升机护卫舰，共建造了 2 艘。该级舰的外形颇具特色，为了尽量增大飞行甲板的可用面积，故采用极为紧凑的单一船楼结构（内有三层甲板），舰桥、直升机库紧凑地整合成单一方块状结构，其上的烟囱与桅杆也整合在一起。相较于此前与他国海军驱逐舰同等的海上自卫队直升机护卫舰，"榛名"级配有可以停放 3 架直升机的大型机库，舰艉则是大面积的起降甲板，因此拥有较佳的反潜作战能力。20 世纪 80 年代后，两舰陆续进行了现代化改装工程，加装"海麻雀"导弹系统、"密集阵"近程防御武器系统和干扰丝发射器等。

"白根"级直升机护卫舰

原产国:	日本
入役时间:	1980 年
满载排水量:	7620 吨

"白根"级直升机护卫舰是日本于 20 世纪 70 年代建造的直升机护卫舰，共建造了 2 艘，从 1980 年服役至今。该级舰的基本设计延续自"榛名"级，舰体、装备的布局相似，不过"白根"级的舰体更长，主要是因为增加了电子设备以及近程防御武器系统。"白根"级装有 2 门 Mk42 型 127 毫米舰炮、1 座八联装 74 式"阿斯洛克"反潜火箭发射器、1 座八联装 Mk 25 "海麻雀"防空导弹发射器、2 座 Mk 15 "密集阵"近程防御武器系统和 2 座三联装 324 毫米 68 式鱼雷发射管。此外，还可搭载 3 架 SH-3 或 SH-60 反潜直升机。

"日向"级直升机护卫舰

原产国：日本

入役时间：2009 年

满载排水量：19000 吨

"日向"级直升机护卫舰是日本建造的大型水面战斗舰，共建造了 2 艘。该级舰一度是日本在二战后建造的排水量最大的军舰，虽然日本欲盖弥彰地将其命名为"直升机护卫舰"，但它实际上是两栖攻击舰甚至轻型航空母舰，其舰体构造、功能与吨位都与其他国家的轻型航空母舰相近。它的主要任务是直升机反潜战，但装备了指挥管制系统，在必要时作为舰队旗舰指挥之用。该级舰采用全通式甲板设计，最多可以搭载 11 架直升机，其中 7 架可收容至下甲板机库，另外 4 架则停放于飞行甲板。主力机种是 SH-60K 反潜直升机，扫雷/运输直升机则是"阿古斯塔·韦斯特兰"MCH-101 直升机。

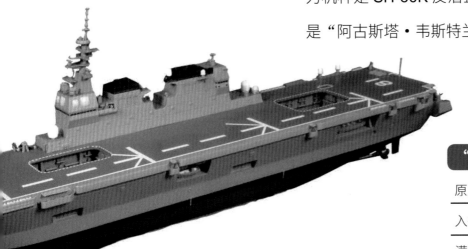

"出云"级直升机护卫舰

原产国：日本

入役时间：2015 年

满载排水量：27000 吨

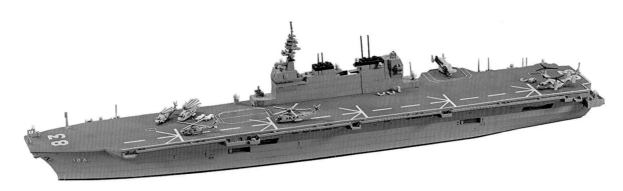

"出云"级直升机护卫舰是日本海上自卫队有史以来建造的最大的作战舰艇，从吨位、布局到功能都已完全符合现代轻型航空母舰的特征，其尺寸和排水量已超过了日本二战时期的部分正规航空母舰，也超过了意大利、泰国等国家的现役轻型航空母舰。除了舰体规模相较于"日向"级更为庞大外，"出云"级还拥有的"日向"级所不具备的两栖部队运输能力和海上补给能力，舷侧设有两栖部队滚装舱门，舰艉设有燃料纵向补给设施，多任务能力有较大提升。舰上最多可容纳 28 架直升机，飞行甲板可以同时起降 5 架直升机。

4.9 灵活的小型作战舰艇

美军认为,当今世界和平与战争的界限越来越模糊不清,因为军事力量在技术上的灵活性与多样性和国际关系的革命性变化已使得一个国家可以运用军事手段去实现许多政治目的而无须进行战争。在这种背景之下,非战争军事行动——特种作战便应运而生。对于海军来说,进行特种作战的最佳舰艇就是小型作战舰艇。美国在21世纪初研制的几种小型作战舰艇几乎都是针对特种作战,例如M80"短剑"快艇、河岸特战艇等。它们的共同特点是尺寸小巧、机动性强,便于在近海或者内河执行特种作战任务。

"河流"级巡逻舰

原产国:	英国
入役时间:	2003年
满载排水量:	2000吨

"河流"级巡逻舰是英国霍氏克罗夫特造船厂建造的近海巡逻舰,英国海军共装备了8艘。此外,巴西(3艘)、泰国(2艘)和巴林(1艘)也有进口。该级舰的标准舰员编制为28人,但最多能容纳30名舰员加上18名英国海军登船搜查人员(由12名军官、14名高级人员和22名下级人员组成)。舰上有一个飞行甲板,可以起降小型/中型直升机。若有充足的燃料、储存和水供给,"河流"级巡逻舰的续航时间可达21天。

"阿米代尔"级巡逻艇

原产国：澳大利亚

入役时间：2005 年

满载排水量：480 吨

"阿米代尔"级巡逻艇是澳大利亚于 21 世纪初建造的巡逻艇，共建造了 14 艘。该级艇是一种先进的近海作战平台，采用全铝制单船体，并运用了隐身设计，增强了生存能力。"阿米代尔"级巡逻艇可执行多种任务，如安全监视，打击偷渡、走私、贩毒及其他非法入境活动。艇上的武器配备比较简单，仅装有 1 门 25 毫米 M242 舰炮和 2 挺 12.7 毫米机枪。为了增强作战灵活性，艇上还携带了 2 艘气垫船。

M80"短剑"快艇

原产国：美国

下水时间：2006 年

满载排水量：60 吨

M80"短剑"快艇是美国海军设计建造的高速隐形快艇，主要装备美国海军特种部队用于近海作战试验。其艇体使用碳纤维合成材料一次成型制造，外表十分光滑。艇体下方允许空气和水流过，从而减少风的阻力并产生上升力，最快航速可达 51 节。M80"短剑"快艇的设计不但使其获得了高航速，也使其航行过程中的稳定性更高，从而提高乘坐的舒适度和安全性。驾驶 M80"短剑"快艇只需要 3 名船员，其一次能够运载 12 名全副武装的"海豹"突击队队员和 1 艘长 11 米的特种作战刚性充气艇，还可以携带水下机器人，并能在艉部甲板起降 1 架小型无人机。

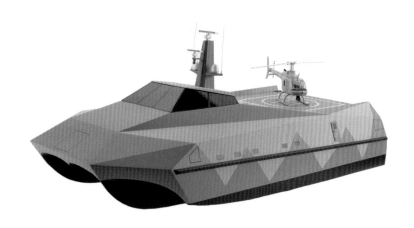

河岸特战艇

原产国：美国

入役时间：2008 年

满载排水量：9.4 吨

河岸特战艇（SOC-R）是美国海事公司研制的特种作战艇，主要用于在河岸地带遂行渗透任务。为便于运输，河岸特战艇的外形尺寸经过精心设计，连同艇员、拖车在内的全套行头仅需 1 架中型运输机即可包办。与此形成鲜明对比的是它惊人的承载能力，除承载 4 名艇员和 8 名特种兵外，还能装进 310 千克的任务装备，这对于增强特战小队的持续作战能力大有帮助。河岸特战艇的极限冲刺航速可达 74 千米 / 小时，再加上 0.61 米的吃水深度，将河岸特战艇必备的机动性发挥得淋漓尽致，能够轻松冲上平缓的岸滩，极大地减少了特种兵上岸和卸载装备的时间。

"荷兰"级巡逻舰

原产国：荷兰

入役时间：2012 年

满载排水量：3750 吨

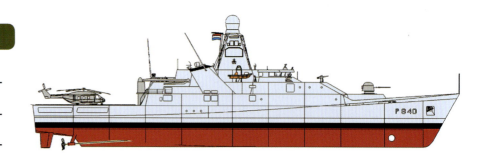

"荷兰"级巡逻舰是荷兰海军装备的远洋巡逻舰，共建造了 4 艘。该级舰有 50 名舰员，另外还有 40 个铺位来容纳直升机组员、医疗人员或特遣部队，在撤侨等任务中还能容纳 100 名额外乘客。该级舰的舰艏有 1 门"奥托·梅莱拉"76 毫米舰炮，舰桥前方有 1 座"奥托·梅莱拉"30 毫米遥控武器站，另外还装有 2 挺 M2HB 型 12.7 毫米机枪或"奥托·梅莱拉"12.7 毫米遥控机枪，舰上还备有 6 挺 FN MAG 机枪。舰艉设有 1 座直升机库，可搭载 1 架 NH-90 直升机。此外，舰上携带有 2 艘 RHIB 硬壳充气快艇。直升机库右侧装有 1 具大型起重机，用于装卸作业。

4.10 更新换代的勤务舰船

21世纪初,世界主要海军国家都拥有一定规模的勤务舰船:美国海军464艘,总排水量约550万吨;俄罗斯海军500艘,总排水量约210万吨;英国海军155艘,总排水量约53万吨;日本海上自卫队133艘,总排水量约18万吨。这些勤务舰船构成海上勤务保障体系,可在中远海为海上编队实施综合保障,以有效地配合各种研究试验和舰员训练。在勤务舰船设计上,主要是采用新技术、新船型和新设备,如改进动力系统,有的采用全燃动力装置、电力推进装置、核动力装置、动力定位系统等;提高信息化程度,采用远程雷达、拖曳声呐、卫星通信、惯导及多波束计程仪等先进的电子设备。

"柏林"级综合补给舰

原产国:	德国
入役时间:	2001年
满载排水量:	20240吨

"柏林"级综合补给舰是德国海军现役舰艇中吨位较大的一种,德国海军一共装备了3艘。其补给装置位于舰体前方,有1座补给门架,门架前后各有1座集装箱用大型吊车。该级舰可进行淡水、食品、燃料以及武器弹药等物资补给,舰上可运载9450吨燃油、160吨弹药等多种补给物资。同时,该级舰还可搭载集装箱化的医疗器材,参加维和行动等任务。舰上的自卫武器为4门MLG-27型27毫米毛瑟舰炮和2套便携式"毒刺"防空导弹发射器,并可搭载2架"海王"直升机或NH90直升机。

"摩周"级快速战斗支援舰

原产国：日本	
入役时间：2004 年	
满载排水量：25000 吨	

"摩周"级快速战斗支援舰是日本在 21 世纪初期设计建造的快速战斗支援舰，共建造了 2 艘。为了避免补给设施过度妨碍舰桥前方的视线，"摩周"级快速战斗支援舰舍弃了过去海上自卫队补给舰惯用的旧式补给门架，改用单柱式补给桁，至于补给桁的布局（前后 2 对补给燃油，中间 1 对负责干货弹药）则仍与过去相似。"摩周"级快速战斗支援舰可以装载 10000 吨舰用燃油、650 吨航空燃油、450 吨弹药、180 吨润滑油、1200 吨干货（粮食、蔬菜等生活补给品）和 850 吨淡水。

"先锋"级远征快速运输舰

原产国：美国	
入役时间：2012 年	
满载排水量：2362 吨	

"先锋"级远征快速运输舰是美国海军主导的一个造船项目，其主要作用是在全球任务的范围内运输部队、军用车辆、货物和设备。该级舰能够运送 600 吨物资以 35 节的航速航行 1200 海里，并能在吃水较浅的港口和航道工作，可搭载部队和装备执行军事任务，又能在濒海区执行人道主义任务。不过，美国军方在进行后续作战试验表明，"先锋"级远征快速运输舰虽然适合操作，但在一些特定任务中仍存在局限性。据悉，"先锋"级远征快速运输舰只有在海浪高度小于 0.1 米的海况（接近 1 级波浪）下才能进行车辆运输作业，而这种情况只存在于有屏障的港口。